영어독립 VOCA 3000 ❶

영어독립 VOCA 3000 ❶

초판 1쇄 발행 2024년 06월 19일
초판 4쇄 발행 2024년 07월 31일

지은이 상상스퀘어 영어독립콘텐츠팀
펴낸이 고영성

기획 김주현   편집 김채원, 박희라   디자인 강지은
영문 감수 Chadwick Mary Katherine

펴낸곳 주식회사 상상스퀘어
출판등록 2021년 4월 29일 제2021-000079호
주소 경기도 성남시 분당구 성남대로43번길 10, 307호(구미동, 하나EZ타워)
팩스 02-6499-3031
이메일 publication@sangsangsquare.com
홈페이지 www.sangsangsquare.com

ISBN 979-11-92389-64-6 (14740)
      979-11-92389-63-9 (세트)

영어독립
VOCA 3000

1

상상스퀘어 영어독립콘텐츠팀 지음

상상스퀘어

머리말

여러분은 양질의 정보를 얻고 계십니까?

오늘날 정보 접근성이 과거에 비해 나아진 것은 사실입니다. 하지만 여러분은 정말로 양질의 정보를 얻고 계시나요? 양질의 정보는 어디서 어떻게 얻을 수 있을까요? 양질의 정보를 얻기 위해서 우리가 해야 할 가장 중요한 한 가지가 있습니다. 바로 '영어 읽기'입니다. 영어로 된 정보에 접근하느냐 못하느냐는 전쟁에서 칼로 싸울지 총으로 싸울지에 관한 문제와 같습니다. 영어 읽기가 어려우면 접근할 수 있는 정보가 한국어로 제한됩니다. 게다가 누군가가 번역한 후의 정보를 접한다는 것은 이미 속도에서 뒤처졌다는 의미이기도 합니다. 그래서 영어를 알면 정보 습득의 범위와 속도가 향상되고, 당연히 경쟁에서 유리한 고지를 차지할 수 있습니다.

영어 공부에는 여러 방법이 있지만, 영어 읽기만 놓고 본다면 가장 효과적인 방법은 꽤 명확합니다. 바로 배경지식과 단어를 공부하는 것입니다. 이것만으로도 어느 정도의 독해는 무리 없이 할 수 있습니다. 특히 단어를 공부하는 것이 빠르고 효과적입니다. 그럼 영어 단어를 어떻게 효율적으로 똑똑하게 공부할 수 있을까요? 바로 우선순위가 높은 단어들을 먼저 공략하여 완전히 내 것으로 만드는 것입니다.

〈영어독립〉은 영어 공부를 효율적이고 똑똑하게 할 수 있도록 도와주는 '영어 단어 학습 서비스'입니다. 〈영어독립〉은 최근 20년간 National Public Radio(미국 공영 라디오)

기사에서 사용된 영단어들을 표제어 추출(Lemmatization)을 통해 우선순위를 완벽하게 분석했습니다. 또한 단순히 우선순위가 높은 단어를 제공하는 것을 넘어, 여러분이 암기한 단어가 장기 기억으로 이어질 수 있도록 돕는 '인공지능 퀴즈'를 제공합니다. 이 인공지능 알고리즘은 데이터를 바탕으로 여러분께 틀리기 쉬운 단어를 반복적으로 노출함으로써, 모르는 단어를 확실히 짚고 넘어갈 수 있게 도와줍니다.

《영어독립 VOCA 3000》은 〈영어독립〉에서 가장 핵심적이고 기본이 되는 영어 단어를 책으로 제공하고자 제작되었습니다. 특히 여러 카테고리 중에서도 가장 권위 있는 아동문학상인 뉴베리상과 카네기상을 받은 동화들에서 추출한 3,000개의 단어를 선별하여 총 5권으로 구성하였습니다. p.8에 있는 그래프는 《영어독립 VOCA 3000》의 3,000개 단어 순서와 빈도수를 나타낸 것입니다.

여기서 꼭 기억하셔야 할 부분은 빈도에 따라 분류하였기 때문에 모든 단어가 똑같이 중요한 것이 아니라 빈도가 높은 앞쪽의 단어들을 꼼꼼하게 외우는 것이 중요하다는 점입니다. 처음 학습하실 때는 얼른 레벨이 높은 단어를 학습하고 싶은 마음에 비교적 쉬운 앞 단어는 대충 넘어가기 쉬운데, 하나하나 빠짐없이 외워 모르는 것이 없도록 하는 과정이 매우 중요합니다.

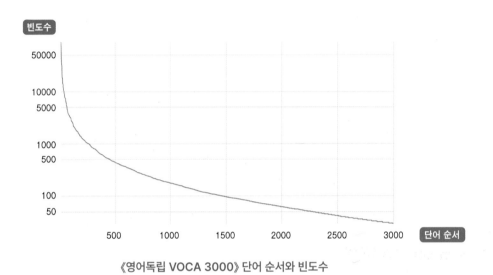

《영어독립 VOCA 3000》 단어 순서와 빈도수

무조건 단시간에 많은 단어를 학습하는 것이 좋은 결과로 이어지지는 않습니다. 똑같이 영어 단어 3,000개를 외우더라도 자주 쓰는 단어인지 아닌지에 따라 결과는 완전히 달라집니다. 따라서 우리는 똑똑하게 노력해야 합니다. 우선순위가 높은 3,000개의 단어를 완전히 내 것으로 만들어 보세요. 이 임계점을 확실히 넘고 나면, 이후에는 같은 노력을 다시 할 필요가 없습니다. 어떤 운동을 하더라도 좋은 결과를 내려면 충분한 힘을 내기 위한 근력 운동이 필수입니다. 《영어독립 VOCA 3000》은 여러분의 영어 실력 향상을 위한 기초 근육을 만들어 줄 것입니다.

《영어독립 VOCA 3000》과 함께 한다면 시간 대비 가장 효과적으로 영어 읽기 실력을 키울 수 있다고 확신합니다. 이 책을 통해 단어 3,000개를 외우는 임계점을 꼭 통과해 보시길 바랍니다. 그 경험이 여러분의 영어 실력과 경쟁력에 날개를 달아 줄 것입니다. 이를 통해 여러분이 원하는 목표를 이룰 수 있기를 진심으로 응원하겠습니다.

상상스퀘어 영어독립콘텐츠팀

영어독립 VOCA 3000의 구성과 특징

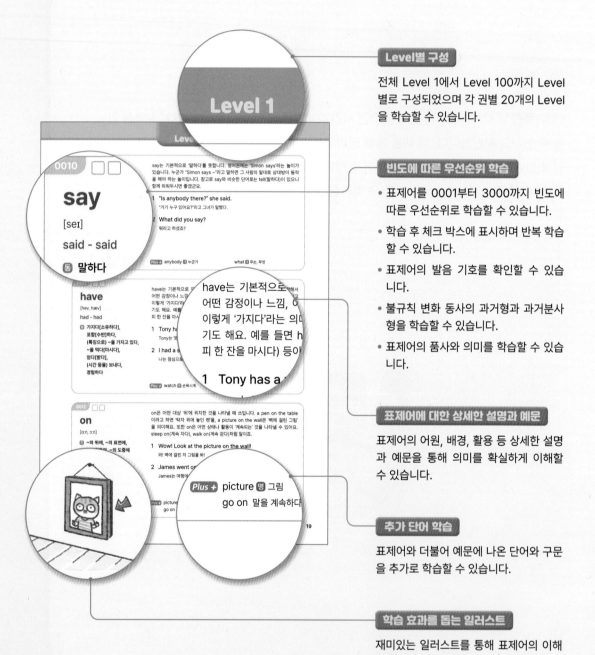

Level 1

Level별 구성

전체 Level 1에서 Level 100까지 Level별로 구성되었으며 각 권별 20개의 Level을 학습할 수 있습니다.

빈도에 따른 우선순위 학습

- 표제어를 0001부터 3000까지 빈도에 따른 우선순위로 학습할 수 있습니다.
- 학습 후 체크 박스에 표시하며 반복 학습할 수 있습니다.
- 표제어의 발음 기호를 확인할 수 있습니다.
- 불규칙 변화 동사의 과거형과 과거분사형을 학습할 수 있습니다.
- 표제어의 품사와 의미를 학습할 수 있습니다.

표제어에 대한 상세한 설명과 예문

표제어의 어원, 배경, 활용 등 상세한 설명과 예문을 통해 의미를 확실하게 이해할 수 있습니다.

추가 단어 학습

표제어와 더불어 예문에 나온 단어와 구문을 추가로 학습할 수 있습니다.

학습 효과를 돕는 일러스트

재미있는 일러스트를 통해 표제어의 이해도를 높일 수 있습니다.

Review Test

우리말에 맞게 빈칸에 알맞은

알맞은 단어를 쓰

1 Ann has blue eyes _____ red hair.
2 _____ want to be a teacher.
3 Paul came _____ the house.
4 What is the name _____ that tree?
5 _____ is my old friend.
6 "Where is my dog?" — "_____'s on the sofa."
7 Max gets _____ the car.
8 _____ look so happy.
9 _____ is my English teacher.
10 What did you _____
11 Tony _____ a nice watch.
12 Wow! Look at the picture _____ the wall!
13 It was sunny, _____ it was cold.
14 The gift is _____ Julie.
15 Let's meet _____ 4 o'clock.
16 I went fishing _____ my son.
17 _____ is my cousin.
18 _____ you have a pet?
19 _____ had a birthday party yesterday.
20 _____ were waiting in line.
21 You can use that glass _____ a vase.
22 I will _____ to the museum next week.
23 _____ is this nail for?
24 _____ of us are friends.
25 Emily took an apple _____ her pocket.
26 I _____ to read books in my beanbag chair.
27 Where did you _____ that dress?
28 Alex _____ the answer.
29 Kelly went _____ the stairs.
30 Look at _____ beautiful flower.

26   Review Test

복습하기

예문을 통해 학습한 어휘를 다시 한번 점검
할 수 있습니다.

본문 속 품사 및 기호

통 동사	명 명사	형 형용사
부 부사	대 대명사	조 조동사
전 전치사	접 접속사	
V 동사 원형	*pl.* 복수형의 의미	
[ ] 바꾸어 쓸 수 있는 표현		

음원 제공

원어민과 한국인 전문 성우의 목소리로 제작된
음원을 제공합니다.

① 영어 표제어, 한글 뜻, 예문 듣기
② 영어 표제어 먼저 듣고 한글 뜻 듣기
③ 한글 뜻 먼저 듣고 영어 표제어 듣기

유튜브
〈영어독립〉채널에서 들으실 수
있습니다.

MP3 파일
QR코드 혹은 상상스퀘어 출판사 홈페이지
에서 다운받으실 수 있습니다.
(www.sangsangsquare-books.com)

영어독립

〈영어독립〉은 빅데이터-AI 기반으로 영어 단어
를 효과적으로 학습하도록 도와줍니다. 퀴즈
를 풀면서 모르는 단어를 찾아 학습하고, 학습
한 단어를 다시 퀴즈 형식으로 복습하는 방식
으로 이루어져 있습니다.

목 차

영어독립 VOCA 3000 ❶ 학습 플래너

Level 1	Level 2	Level 3	Level 4	Level 5
☐ 단어 30개 (0001 ~ 0030)	☐ 단어 30개 (0031 ~ 0060)	☐ 단어 30개 (0061 ~ 0090)	☐ 단어 30개 (0091 ~ 0120)	☐ 단어 30개 (0121 ~ 0150)
☐ Review Test	☐ Review Test	☐ Review Test	☐ Review Test	☐ Review Test
월 일	월 일	월 일	월 일	월 일

Level 6	Level 7	Level 8	Level 9	Level 10
☐ 단어 30개 (0151 ~ 0180)	☐ 단어 30개 (0181 ~ 0210)	☐ 단어 30개 (0211 ~ 0240)	☐ 단어 30개 (0241 ~ 0270)	☐ 단어 30개 (0271 ~ 0300)
☐ Review Test	☐ Review Test	☐ Review Test	☐ Review Test	☐ Review Test
월 일	월 일	월 일	월 일	월 일

Level 11	Level 12	Level 13	Level 14	Level 15
☐ 단어 30개 (0301 ~ 0330)	☐ 단어 30개 (0331 ~ 0360)	☐ 단어 30개 (0361 ~ 0390)	☐ 단어 30개 (0391 ~ 0420)	☐ 단어 30개 (0421 ~ 0450)
☐ Review Test	☐ Review Test	☐ Review Test	☐ Review Test	☐ Review Test
월 일	월 일	월 일	월 일	월 일

Level 16	Level 17	Level 18	Level 19	Level 20
☐ 단어 30개 (0451 ~ 0480)	☐ 단어 30개 (0481 ~ 0510)	☐ 단어 30개 (0511 ~ 0540)	☐ 단어 30개 (0541 ~ 0570)	☐ 단어 30개 (0571 ~ 0600)
☐ Review Test	☐ Review Test	☐ Review Test	☐ Review Test	☐ Review Test
월 일	월 일	월 일	월 일	월 일

Level
1

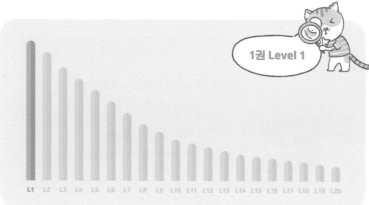

1권 Level 1

L1 L2 L3 L4 L5 L6 L7 L8 L9 L10 L11 L12 L13 L14 L15 L16 L17 L18 L19 L20

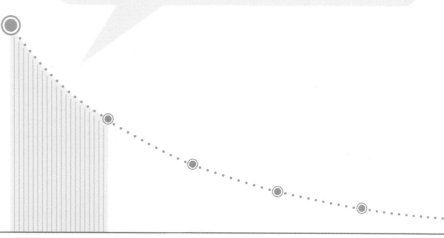

LEVEL 1~20   LEVEL 21~40   LEVEL 41~60   LEVEL 61~80   LEVEL 81~100

0001

and

[ənd, ænd]

접 그리고, ~와, ~더하기,
(~와 동시에) 또

and는 우리가 잘 알고 있듯이 '그리고, ~와' 등을 뜻하는 단어입니다. 기본적으로 두 가지 내용을 연결하는 역할을 합니다. 이를테면 you and me(너와 나), bread and butter(빵과 버터)처럼 사람이나 물건을 연결해서 말할 수 있어요. 참고로 and는 단어뿐만 아니라 I ate bread and did my homework.(나는 빵을 먹고 숙제했다.)처럼 문장끼리도 연결할 수 있습니다.

1 Ann has blue eyes and red hair.

Ann은 푸른 눈과 붉은 머리칼을 가졌다.

2 I like apples and pears.

나는 사과와 배를 좋아한다.

Plus + like **동** 좋아하다   pear **명** 배

0002

I

[ái]

대 나는[내가]

명 나

I는 '나는, 나'를 뜻합니다. 우리가 영어를 공부할 때 가장 먼저 배우고 많이 쓰는 단어지요? I를 활용한 예로는 I love you.(나는 너를 사랑해.), I go to school.(나는 학교에 간다.), Sam and I are best friends.(Sam과 나는 친한 친구이다.) 등이 있어요. 여기서 중요한 점은 I는 문장의 어느 위치에 오든 항상 대문자로 써야 한다는 것입니다. 이 점 잊지 마세요!

1 I want to be a teacher.

나는 선생님이 되고 싶다.

2 I feel great today.

나는 오늘 기분이 정말 좋다.

Plus + teacher **명** 선생님   feel **동** (특정한 기분이) 들다
great **형** 정말 좋은

0003

to

[tə, tu, tu:]

전 ~쪽으로, ~을 향해, ~까지,
~을 위하여, ~에게

to의 기본 뜻은 방향을 나타내는 '~으로, ~에'와 도착점을 나타내는 '~까지'로 이해하면 됩니다. 이를테면 go to the park는 '공원에[공원으로] 가다'라는 뜻이고, come to me는 '나에게 오다'라는 의미가 되지요. to는 '~까지'라는 뜻도 나타냅니다. nine to five는 '9시부터 5시까지'를, from top to toe는 '머리부터 발끝까지'를 의미합니다. 이때 to는 시간과 장소를 모두 나타낼 수 있어요.

1 Paul came to the house.

Paul이 집에 왔다.

2 The store is open from Monday to Friday.

그 상점은 월요일부터 금요일까지 문을 연다.

Plus + come **동** (어떤 장소 등에) 오다   open **형** (상점 등이) 문을 연

0004

of

[ʌv]

전 ~의, ~으로부터, ~에 관한,
~ 때문에, ~으로 (이루어진)

of의 기본 뜻을 한마디로 요약하면 '~의'입니다. 예를 들면 a friend of mine (나의 친구), The Wizard of OZ(오즈의 마법사) 등이 있지요. 또한 of는 '~잔, ~병, ~캔'과 같은 단위 표현에도 자주 쓰입니다. '커피 한 잔'을 영어로 어떻게 표현할까요? 네, 바로 a cup of coffee입니다. 그럼 '치즈 한 장'은? 바로 a slice of cheese이지요.

1 What is the name of that tree?

저 나무의 이름이 뭐야?

2 Luna will drink a cup of tea.

Luna는 차 한 잔을 마실 것이다.

Plus + name **명** 이름　　　　　　tea **명** (음료로서의) 차

0005

he

[hi, hiː]

대 그는[가], 그 사람은[이]
명 남자, 수컷

he는 '남자'를 뜻하는 단어입니다. 동물의 '수컷'을 의미하기도 합니다. 또한 '남자'인 사람을 가리킬 때 '그는, 그 사람은'이라는 의미로 쓰이기도 합니다. Tom, John, uncle(삼촌, 아저씨), brother(형, 오빠, 남동생)처럼 '남자'를 뜻하는 말이 나오면 he를 써서 표현할 수 있습니다.

1 He is my old friend.

그는 나의 오랜 친구이다.

2 I like John. He is kind.

나는 John을 좋아한다. 그는 친절하다.

Plus + old **형** (알고 지낸 지가) 오래된　　　　　kind **형** 친절한

0006

it

[ɪt]

대 그[이]것

it의 뜻은 '그것'으로 앞에 나온 사물을 가리켜 말할 수 있습니다. 예를 들어, 친구가 "Where is my pencil?(내 연필이 어디 있지?)"이라고 말하면 "It is on the desk.(책상 위에 있어.)"라고 답할 수 있지요. 또한 it은 '시간, 날씨, 요일' 등을 나타낼 수 있습니다. 예를 들어, It's 2 o'clock.이라고 하면 '2시이다.'라는 뜻이고, It's Friday.는 '금요일이다.'를 의미합니다. 이런 경우에 it은 형식적으로 쓰인 주어이므로 '그것'이라고 해석하지 않아도 됩니다.

1 "Where is my dog?" — "It's on the sofa."

"내 강아지가 어디에 있지?" — "(그것은) 소파 위에 있어."

2 It is snowing today.

오늘은 눈이 내리고 있다.

Plus + snow **동** 눈이 내리다[오다]

0007 in

[in]

전 ~안[속]에, ~중(에),
~의 상태에[로], ~을 입고,
~동안에

in은 '~안에'라는 뜻입니다. 위치상 어떤 것의 안이나 내부에 있을 때 in을 씁니다. 그래서 in town이라고 하면 도시의 안, 즉 '시내에 있는'이라는 뜻이고, in Korea는 '한국 내에서', a dress는 '드레스를 입은'이라는 뜻이 되지요. 유명한 뮤지컬 영화 중 〈Sing In The Rain사랑은 비를 타고〉가 있습니다. 여기서 나오는 유명한 노래의 가사가 바로 "I'm singing in the rain...(나는 빗속에서 노래하고 있어요…"입니다. 이제 in의 뜻이 잘 이해되시나요?

1 **Max gets in the car.**
Max가 차에 탄다.

2 **There are some apples in the basket.**
바구니 안에 사과가 몇 개 있다.

Plus + some 혱 얼마간의, 약간의   basket 명 바구니

0008 you

[ju, ju]

때 너, 당신(들)

명 당신과 똑같은 사람[물건]

you는 상대방을 가리키는 2인칭 대명사로 '너, 당신'을 의미합니다. 신기한 것은 주격, 목적격, 단수, 복수 모두 형태가 you로 같다는 점이지요. 또한 you는 '일반 사람'을 뜻하기도 하는데 이때는 가리키는 대상이 일반 사람이므로 '너, 당신'이라고 해석되지 않도록 주의하셔야 합니다.

1 **You look so happy.**
너는 정말 행복해 보여.

2 **You should be quiet in the library.**
도서관에서는 조용히 해야 한다.

Plus + look 통 ~해[처럼] 보이다   should 조 ~해야 한다
quiet 혱 조용한

0009 she

[ʃi, ʃi]

때 그녀는[가], 저 여자는[가]

명 여자, 암컷

she는 앞서 배운 he와 대비되는 단어로 '여자' 또는 동물의 '암컷'을 나타내는 단어입니다. 그런데 한 가지 독특한 점은 여성이나 암컷 동물 외에 사물에도 she를 쓸 수 있다는 점입니다. 바로 '배, 선박'에 대해서죠. "She looks so beautiful!"은 아름다운 여성에게 할 수 있는 말이지만 동시에 바다에 떠 있는 배를 보고 할 수 있는 말이기도 합니다. 이때 she가 '배'나 '요트'를 가리키는 것이지요.

1 **She is my English teacher.**
그녀는 나의 영어 선생님이다.

2 **That's my new yacht. Isn't she beautiful?**
저게 내 새 요트야. 멋지지 않니?

Plus + yacht 명 요트

0010

say

[seɪ]

said - said

 말하다

say는 기본적으로 '말하다'를 뜻합니다. 영어권에는 'Simon says'라는 놀이가 있습니다. 누군가 "Simon says ~"라고 말하면 그 사람의 말대로 상대방이 동작을 해야 하는 놀이입니다. 참고로 say와 비슷한 단어로는 tell(말하다)이 있으니 함께 외워두시면 좋겠군요.

1 "Is anybody there?" she said.

"거기 누구 있어요?"라고 그녀가 말했다.

2 What did you say?

뭐라고 하셨죠?

Plus + anybody 때 누군가　　　　　what 때 무슨, 무엇

0011

have

[həv, hæv]

had - had

 가지다[소유하다],
포함[수반]하다,
(특징으로) ~을 가지고 있다,
~을 먹다[마시다],
얻다[받다],
(시간 등) 보내다,
경험하다

have는 기본적으로 무언가를 '가지다, 소유하다'를 뜻합니다. 물건을 포함해서 어떤 감정이나 느낌, 아이디어, 시간, 경험 등을 모두 표현할 수 있어요. 그리고 이렇게 '가지다'라는 의미가 확장되어 음식 등을 '먹다, 마시다'라는 뜻을 나타내기도 해요. 예를 들면 have dinner(저녁을 먹다), have a cup of coffee(커피 한 잔을 마시다) 등이 있지요.

1 Tony has a nice watch.

Tony는 멋진 손목시계를 가지고 있다.

2 I had a salad for lunch.

나는 점심으로 샐러드를 먹었다.

Plus + watch 명 손목시계　　　　　lunch 명 점심

0012

on

[ɑːn, ɔːn]

전 ~의 위에, ~의 표면에,
~에 접하여, ~의 도중에

부 위에, 계속하여

on은 어떤 대상 '위'에 위치한 것을 나타낼 때 쓰입니다. a pen on the table 이라고 하면 '탁자 위에 놓인 펜'을, a picture on the wall은 '벽에 걸린 그림'을 의미해요. 또한 on은 어떤 상태나 활동이 '계속되는' 것을 나타낼 수 있어요. sleep on(계속 자다), walk on(계속 걷다)처럼 말이죠.

1 Wow! Look at the picture on the wall!

와! 벽에 걸린 저 그림을 봐!

2 James went on about his trip.

James는 여행에 대해 계속 이야기했다.

Plus + picture 명 그림　　　　　wall 명 벽
go on 말을 계속하다　　　　　trip 명 여행

0013

but

[bət, bʌt]

- 접 그러나, 하지만, ~이 아니고
- 부 그저 ~뿐, 단지[다만]
- 전 ~을 제외하고

앞에서 배운 and와 달리 but은 '그러나, 하지만, 그렇지만' 등을 뜻합니다. 주로 앞서 한 말에 대해 '그런데~, 그렇지만~'이라고 말하며 반대하거나 짜증을 나타낼 때 많이 쓰이지요. 또한 예의상 '미안합니다, 그렇지만~'이라고 말할 때 I'm sorry, but ~이라는 표현으로 쓰이기도 합니다.

1 It was sunny, but it was cold.
날씨는 화창했지만, 추웠다.

2 I'm sorry, but I can't go to the party.
미안하지만, 나는 파티에 갈 수 없어.

Plus + sunny 형 화창한　　　　cold 형 추운

0014

for

[fə(r), fɔː(r)]

- 전 ~을 위하여, ~에 대하여, ~용의, ~을 향하여, ~까닭에, ~의 동안

for는 뒤에 오는 대상이 무엇인지에 따라 다양한 뜻을 나타낼 수 있습니다. 먼저 목적이 되는 대상이 올 경우, '~을 위하여'를 뜻합니다. 예를 들면 for the king(왕을 위하여), go for a walk(산책을 하러 가다) 등이 있지요. 또한 for 뒤에 '목적지'가 오면 '~을 향하여'를 뜻해요. leave for London이라고 하면 '런던으로 떠나다'를 뜻하지요. 그밖에 뒤에 '기간, 거리' 등이 오면 '~동안'을 의미합니다.

1 The gift is for Julie.
그 선물은 Julie를 위한 것이다.

2 Mary and I headed for home.
Mary와 나는 집으로 향했다.

Plus + gift 명 선물　　　　head 동 (특정 방향으로) 향하다, 가다

0015

at

[ət, æt]

- 전 ~에, ~으로, ~중에 있는, ~에 있어서

at은 '때, 시간' 또는 '어떤 지점, 장소' 등을 나타낼 수 있습니다. '때, 시간'을 나타낼 때는 주로 at noon(정도)이나 at night(밤에), at 3 o'clock(3시에) 등의 표현에 쓰입니다. 또한 '어떤 지점, 장소'를 나타낼 때는 at the bus stop(버스 정류장에서), at the bank(은행에서)와 같은 표현에 쓰이지요. 참고로, at은 비교적 '좁은' 장소에 쓰이는 점 함께 알아두세요!

1 Let's meet at 4 o'clock.
4시에 만나자.

2 Sue sat at the bus stop.
Sue는 버스 정류장에 앉아 있었다.

Plus + meet 동 만나다　　　　sit 동 앉아 있다, 앉다
stop 명 정류장

0016

with

[wɪð;]

전 ~와, ~와 함께,
~에 대하여, ~때문에,
(속성으로) ~을 가지고

with는 뒤에 사람이 오면 '~와, ~와 함께'라는 뜻을 나타냅니다. with Suzy(수지와), with me(나와 함께) 등으로 쓰일 수 있어요. 하지만 뒤에 사물이 오면 '~로, ~을 가지고'를 의미합니다. with a fork(포크로), a boy with brown hair(갈색 머리칼을 가진 소년), a girl with the red hat(빨간 모자를 쓴 소녀) 등처럼 말이죠.

1 I went fishing with my son.
나는 아들과 함께 낚시하러 갔다.

2 I know the girl with the black coat.
나는 검은 코트를 입은 그 소녀를 안다.

 go fishing 낚시하러 가다 　　son 명 아들
know 동 알다

0017

that

[ðæt]

대 저[그]것, 저 사람,
(사람 또는 사물 등을 가리켜)
그[저]

부 그렇게, 그만큼

접 ~이라[한다]는 것

우리가 처음 영어를 공부할 때 마주하는 단어 중 하나가 바로 that입니다. that은 '저것, 저 사람' 등을 뜻합니다. 주로 가까이 있지 않은 사람이나 물건을 가리킬 때 쓰이지요. 예를 들어, 멀리 떨어져 있는 남자를 가리킬 때는 that man이라고 표현하고, 저 멀리 보이는 나무를 말할 때는 that tree라고 할 수 있어요.

1 That is my cousin.
저 사람은 나의 사촌이다.

2 How high is that tower?
저 탑은 얼마나 높습니까?

 cousin 명 사촌 　　high 형 (사물의 바닥에서 꼭대기까지가) 높은
tower 명 탑

0018

do

[də, du:]

did - done

동 (동작이나 행위를) 하다,
(어떤 일을) 하다

do는 어떤 동작이나 행위를 하는 것을 나타냅니다. 그래서 do the dishes라고 하면 '설거지를 하다'라는 의미지요. 그런데 do는 '조동사'로써 일반동사(be동사가 아닌 동사들)가 쓰인 문장을 부정문이나 의문문으로 바꿀 때 쓰이기도 합니다. 예를 들어, They work hard.(그들은 열심히 일한다.)의 부정문은 They do not work hard.(그들은 열심히 일하지 않는다.)이고, 의문문은 Do they work hard?(그들은 열심히 일합니까?)입니다.

1 Josh will do his homework after breakfast.
Josh는 아침을 먹은 뒤에 숙제를 할 것이다.

2 Do you have a pet?
너는 반려동물을 키우고 있니?

Plus + breakfast 명 아침(밥), 아침 식사 　　pet 명 반려동물

0019

we

[wi, wi:]

때 우리[저희]

we는 '우리'를 뜻합니다. '나'를 포함한 둘 이상의 사람을 가리키지요. 예를 들어, We are one!(우리는 하나), We can help you.(우리가 너를 도울 수 있어.) 등 다양한 상황에서 '우리'를 말할 때 we를 쓸 수 있어요.

1 We had a birthday party yesterday.
우리는 어제 생일파티를 했다.

2 We should cross at the crosswalk.
우리는 횡단보도에서 건너야 한다.

Plus + birthday 명 생일　　　　　yesterday 부 어제 명 어제 형 어제의
　　　　cross 동 (가로질러) 건너다　　crosswalk 명 횡단보도

0020

they

[ðeɪ]

때 그들[그것들], 사람들

they는 '그들, 그것들'을 의미합니다. 주로 앞에서 말한 대상을 받아서 말할 때 쓰입니다. 예를 들어, "Where are Jim and Mary?(Jim과 Mary는 어디 있어?)" "They went to school.(그들은 학교에 갔어.)"이라는 대화에서 They는 바로 Jim과 Mary를 가리키는 것이죠. 그밖에 they는 '(일반적인) 사람들'을 나타내기도 해요.

1 "Where are my glasses?" — "Look! They're under the sofa."
"내 안경 어디에 있어?" — "봐! 소파 아래에 있어."

2 They were waiting in line.
사람들이 줄을 서서 기다리고 있었다.

Plus + glasses 명 안경　　　　　wait 동 기다리다

0021

as

[əz, æz]

전 ~처럼[같이], 마찬가지로,
　~로서

접 ~와 같이, ~처럼[만큼],
　~하는 동안에, ~하면서

as는 전치사와 접속사로 쓰일 수 있습니다. 먼저 전치사로는 '~처럼, ~로서' 등을 뜻합니다. 예를 들면 as god(신처럼), as a doctor(의사로서) 등이 있지요. 접속사로는 '~와 같이, ~처럼[만큼]' 등을 뜻합니다. 이를테면 Jane is as tall as me.(Jane은 나만큼 키가 크다.)에서 as는 '~만큼'을 의미하지요. 이렇게 다양한 as의 뜻을 잘 알아두세요!

1 You can use that glass as a vase.
너는 그 유리컵을 꽃병으로 사용할 수 있다.

2 I can run as fast as Sam.
나는 Sam만큼 빨리 달릴 수 있다.

Plus + glass 명 유리컵[잔]　　　　vase 명 꽃병
　　　　run 동 달리다　　　　　　fast 부 빨리, 빠르게 형 빠른

go
[goʊ]
went - gone
동 가다

go의 기본 의미는 '가다'입니다. 그렇기 때문에 go 다음에는 주로 가는 '장소, 목적지'가 나옵니다. go to the market(시장에 가다), go to the theater(극장에 가다), go to the office(사무실에 가다, 출근하다)처럼 말이죠. 근데 우리가 무언가를 '타고' 갈 수도 있겠죠? 그래서 go by bus(버스를 타고 가다), go by subway(지하철을 타고가다)처럼 go 다음에 교통수단이 오기도 합니다. 이때 '걸어서' 갈 때는 go on foot이라고 하는 점, 함께 알아두세요!

1 I will go to the museum next week.
나는 다음 주에 박물관에 갈 것이다.

2 Jamie goes to school by bus.
Jamie는 버스를 타고 학교에 간다.

Plus + museum 명 박물관　　　　by 전 ~로 (방법·수단을 나타냄)

0023

what
[wɑːt, wʌt]
대 무엇, (~하는) 것[일], 얼마나
형 무슨[어떤]

what은 기본적으로 '무엇'을 뜻해서 What is your name?(당신의 이름은 무엇입니까?), What are you doing?(너는 무엇을 하고 있니?)처럼 상대방에게 '무언가' 물어볼 때 많이 쓰입니다. 또한 What do you do?(직업이 무엇입니까?)처럼 상대방에게 하는 일이 무엇인지 물어볼 때 쓰이기도 합니다. 그밖에 What color do you want?(무슨 색깔을 원하니?)처럼 '무슨, 어떤'이라는 뜻을 나타내기도 해요.

1 What is this nail for?
이 못은 어디에 씁니까?

2 What kind of movie do you want to see?
어떤 종류의 영화를 보고 싶니?

Plus + nail 명 못　　　　kind 명 종류, 유형

0024

all
[ɔːl]
대 모두[모든 것], 모든 사람
형 전체[전부]의, 온갖[모두]
부 완전히[온통], 전혀
명 전부[전체], 전재산[전 소유물]

all은 '모두', '전부'와 관련된 뜻을 나타내는 단어입니다. That's all.(그게 다야), all my love(나의 모든 사랑), all in white(온통 하얀색으로), Jamie ate all of the cake.(Jamie는 케이크를 다 먹었다.) 등 all은 대명사부터 형용사, 부사, 명사까지 다방면으로 쓰일 수 있어요.

1 All of us are friends.
우리 모두는 친구이다.

2 We all did our best.
우리는 모두 최선을 다했다.

Plus + do one's best 최선을 다하다

0025

from

[frʌm, frɑːm]

전 ~으로부터, ~에서,
~으로 인하여

from은 어떤 지점, 시간, 방향 등을 나타냅니다. 그래서 from the station(역에서부터)처럼 장소상의 '출발점'을 나타내기도 하고, from early morning(이른 아침부터)처럼 시간상의 '시작점'을 표현하기도 해요. 그밖에 '출신, 출처'를 뜻하기도 하는데, 예를 들면 I'm from Japan.(나는 일본 출신이다.), a gift from my dad(아빠가 준 선물) 등이 있습니다.

1 **Emily took an apple from her pocket.**
Emily는 주머니에서 사과 한 개를 꺼냈다.

2 **Joe is from Canada.**
Joe는 캐나다 출신이다. (= Joe는 캐나다에서 왔다.)

Plus + take 동 가져가다, 옮기다   pocket 명 주머니

0026

like

[laɪk]

동 좋아하다

전 ~와 비슷한

like는 '좋아하다'를 뜻하며 주로 어떤 대상에 대한 긍정적인 감정이나 선호도를 표현합니다. 예를 들어, I like ice cream.(나는 아이스크림을 좋아한다.), James likes her.(James는 그녀를 좋아한다.)처럼 무언가를 좋아한다고 말할 때 쓰이죠. 이 외에도 like는 '~와 비슷한'이라는 의미를 나타내는데, 예를 들어 like his mother(그의 엄마와 비슷한), like a monkey(원숭이와 비슷한) 등이 있어요.

1 **I like to read books in my beanbag chair.**
나는 빈 백 의자에서 책을 읽는 것을 좋아한다.

2 **Mike looks like his father.**
Mike는 그의 아버지와 비슷하게 생겼다.

Plus + look 동 ~처럼 보이다, ~해 보이다

0027

get

[get]

got - got[gotten]

동 받다, 얻다, 겪다[앓다],
(~을 하게) 만들다,
도착하다[이르다],
~을 이해하다

get은 기본적으로 '받다, 얻다'를 뜻합니다. 그래서 get a letter라고 하면 '편지를 받다'라는 의미가 되고, get an idea는 '아이디어를 얻다'를 뜻합니다. 그리고 여기서 뜻이 확장되어 get은 '(~을 하게) 만들다, 도착하다, ~을 이해하다' 등 다양한 의미를 나타낼 수도 있어요.

1 **Where did you get that dress?**
너는 그 드레스를 어디서 구했니?

2 **I don't get the meaning of the story.**
나는 그 이야기의 의미를 이해할 수 없다.

Plus + meaning 명 의미   story 명 이야기

0028

know

[noʊ]

knew - known

동 알다, 이해하다, 깨닫다

고대 그리스 철학자 소크라테스가 한 유명한 말로 "너 자신을 알라."가 있습니다. 이를 영어로 하면 Know yourself.인데 여기서 know가 바로 '알다, 이해하다, 깨닫다'라는 뜻입니다. 무언가를 알게 되면 이해하게 되고 깨닫게 되는 셈이겠죠? 영어의 일상 회화에는 know가 쓰인 표현이 많습니다. 그 중 you know?라는 표현은 상대방에게 공감이나 동의를 얻으려 할 때 쓰입니다. 우리말로 하면 '그거 알아?' 정도가 되겠군요.

1 Alex knows the answer.

Alex는 답을 알고 있다.

2 I don't know where my bag is.

나는 가방이 어디에 있는지 모르겠다.

Plus + answer 명 답, 해답   bag 명 가방

0029

up

[ʌp]

전 ~의 위로[에], ~의 위쪽 방향에[으로], ~에 거슬러서

부 위쪽으로, 올라가서, (몸을) 일으켜, 세워져

형 위로 가는, 명랑한

up의 기본 의미는 '위로'입니다. 예를 들어, stand up 하면 '일어서다'라는 뜻인데, 우리가 일어설 때 몸을 '위로' 일으켜 세우니 up을 쓰는 것이지요. 또한 look up이라고 하면 '올려다보다'라는 뜻으로 무언가 높이 있는 것을 올려다보는 것을 나타내요. 그밖에 '오늘 기분 업(up)되네요.'라는 우리말 표현처럼 up은 기분이나 기운 등이 고조되는 것을 표현할 수도 있어요.

1 Jack closed the book and stood up.

Jack은 책을 덮고 일어섰다.

2 Kelly went up the stairs.

Kelly는 계단을 올라갔다.

Plus + close 동 (책 등을) 덮다   stairs 명 계단

0030

this

[ðɪs]

대 이것, 이 사람[분], 지금[현재]

부 이만큼, 이 정도로

this는 '이것, 이 사람'이라는 뜻으로 가까이 있는 대상을 가리킬 때 쓰입니다. 앞서 배운 that과 상반되는 단어라고 보시면 됩니다. 예를 들어, Do you like this coat?라고 하면 '이 코트가 마음에 드니?'라는 뜻이지요. 또한 this morning (오늘 아침), this week(이번 주)처럼 '지금, 현재'와 관련된 의미를 나타내거나 this late(이렇게 늦게), this deep(이 정도로 깊은) 등과 같이 '이만큼, 이 정도로'를 뜻하기도 합니다.

1 Look at this beautiful flower.

이 아름다운 꽃을 좀 봐.

2 We met Jamie this morning.

우리는 오늘 아침에 Jamie를 만났다.

Plus + beautiful 형 아름다운   meet 동 만나다

우리말에 맞게 빈칸에 알맞은 단어를 쓰세요.

(정답은 본문을 확인하세요.)

1 Ann has blue eyes _____ red hair.

Ann은 푸른 눈과 붉은 머리칼을 가졌다.

2 _____ want to be a teacher.

나는 선생님이 되고 싶다.

3 Paul came _____ the house.

Paul이 집에 왔다.

4 What is the name _____ that tree?

저 나무의 이름이 뭐야?

5 _____ is my old friend.

그는 나의 오랜 친구이다.

6 "Where is my dog?" — "_____'s on the sofa."

"내 강아지가 어디에 있지?" — "(그것은) 소파 위에 있어."

7 Max gets _____ the car.

Max가 차에 탄다.

8 _____ look so happy.

너 정말 행복해 보인다.

9 _____ is my English teacher.

그녀는 나의 영어 선생님이다.

10 What did you _____

뭐라고 하셨죠?

11 Tony _____ a nice watch.

Tony는 멋진 손목시계를 가지고 있다.

12 Wow! Look at the picture _____ the wall!

와! 벽에 걸린 저 그림을 봐!

13 It was sunny, _____ it was cold.

날씨는 화창했지만, 추웠다.

14 The gift is _____ Julie.

그 선물은 Julie를 위한 것이다.

15 Let's meet _____ 4 o'clock.

4시에 만나자.

16 I went fishing _____ my son.

나는 아들과 함께 낚시하러 갔다.

17 _____ is my cousin.

저 사람은 나의 사촌이다.

18 _____ you have a pet?

너는 반려동물을 키우고 있니?

19 _____ had a birthday party yesterday.

우리는 어제 생일파티를 했다.

20 _____ were waiting in line.

사람들이 줄을 서서 기다리고 있었다.

21 You can use that glass _____ a vase.

너는 그 유리컵을 꽃병으로 사용할 수 있다.

22 I will _____ to the museum next week.

나는 다음 주에 박물관에 갈 것이다.

23 _____ is this nail for?

이 못은 어디에 쓰입니까?

24 _____ of us are friends.

우리 모두는 친구이다.

25 Emily took an apple _____ her pocket.

Emily는 주머니에서 사과 한 개를 꺼냈다.

26 I _____ to read books in my beanbag chair.

나는 빈 백 의자에서 책을 읽는 것을 좋아한다.

27 Where did you _____ that dress?

너는 그 드레스를 어디서 구했니?

28 Alex _____ the answer.

Alex는 답을 알고 있다.

29 Kelly went _____ the stairs.

Kelly는 계단을 올라갔다.

30 Look at _____ beautiful flower.

이 아름다운 꽃을 좀 봐.

레벨별 단어 사용 빈도

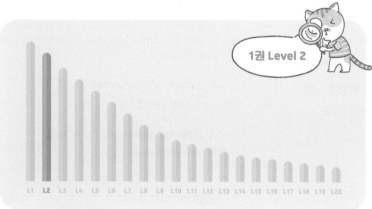

1권 Level 2

L1 **L2** L3 L4 L5 L6 L7 L8 L9 L10 L11 L12 L13 L14 L15 L16 L17 L18 L19 L20

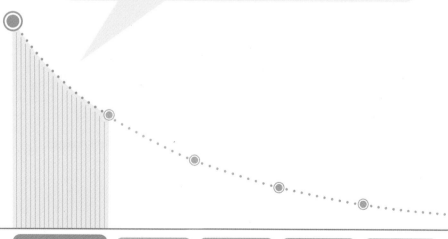

LEVEL 1~20   LEVEL 21~40   LEVEL 41~60   LEVEL 61~80   LEVEL 81~100

0031

if

[ɪf]

접 만약 ~면, 비록 ~일지라도,
~인지 아닌지

명 가정[조건]

if는 주로 현재 상황과 반대되는 상황을 가정해서 이야기할 때 쓰입니다. 예를 들어, If I can fly, I can go anywhere.(내가 날 수 있다면, 어디든 갈 수 있을 텐데.)라고 하면 내가 현재 '날 수 없는' 상태기 때문에 if를 써서 '내가 날 수 있다면~'이라고 현재와 반대되는 상황을 가정한 것이지요. 또한 맥락에 따라 I don't know if Jim is at home.(나는 Jim이 집에 있는지 모르겠다.)처럼 '~인지, 아닌지'라는 뜻을 나타내기도 합니다.

1 If I were you, I would leave.

만약 내가 너라면 난 떠날 거야.

2 I don't know if she will come.

나는 그녀가 올지 모르겠다.

Plus + leave 통 떠나다   come 통 오다

0032

when

[wen]

대 언제, 그때

접 ~할 때에, ~하면

부 언제, 그때

when은 주로 '언제, ~할 때'를 뜻합니다. 예를 들어, When is your birthday? 라고 물으면 '네 생일은 언제니?'라는 뜻이고, I liked English when I was young.이라고 하면 '나는 어렸을 때 영어를 좋아했다.'를 의미하지요. 또한 when 은 Call me when you arrive!(도착하면 전화해!)와 같이 '~하면'이라는 뜻을 나타내기도 합니다.

1 When will John return?

John은 언제 돌아올까?

2 Tell me when you're ready.

네가 준비되면 말해 줘.

Plus + return 통 돌아오다   tell 통 말하다
ready 형 준비가 된

0033

look

[lʊk]

통 보다, 찾아보다,
마치 ~인 것 같다

명 (쳐다)봄, 표정, 겉보기

look은 주로 관심을 가지고 특정한 방향으로 어떤 대상을 바라보는 것을 나타냅니다. 예를 들어, look out of the window는 '창밖을 내다보다'를 의미합니다. 그밖에 look은 '마치 ~인 것 같다'를 뜻하기도 하는데, It looks like snow. 라고 하면 '마치 눈이 올 것 같다.'를 의미합니다.

1 Lisa was looking at her family photo.

Lisa는 그녀의 가족사진을 보고 있었다.

2 Joe looks happy today.

Joe는 오늘 행복해 보인다.

Plus + photo 명 사진   happy 형 행복한

0034

then

[ðen]

틧 그 다음에, 그때[그 무렵],
그러면[그러니까], 게다가

몡 그때

then은 어떤 뜻으로, 어떨 때 쓰이는지 모호하고 쉽지 않게 느껴지는 단어 중 하나입니다. 주로 말과 말 중간에 '잇는 말'이라고 볼 수 있습니다. 보통 '그 다음에, 그때, 그러면' 등의 뜻을 나타내죠. 예를 들어, I ate dinner, then I watched a movie.라고 하면 '나는 저녁을 먹었고, 그 다음에 영화를 보았다.'를 의미하고, Finish your homework, then you can play.는 '너는 숙제를 끝내고 나면 놀 수 있다.'를 뜻해요.

1 The snow stopped and then started again.

눈이 그쳤다가 다시 오기 시작했다.

2 Jean was working in Rome then.

Jean은 그때 로마에서 일하고 있었다.

Plus + again 틧 다시　　　　work 틩 일하다

0035

so

[soʊ]

젒 그래서, ~하도록, 그렇게

틧 너무나[대단히],
그렇게[그 정도로], 정말

so는 '그래서, ~하도록' 또는 '너무나, 정말' 등을 뜻합니다. 우리가 흔히 감사를 표할 때 Thank you so much.라고 말하죠? 이때 so가 바로 '정말'이라는 뜻입니다. The movie was so good.은 '그 영화는 정말 재미있었다.'를 의미하죠. 또 다른 예로 The food was delicious, so I ate it all.이라고 하면 '나는 음식이 맛있어서 다 먹었다.'라는 뜻이 되며 이때의 so는 접속사로 사용되었습니다.

1 I was tired, so I went to bed early.

나는 피곤해서 일찍 잠자리에 들었다.

2 "Do you think Paul is angry?" — "I don't think so."

"넌 Paul이 화가 났다고 생각해?" — "그렇게 생각 안 해."

Plus + early 틧 일찍　　　　angry 혱 화난, 성난

0036

think

[θɪŋk]

thought - thought

틩 생각하다, 사고하다

Think different!(다르게 생각하라!), think again(한번 더 생각하다)과 같은 말 들어보신 적 있죠? 이때 '생각하다'가 바로 think입니다. 그래서 흔히 '난 ~라고 생각한다'라고 말할 때 I think~라고 표현할 수 있습니다. 또한 '~에 대해 어떻게 생각해?'라고 상대방의 의견을 물어볼 때 What do you think of~?라고 말할 수 있어요.

1 Jake thought about what to do.

Jake는 무엇을 해야 할지 생각했다.

2 I think Alice is very smart.

나는 Alice가 정말 똑똑하다고 생각한다.

Plus + smart 혱 똑똑한

LEVEL 2　**29**

0037

about

[ə'baʊt]

전 ~에 관하여[관한],
~에 대하여, ~쯤, ~의 근처에

부 대략, 근처(어딘가)에

about은 '~에 관하여, ~에 대하여'란 뜻입니다. 예를 들면 about love(사랑에 대하여), a book about health(건강에 관한 책) 등이 있습니다. 〈어바웃타임 About Time〉이라는 시간에 관한 영화도 있군요. 또한 about은 '대략, 근처에' 라는 의미를 갖기도 합니다. It's about two o'clock.이라고 하면 '2시쯤 되었다.'라는 뜻이고, look about이라고 하면 '주위를 둘러보다'를 의미합니다.

1 I read a book about a brave man.

나는 한 용감한 남자에 관한 책을 읽었다.

2 "What time did you come?" — "About two."

"몇 시에 왔니?" — "한 2시쯤."

Plus + brave 형 용감한

0038

there

[ðer]

부 그곳에, 거기에[로], 거기서

명 그[저]곳

there는 주로 '그곳에, 거기에', '저곳' 등을 의미합니다. 우리가 흔히 '거기에 ~ 가 있었지!'라고 말할 때 '거기에'에 해당하는 것이 바로 there이지요. 예를 들어, The park is over there.이라고 하면 '공원은 저쪽에 있다.'를 뜻합니다. 그리고 여기서 한 가지 더! 일상 회화에서 '안녕!'의 의미로 Hi, there!이라고 표현하기도 하니 함께 알아두세요!

1 Nick lived there for five years.

Nick은 그곳에서 5년간 살았다.

2 Hi, there! How're you doing?

안녕! 어떻게 지내?

Plus + live 동 살다   for 전 ~동안

0039

come

[kʌm]

came - come

동 (~쪽으로) 오다, 되다

come의 기본 뜻은 '오다'입니다. 이때 주의할 점이 '~쪽으로' 오고 가는 뉘앙스 가 포함되어 있다는 점입니다. 이 점이 '가다'를 뜻하는 go와 come을 구분해줍 니다. 예를 들어, 듣는 상대방을 기준으로 '그쪽으로' 가거나 움직일 때 come을 쓰지요. 가령, Are you coming?(너 오고 있어?)이라고 물으면 상대방은 Yes, I'm going.이 아닌 Yes, I'm coming.(응, 가는 중이야.)이라고 답해야 자연스러 운 것이지요. come과 go의 차이가 잘 이해되죠?

1 We were coming at each other.

우리는 서로에게 다가가고 있었다.

2 They came to my house for a party.

그들은 파티를 하러 우리 집에 왔다.

Plus + each other 서로   house 명 집

0040

out

[aʊt]

- 부 밖에[으로], 외부에,
  외출하여[부재중],
  없어져[바닥이 나]
- 형 밖의[바깥쪽의], 부재중인,
  바닥난[없는]
- 전 ~밖에[으로], ~으로부터

out의 기본 뜻은 우리가 잘 알고 있듯이 '밖에, 밖으로'입니다. out을 활용한 영어 표현은 out of bed(침대 밖으로), out of the window(창밖으로), go out (나가다) 등 정말 다양합니다. 그리고 이런 기본 뜻에서 의미가 확장하여 out은 무언가 다 나가버린, 즉 다 써서 '바닥난' 상태를 나타내기도 합니다. 예를 들어, We're out of bread.라고 하면 '빵이 다 떨어졌다.'를 의미해요.

1 **Don't go out with wet hair.**
   젖은 머리로 밖에 나가지 마라.

2 **We're out of coffee.**
   커피가 다 떨어졌다.

Plus + wet 형 젖은

0041

into

['ɪntə, 'ɪntu, ɪntuː]

- 전 ~속에[으로], ~안으로,
  ~에 부딪쳐, ~을 나누어,
  ~까지

into는 주로 무언가 '안에' 들어가는 것을 나타냅니다. 그래서 '~속에, ~안으로' 등을 의미합니다. 예를 들어, dive into the water라고 하면 '물속으로 뛰어들다'를 뜻하고, into the storm은 '폭풍 속으로'를 의미하지요. 그밖에 into는 The car ran into the bus.(그 차는 버스를 들이받았다.)처럼 '~에 부딪쳐'를 뜻하기도 하고, '~을 나누어', '~까지' 등으로 의미가 확장되기도 해요.

1 **Lily put the coins into the piggy bank.**
   Lily는 동전을 돼지 저금통에 넣었다.

2 **I ran into Mark on my way home.**
   나는 집으로 돌아오는 길에 Mark와 우연히 만났다.

Plus + put 동 넣다　　　　　　　　　　coin 명 동전
　　　　piggy bank 돼지 저금통　　　run into ~와 우연히 만나다

0042

make

[meɪk]

made - made

- 동 만들다[제조하다],
  ~하게 하다, (돈을) 벌다,
  준비[마련]하다,
  일으키다[생기게 하다]

make는 음식부터 가구, 집, 법 등 다양한 것을 만드는 것을 나타냅니다. 그리고 이러한 '만들다'라는 의미가 확장되어 다양한 뜻이 나왔습니다. make money 처럼 '돈'을 만든다는 흐름에서 '(돈을) 벌다'를 뜻하거나, make lunch처럼 '점심'을 만든다는 맥락에서는 점심을 '준비하다'를 의미하기도 합니다. 그밖에 make trouble처럼 문제를 만들다, 즉 문제를 '일으키다'를 뜻하기도 해요.

1 **Sally was making bread for a snack.**
   Sally는 간식으로 빵을 만들고 있었다.

2 **The news about the festival made me happy.**
   그 축제에 대한 소식은 나를 행복하게 했다.

Plus + news 명 소식　　　　　　　　festival 명 축제

0043

see
[siː]

saw - seen

동 보다, 만나다, 알다

see는 기본적으로 '보다'를 뜻합니다. 예를 들면 see a beautiful sunset(아름다운 일몰을 보다), see a rainbow(무지개를 보다) 등이 있지요. 그리고 누군가를 '보다'라는 흐름에서 see는 '만나다'를 뜻하기도 해요. 우리가 흔히 말하는 See you again.(또 만나자.)에서 See가 바로 이 뜻이지요. 그밖에 보면 알게 된다는 맥락에서 '알다'를 뜻하기도 합니다.

1 I saw the key on the table.
  나는 탁자 위에 그 열쇠가 있는 것을 봤다.

2 I saw Bella at the park and we played together.
  나는 공원에서 Bella를 만나 함께 놀았다.

Plus+ key 명 열쇠　　　　　　together 부 함께, 같이

0044

can
[kən] [kæn]

could/canned - canned

조 ~할 수 있다, ~할 줄 안다,
  ~해도 된다, ~할 줄 알다
명 통조림[깡통], 통[용기]

can은 주로 He can run fast.(그는 빨리 달릴 수 있다.), I can cook.(나는 요리를 할 줄 안다.)처럼 무언가를 '할 수 있거나 할 줄 아는' 상황에서 쓰입니다. 또한 '~해도 된다'라는 허락의 의미를 나타내기도 하는데, You can wear my jacket.이라고 하면 '너는 내 외투를 입어도 된다.'를 뜻해요. 그밖에 우리가 '캔'이라고 부르는 '깡통' 등을 의미하기도 합니다.

1 Can you drive?
  운전할 수 있니?

2 I opened a can of beans.
  나는 콩 통조림을 열었다.

Plus+ drive 동 운전하다　　　　　　bean 명 콩

0045

just
[dʒʌst]

부 그저, 딱
형 공정한

just는 '그저, 딱'을 의미합니다. I can eat just one cookie before dinner.라고 하면 '나는 저녁 식사 전에 딱 쿠키 하나만 먹을 수 있다.'라는 뜻이지요. 또는 Just do it!(그냥 해봐!), just for fun(그저 재미로)과 같이 말할 수 있어요. 그리고 독특하게 '공정한'을 의미하기도 합니다. 이를테면 a just society(공정한 사회), a just law(공정한 법)처럼 말이죠.

1 It was just a small mistake.
  그것은 그저 작은 실수였다.

2 I learned French just for fun.
  나는 그냥 재미로 프랑스어를 배웠다.

Plus+ mistake 명 실수　　　　　　learn 동 배우다
　　　　French 명 프랑스어　　　　　fun 명 재미, 즐거움

0046

take

[teɪk]

took - taken

동 받다[얻다], 잡다[쥐다],
데리고 가다, 선택하다,
먹다[마시다], 겪다,
(시간이) 걸리다,
(교통수단 등을) 타다
[이용하다]

take는 뜻도 많고 쓰임도 많은 단어예요. '받다, 잡다, 데리고 가다, 선택하다, 먹다' 등 상황에 따라 다양한 뜻을 나타내지요. 몇 가지만 예를 들어보자면 take a nap (낮잠을 자다), take a breath(숨을 쉬다), take a taxi(택시를 타다) 등이 있어요. 그래서 각 상황에 맞게 take를 해석하는 것이 중요합니다.

1 **Take your umbrella (with you) when you go out.**
외출할 때 우산 가지고 가렴.

2 **John takes the bus to work.**
John은 버스를 타고 출근한다.

Plus + umbrella 명 우산   go out 외출하다, 나가다

0047

tell

[tel]

told - told

동 말하다, 판단하다,
알다[확실히 말하다]

tell은 say와 함께 '말하다'를 뜻하는 대표적인 단어입니다. Tell me everything. (내게 모든 것을 말해 줘.), tell me a story(이야기를 들려주다), tell a lie(거짓을 말하다)처럼 주로 상대방에게 무언가를 말하는 것을 나타냅니다. 그리고 tell은 때에 따라 '판단하다', '알다'와 같은 의미를 갖기도 합니다. 그래서 I can tell the reason.이라고 하면 '나는 그 이유를 알 수 있다.'라는 뜻이 됩니다.

1 **Tell me about your holiday then.**
그럼 네 휴가에 대해 말해 봐.

2 **I could tell that Linda was unhappy.**
나는 Linda가 불행하다는 것을 알 수 있었다.

Plus + holiday 명 휴가, 방학   unhappy 형 불행한

0048

or

[ɔː(r)]

접 또는[혹은], 즉[다시 말해서],
~인지 아닌지, 그렇지 않으면

or은 주로 두 가지 대상 중 하나를 선택해야 하는 상황에서 쓰입니다. 셰익스피어의 대표작 중 하나인 〈Hamlet햄릿〉에 나오는 유명한 구절인 To be or not to be. That is the question.(사느냐 죽느냐. 그것이 문제로다.)을 들어보신 적 있나요? 살아야 할지, 죽어야 할지 두 가지 중 하나를 골라야 하는 이 상황에서 바로 or가 쓰였지요. 이 외에도 or은 '~인지 아닌지, 그렇지 않으면' 등의 의미를 나타내기도 합니다.

1 **Would you like ice cream or cake for dessert?**
후식으로 아이스크림이나 케이크를 드시겠습니까?

2 **You can go, or you can stay.**
넌 가도 돼, 그렇지 않으면 계속 있어도 좋고.

Plus + dessert 명 후식   stay 동 (다른 곳에 가지 않고) 계속 있다

0049

back

[bæk]

- 🔵 뒤로, 과거로 (거슬러), 돌아와서, 되받아
- 🔵 등, 뒤쪽
- 🔵 뒤쪽의, 옛날의
- 🔵 뒤로 물러서다, 지지하다

back은 주로 '뒤로', '뒤쪽'과 관련된 의미를 나타내요. 예를 들어, sit back은 '뒤로 (기대)앉다'를, look back은 '뒤를 보다'를 뜻하지요. 또한 I will be back. (나는 돌아올 것이다.)이라는 말 들어보셨죠? 여기서 back은 '돌아와서'라는 의미를 나타냅니다. 그밖에 back은 몸의 뒷부분인 '등'을 나타내기도 해요. 의미는 다양하지만 모두 '뒤쪽'과 관련되어 있지요?

1 I want to sit in the back.
나는 뒷자리에 앉고 싶다.

2 Put your name on the back of this paper.
이 종이 뒷면에 이름을 쓰십시오.

Plus + put 🔵 (글자를) 쓰다   paper 🔵 종이

0050

by

[baɪ]

- 🔵 ~옆에, ~을 통해서, ~에 의하여, ~까지는, (방법, 수단을 나타내) ~로
- 🔵 옆에

by의 기본 뜻은 '~옆에'입니다. 그래서 by the river라고 하면 '강가에'라는 뜻이고, stand by me는 '내 곁에 (서) 있어 줘'라는 의미지요. 또한 by는 방법이나 수단 등을 나타내며 '~로'를 뜻하기도 하는데 이때는 주로 by bus(버스로), by subway(지하철로)처럼 교통수단과 함께 쓰입니다.

1 The cat is sitting by the tree.
고양이가 나무 옆에 앉아 있다.

2 Ann and I traveled by train in Spain.
Ann과 나는 스페인에서 기차로 여행했다.

Plus + travel 🔵 여행하다   train 🔵 기차

0051

time

[taɪm]

- 🔵 시간, 시대, (특정한) 때
- 🔵 시간을 측정하다, 시기를 맞추다

time은 우리가 잘 알다시피 '시간'을 뜻합니다. 예를 들면 What time is it now?(지금 몇 시니?), Time is gold.(시간은 금이다.) 등이 있지요. 그리고 in Roman times(로마 시대에), It's time to go to bed.(이제 자러 갈 때이다.)처럼 어떤 특정한 '시대'나 '때'를 나타내기도 해요. 그밖에 time은 '시간을 측정하다, 시기를 맞추다'를 뜻하기도 합니다.

1 It's time for dinner.
저녁 먹을 시간이다.

2 I finished my work on time.
나는 제시간에 작업을 마쳤다.

Plus + finish 🔵 마치다   **on time** 시간을 어기지 않고, 정각에

0052

want

[wɑːnt, wɔːnt]

동 원하다, 바라다

명 결핍

want는 무언가를 원하거나 필요로 하는 상태를 나타냅니다. 예를 들어, I want a teddy bear for my birthday.(나는 생일 선물로 곰인형을 받고 싶다.), What do you want to be in the future?(너는 장차 무엇이 되길 바라니?) 등처럼 말이죠. 그리고 맥락에 따라 '결핍'을 뜻하기도 하는데, 아마 무언가를 굉장히 원하는 것에서 나온 뜻으로 생각됩니다. 이럴 때는 주로 in want of라는 표현으로 쓰여요.

1 I want some tea.
나는 차를 좀 마시고 싶다.

2 Sam was in want of sleep after staying up late.
Sam은 밤늦게 잔 탓에 잠이 부족했다.

Plus+ tea 명 차　　　　stay up late 늦게까지 자지 않고 있다

0053

how

[haʊ]

부 어떻게, 얼마나, 어느 정도, 어떤 상태로

명 방법

우리는 안부를 물을 때 How are you?(어떻게 지내요?) 또는 How are you feeling?(기분이 어때?)이라고 하죠. 이때 how는 '어떻게, 얼마나, 어떤 상태로' 등을 뜻합니다. 또 다른 예로는 How does it work?(그것은 어떻게 작동하니?), How did you do that?(어떻게 그렇게 했나요?) 등이 있지요. 그밖에 how는 '방법'을 의미하기도 합니다.

1 How do you make pasta?
파스타는 어떻게 만드니?

2 I want to learn how to swim.
나는 수영하는 법을 배우고 싶다.

Plus+ swim 동 수영하다

0054

over

[ˈoʊvə(r)]

부 너머[건너], 위쪽으로[높이], 전면에[온통], 끝나서

전 ~위에, ~을 넘어[건너], ~이상의, 도처[여기저기]에

over는 주로 '너머, ~위에, ~을 넘어'를 뜻합니다. Over the Rainbow라는 유명한 팝송을 알고 계시나요? 영화 〈오즈의 마법사The Wizard Of OZ〉에 나오는 노래로 '무지개 너머로'라는 뜻이죠. 또한 over는 '도처에, 여기저기에'를 의미하기도 하는데, travel all over the world라고 하면 '세계 도처를 여행하다', 즉 '전세계를 여행하다'라는 뜻이 됩니다.

1 I jumped over the fence.
나는 울타리 위를 뛰어넘었다.

2 They traveled all over the world.
그들은 전세계를 여행했다.

Plus+ jump 동 뛰어넘다, 뛰다　　　　fence 명 울타리

0055

now
[naʊ]

부 지금, 이제

now는 '지금, 이제'를 뜻합니다. Do it now.라고 하면 '지금 당장 그것을 하라.'를 의미하지요. now를 활용한 표현들을 좀 더 살펴볼까요? now and then이라고 하면 '지금 그리고 그때'를 의미하고, from now on은 '지금부터는, 이제부터'를 뜻합니다.

1 I'm not hungry now, so I'll eat something later.
나는 지금은 배고프지 않으니 나중에 뭐라도 먹을게.

2 From now on, I'll be more careful.
이제부터는 좀 더 조심하겠다.

Plus + hungry 형 배고픈   later 부 나중에
careful 형 조심하는

0056

hand
[hænd]

명 손, 일손[노동력], 손길[도움]

동 건네주다, 넘겨주다

hand의 기본 뜻은 '손'입니다. Put your hand up.(손을 들어라.), hand in hand(서로 손을 잡고) 등과 같은 표현으로 쓰이곤 하지요. 그리고 hand는 보다 넓은 의미에서 '손'과 관련된 의미를 나타내기도 합니다. 우리말에 '일손이 부족하다' 또는 '도움의 손길'이라는 표현이 있듯이 hand도 '일손, 손길'을 뜻한다고 보시면 됩니다. 그밖에 무언가를 '건네주다, 넘겨주다'를 의미하기도 해요. 이렇게 hand에는 다양한 뜻이 있지만 그 기반에는 '손'이 있다는 것을 기억하세요!

1 Hold my hand.
내 손을 잡아.

2 Please hand me a knife.
제게 칼을 건네주십시오.

Plus + hold 동 잡다   knife 명 칼

0057

who
[huː]

대 누구, ~하는 (사람)

who는 '누구'를 뜻하는 '대명사'입니다. Who is that woman?(저 여자는 누구야?), Who is the boy?(저 소년은 누구니?)처럼 주로 모르는 사람에 대해 물어볼 때 쓰입니다. 그런데 가끔 Who is it?처럼 사물을 가르키는 대명사 it과 함께 쓰이기도 하는데, 주로 남자인지 여자인지 모르는 상황일 때 이 표현을 씁니다.

1 Who is that person over there?
저기 저 사람은 누구니?

2 Who is the most famous singer?
가장 유명한 가수는 누구니?

Plus + person 명 사람   famous 형 유명한
singer 명 가수

0058

way
[weɪ]

명 방법, 길, 태도

~로 가는 길

가수 프랭크 시나트라가 부른 'My way'라는 유명한 노래가 있습니다. '나의 길'이라는 뜻인데 이때 way가 바로 '길'을 뜻합니다. 그리고 이런 의미에서 '방법', '태도' 등의 의미가 파생되기도 했습니다. 예를 들어, two-way라고 하면 '양 방향의'를 의미하고, pave the way는 무언가를 위해 길을 닦는 것, 즉 '상황을 조성하다'를 뜻합니다. 그리고 흔히 약속 장소 등 어딘가로 가고 있을 때 I'm on my way.(나는 가는 중이야.)라고 말할 수도 있어요.

1 I'm on my way.

나는 가는 중이야.

2 Do you know the way to the restaurant?

그 식당으로 가는 길을 알고 있니?

Plus + on one's way ~하는 중에 restaurant 명 식당

0059

even
['iːvn]

부 훨씬, ~조차
형 평평한, 대등한, 짝수의

even은 주로 뒤에 이어지는 내용을 강조하는 단어입니다. 예를 들어, Tim didn't even call me.라고 하면 'Tim은 내게 전화조차 하지 않았다.'라는 뜻으로 Tim이 전화하지 않은 상황을 even이 강조한다고 보시면 됩니다. 또한 상황에 따라 '평평한, 대등한'과 더불어 '짝수의'도 뜻합니다. 짝수가 2로 나누어 떨어지는 수, 즉 어느 한쪽이 남지 않고 균형이 맞는 수라는 점에서 이렇게 의미가 확장된 것으로 보입니다.

1 She never even opened the email.

그녀는 이메일을 열어보지도 않았다.

2 4 is an even number and 5 is an odd number.

4는 짝수이고 5는 홀수이다.

Plus + open 동 열다 odd number 홀수

0060

eye
[aɪ]

명 눈, 시력, 눈길
동 (주의 깊게) 관찰하다

우리에게 친숙한 단어 eye는 '눈'을 뜻합니다. the eye of a typhoon(태풍의 눈), eye level(눈높이) 등 다양한 표현에서 '눈'을 나타내지요. 또한 우리의 눈이 두 개이므로 복수형 eyes로 많이 쓰입니다. have good eyes라고 하면 '눈이 밝다', 즉 '시력이 좋다'를 의미합니다. 그밖에 무언가를 주의 깊게 '관찰하다'를 뜻하기도 해요.

1 Ann closed her eyes and went to sleep.

Ann은 눈을 감고 잠들었다.

2 Sam eyed me from head to toe.

Sam은 머리부터 발끝까지 나를 주의 깊게 보았다.

Plus + close 동 (눈을) 감다 toe 명 발끝

우리말에 맞게 빈칸에 알맞은 단어를 쓰세요.

(정답은 본문을 확인하세요.)

1 _____ I were you, I would leave. 　　만약 내가 너라면 난 떠날 거야.

2 _____ will John return? 　　John은 언제 돌아올까?

3 Joe _____ happy today. 　　Joe는 오늘 행복해 보인다.

4 Jean was working in Rome _____. 　　Jean은 그때 로마에서 일하고 있었다.

5 I was tired, _____ I went to bed early. 　　나는 피곤해서 일찍 잠자리에 들었다.

6 I _____ Alice is very smart. 　　나는 Alice가 정말 똑똑하다고 생각한다.

7 I read a book _____ a brave man. 　　나는 한 용감한 남자에 관한 책을 읽었다.

8 Nick lived _____ for five years. 　　Nick은 그곳에서 5년간 살았다.

9 They _____ to my house for a party. 　　그들은 파티를 하러 우리 집에 왔다.

10 Don't go _____ with wet hair. 　　젖은 머리로 밖에 나가지 마라.

11 Lily put the coins _____ the piggy bank. 　　Lily는 동전을 돼지 저금통에 넣었다.

12 The news about the festival _____ me happy. 　　그 축제에 관한 소식은 나를 행복하게 했다.

13 I _____ the key on the table. 　　나는 탁자 위에 그 열쇠가 있는 것을 봤다.

14 _____ you drive? 　　운전할 수 있니?

15 It was _____ a small mistake. 　　그것은 그저 작은 실수였다.

16 John _____ the bus to work. 　　John은 버스를 타고 출근한다.

17 _____ me about your holiday then. 　　그럼 네 휴가에 대해 말해 봐.

18 Would you like ice cream _____ cake for dessert? 　　후식으로 아이스크림이나 케이크를 드시겠습니까?

19 Put your name on the _____ of this paper. 　　이 종이 뒷면에 이름을 쓰십시오.

20 The cat is sitting _____ the tree. 　　고양이가 나무 옆에 앉아 있다.

21 It's _____ for dinner. 　　저녁 먹을 시간이다.

22 I _____ some tea. 　　나는 차를 좀 마시고 싶다.

23 _____ do you make pasta? 　　파스타는 어떻게 만드니?

24 I jumped _____ the fence. 　　나는 울타리 위를 뛰어넘었다.

25 From _____ on, I'll be more careful. 　　이제부터는 좀 더 조심하겠다.

26 Hold my _____. 　　내 손을 잡아.

27 _____ is that person over there? 　　저기 저 사람은 누구니?

28 I'm on my _____. 　　나는 가는 중이야.

29 She never _____ opened the email. 　　그녀는 이메일을 열어보지도 않았다.

30 Ann closed her _____ and went to sleep. 　　Ann은 눈을 감고 잠들었다.

레벨별 단어 사용 빈도

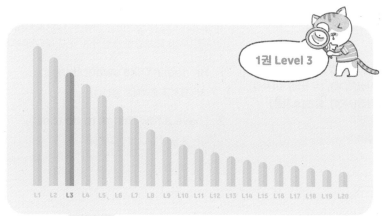

1권 Level 3

L1 L2 **L3** L4 L5 L6 L7 L8 L9 L10 L11 L12 L13 L14 L15 L16 L17 L18 L19 L20

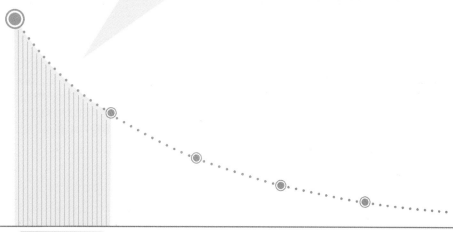

LEVEL 1~20   LEVEL 21~40   LEVEL 41~60   LEVEL 61~80   LEVEL 81~100

0061

ask
[æsk]

图 물어보다, 부탁하다,
요구하다

ask는 ask a question(질문하다), ask his future plan(그의 미래 계획을 묻다) 등 상대방에게 무언가를 묻는 상황에 많이 쓰입니다. 또한 ask는 '부탁하다, 요구하다'를 의미할 수 있습니다. 예를 들어, ask advice는 '충고를 구하다'를, ask for a refund는 '환불을 요청하다'를 의미합니다.

1 He asked about my job.
그는 내 직업에 대해 물었다.

2 Sue asked for salt, but the waiter gave her sugar.
Sue가 소금을 달라고 했지만 종업원이 설탕을 주었다.

Plus + job 명 직업   salt 명 소금
       waiter 명 종업원   sugar 명 설탕

0062

thing
[θɪŋ]

图 (유형의) 것, 물체[건],
사실[실체], (무형의) 것[사건],
상황[사정], 물건[소지품]

something(어떤 것), anything(아무것), everything(모든 것)의 공통점은 뭘까요? 네, 바로 thing이 들어가는 단어들입니다. 여기서 thing의 기본 뜻은 '~것'입니다. 어떠한 물건이나 사물뿐만 아니라 all things(만물), living things(살아있는 것) 등과 같이 추상적인 '것'도 나타냅니다.

1 He doesn't like sweet things.
그는 단것을 좋아하지 않는다.

2 I have a few things to do today.
나는 오늘 할 일이 몇 가지 있다.

Plus + sweet 형 달콤한   a few 몇몇의, 어느 정도

0063

day
[deɪ]

图 하루, 낮, 시대

day를 보면 '하루, 날'이란 뜻이 떠오릅니다. Monday(월요일), Tuesday(화요일)와 같은 요일이나 Christmas Day(크리스마스 날), New Year's Day(새해 첫날) 등에도 day가 들어가지요. 그런데 day에는 '낮'이란 뜻도 있습니다. 가령 day and night이라고 하면 '낮과 밤'이란 뜻이 되지요. 그밖에 day care services라고 하면 '주간 보호', 즉 낮 동안 시설 같은 곳에서 보호하는 것을 뜻합니다.

1 I go for a walk every day.
나는 매일 산책하러 간다.

2 I met Jenny two days ago.
나는 Jenny를 이틀 전에 만났다.

Plus + go for a walk 산책하러 가다   ago 부 (얼마의 시간) 전에

0064

here

[hɪr]

- 튄 여기에(서), 이쪽으로[에서],
  이 점에서, 이 시점[순간]에
- 뎽 여기, 이 점

상대방에게 무언가를 줄 때 Here you are.(여기 있어.)라고 말하는데, 여기서 here는 '여기'를 뜻합니다. You can't come here.이라고 하면 '너는 여기에 오면 안 된다.'라는 뜻이 됩니다. 또는 I can see the tower from here.는 '여기서 그 탑이 보인다.'를 의미합니다.

1 I came here by taxi.

나는 택시를 타고 여기에 왔다.

2 My uncle lives near here.

우리 삼촌은 여기서 가까운 곳에 산다.

Plus + by 젠 ~로 (방법, 수단을 나타냄)   uncle 뎽 삼촌
near 젠 (거리상으로) ~에서 가까이

0065

good

[gʊd]

- 혱 좋은, 충분한, 착한, 유능한
- 튄 훌륭히
- 뎽 선(善), 도움

우리가 잘 알고 있듯이 good의 기본 뜻은 '좋은'입니다. good morning!(좋은 아침!), good news(좋은 소식), a good question(좋은 질문) 등 다양한 표현에서 쓰이지요. 그리고 이런 '좋은'이라는 의미에서 '충분한, 착한, 훌륭히' 또는 '선, 도움'과 같이 다양한 뜻이 나오기도 했습니다. 모두 기본적으로 '좋은' 상태와 연결된 뜻으로 보시면 되겠군요.

1 The flute was in good condition.

그 플루트는 좋은 상태였다.

2 It isn't the battle between good and evil.

그것은 선과 악의 싸움이 아니다.

Plus + condition 뎽 상태   battle 뎽 싸움, 전투
between 젠 ~사이의   evil 뎽 악

0066

again

[əˈgen, əˈgeɪn]

- 튄 다시, 또, 한 번 더

〈비긴어게인Begin Again〉이라는 음악 영화가 있습니다. 제목의 뜻을 풀어보면 '다시 시작하다'입니다. 이때 again은 '다시'를 뜻하며, 무언가 '또', '한 번 더'하는 것을 나타냅니다. again의 다른 예를 더 들어보자면 once again(또다시), think again(다시 생각하다), say again(되풀이하다) 등이 있습니다.

1 Jimmy is late again.

Jimmy는 또 지각했다.

2 I watched the movie again.

나는 그 영화를 한 번 더 보았다.

Plus + late 혱 지각한, 늦은   watch 튕 보다
movie 뎽 영화

0067

head

[hed]

- 몡 머리, 두뇌, 책임자, 우두머리
- 동 향하다, 선두에 있다, 이끌다

head는 기본적으로 '머리'라는 뜻입니다. 그리고 여기서 다양한 의미가 확장되었습니다. 우선 사람의 '두뇌'를 뜻해요. 또 어떤 조직이나 단체의 '머리' 역할을 하는 사람이라는 맥락에서 '책임자, 우두머리'를 의미하기도 합니다. 이를테면 head of department(부서의 책임자) 등처럼 말이죠. 그밖에 동사로는 어딘가로 '향하다, 선두에 있다, 이끌다' 등을 나타내기도 합니다.

1 Tom nodded his head.

Tom은 고개를 끄덕였다.

2 I came home and headed for the kitchen.

나는 집에 와서 부엌으로 향했다.

Plus + nod 동 끄덕이다   kitchen 몡 부엌

0068

where

[wer]

- 대 어디
- 부 어디에[로], 어떤 점에서, 어떤 장소[점]에
- 접 ~하는[한] 곳에

where는 주로 위치나 장소를 묻는 상황에서 쓰이며 '어디에, 어디서, 어디로' 등을 뜻합니다. 예를 들어, Where is Alex?(Alex는 어디에 있어요?)라고 하면 Alex의 위치를 묻는 것이고, Where do you come from?(어디에서 오셨어요?)은 상대방의 출신지를 묻는 의미가 되지요. where은 일상에서 자주 쓰이므로 잘 기억해 두세요.

1 Where is your hometown?

네 고향은 어디니?

2 Do you know where Jimmy is?

Jimmy가 어디에 있는지 아니?

Plus + hometown 몡 고향

0069

down

[daʊn]

- 부 아래로, (돈 등이) 줄어
- 전 아래쪽으로, (기간을) 통틀어
- 동 급히 먹다, 격추하다
- 형 우울한

앞에서 배운 up(위로)과 대조되는 단어가 바로 down입니다. 주로 '아래로'를 뜻하지요. 그리고 상황에 따라 다양한 의미를 나타낼 수 있습니다. 기분이 '아래로' 가라앉는다는 맥락에서는 '우울한'을 의미하기도 하고, 전체 액수가 '아래로' 떨어진다는 의미에서 '(돈 등이) 줄어'라는 뜻도 나타낼 수 있습니다. 그밖에 무언가를 급히 먹거나 어떤 대상을 격추하는 것을 나타내기도 합니다.

1 The queen walked down the stairs.

여왕은 계단을 내려갔다.

2 Jane is feeling down because she didn't pass the exam.

Jane은 시험에 합격하지 못해서 우울해하고 있다.

Plus + stairs 몡 계단   pass 동 (시험에) 합격하다
exam 몡 시험

0070

still

[stɪl]

- 児 아직도, 여전히, 더욱, 그럼에도 불구하고
- 형 가만히 있는, 고요한

still은 주로 '아직도, 여전히'를 뜻해요. 예를 들어, I'm still waiting for you.라고 하면 '나는 아직도 너를 기다리고 있다.'라는 뜻이 되고, It was cold. Still, we had a good time.은 '날씨는 추웠다. 그럼에도 우리는 즐거운 시간을 보냈다.'를 의미합니다. 그밖에 still은 '가만히 있는, 고요한'을 의미하기도 합니다. 그 예로 still water(잔잔한 물), stay still(가만히 있다) 등이 있습니다.

1 Jim still lives with his parents.

   Jim은 아직도 부모님과 함께 산다.

2 The lake was completely still.

   호수는 완전히 고요했다.

Plus + parents 명 부모　　　　　　　　　　lake 명 호수
completely 児 완전히

0071

some

[sʌm, səm]

- 형 조금[약간]의, 무슨[어떤], 상당한[꽤]
- 대 다소[얼마간], 어떤 사람들[것]
- 児 대략, 다소[조금은]

some은 주로 '어떤', '약간의, 일부의' 등을 의미합니다. some reason(어떤 이유), some years ago(몇 년 전에), some people(몇몇 사람)처럼 some은 영어에서 매우 다양하게 쓰입니다. 참고로 우리는 흔히 누군가와 '썸'탄다고 표현하죠? 그때 '썸'이 바로 something입니다. 두 사람 사이에 '무언가' 있다는 뜻이지요.

1 There was some cake left on the table.

   탁자 위에 케이크가 좀 남아있었다.

2 I want to buy some postcards.

   나는 엽서 몇 장을 사고 싶다.

Plus + leave 동 남기다　　　　　　　　　buy 동 사다
postcard 명 엽서

0072

before

[bɪˈfɔː(r)]

- 전 전에, 앞에, ~하기까지
- 접 ~하기 전에
- 児 예전에

before는 시간상으로 '~전에'를 의미하거나, 어떤 장소 등의 '앞에'를 뜻합니다. 이를테면 before sunrise는 '해가 뜨기 전에'를, before our school은 '우리 학교 앞에'를 의미합니다. 참고로 before와 대비되는 단어는 after로 '~후에, ~뒤에'를 뜻해요. 그래서 before and after(전후의)라는 표현으로 쓰이는 걸 쉽게 볼 수 있지요.

1 Wash your hands before dinner.

   저녁 먹기 전에 손을 씻어라.

2 I'm sure I met her before.

   나는 전에 그녀를 만났다고 확신한다.

Plus + wash 동 (보통 비누를 써서) 씻다　　　　be sure 확신하다

0073

will

[wɪl]

조 ~할[일] 것이다,
~할 작정[생각]이다

명 의지, 유언

동 유언하다, 의도[결심]하다

will은 '~할 것이다, ~할 예정이다'로 미래의 일을 말할 때 쓰입니다. will을 활용한 예로는 I will call you.(나는 네게 전화할 것이다.), Jim will finish his homework before dinner.(Jim은 저녁 식사 전까지 숙제를 마칠 것이다.) 등이 있어요. 그리고 '~할 것이다'라는 뜻에서 말하는 사람의 '의지'를 나타내는 의미들이 파생되기도 했습니다. 이를테면 '~할 작정이다', '의지', '유언하다', '의도하다' 등처럼 말이죠.

1 I will finish the work by tomorrow.
난 내일까지는 그 일을 끝마칠 것이다.

2 Leah has a strong will.
Leah는 의지가 강하다.

Plus + by 전 (늦어도) ~까지는   strong 형 강한

0074

after

[ˈæftə(r)]

전 뒤에[후에], 다음에,
~에 계속하여, ~을 쫓는,
~에 대해

접 ~한 뒤[후]에

부 뒤[후]에

형 뒤[나중]의

앞서 설명한 것처럼 before(~전에)와 대조를 이루는 단어가 after입니다. '~후에, 뒤에' 등을 의미하지요. after school(방과 후에), soon after(그 뒤 곧) 등 after 또한 영어에서 다양하게 쓰이는 단어입니다. after가 포함된 단어로 afternoon도 있습니다. after와 noon(정오)이 합쳐져 정오가 지난 후, 즉 '오후'를 뜻합니다. 그래서 영국 사람들은 오후 4시에 홍차와 가벼운 간식을 곁들여 먹는 시간을 afternoon tea라고 부른답니다.

1 Let's go for a walk after lunch.
점심 먹고 나서 산책하러 가자.

2 Smith arrived after 3 p.m.
Smith는 오후 3시가 넘어서 도착했다.

Plus + go for a walk 산책하러 가다, 산보 가다   arrive 동 도착하다

0075

other

[ˈʌðə(r)]

대 그 밖의 것[사람들],
다른 한쪽

형 다른, 그 밖의, 다른 하나의

other는 '그 밖의 것' 또는 '다른' 등을 뜻합니다. other question(다른 질문), other hats(다른 모자)처럼 쓸 수 있지요. 그런데 앞에 the를 붙여 the other로 쓰이기도 합니다. 이럴 때는 주로 두 번째 대상을 가리킵니다. 예를 들면 I have two sisters. One is a nurse, and the other is a doctor.(내겐 두 명의 언니가 있다. 한 명은 간호사이고, 다른 한 명은 의사이다.)처럼 말이죠.

1 I have other questions.
나는 다른 질문이 있어.

2 I have two toys. One is a ball and the other is a robot.
나는 장난감이 두 개 있다. 하나는 공이고 다른 하나는 로봇이다.

Plus + question 명 질문

0076

give

[gɪv]

gave - given

동 주다, 건네다, 전하다, 맡기다, 제공하다, 부여[수여]하다, (노력 따위를) 바치다

give는 '주다'라는 뜻으로 관련된 단어나 표현을 함께 익히면 기억하기 좋습니다. 우리는 흔히 '기브 앤 테이크'라는 말을 쓰죠? 이때 give and take는 '주고받는다'라는 뜻으로 서로 양보하거나 타협하는 상황을 나타냅니다. 또 다른 예로 give a hand가 있는데, 이는 '거들어 주다, ~에게 도움의 손길을 주다'라는 뜻으로 누군가를 돕는 상황에서 쓰입니다.

1 Could you give me a hand?

저를 좀 도와주시겠습니까?

2 He gave me a new bat and gloves.

그는 내게 새 방망이와 글러브를 주었다.

 bat 명 방망이, 배트   glove 명 (야구용) 글러브

0077

turn

[tɜːrn]

동 돌리다[돌다], 돌아서다, (~한 상태로) 되다
명 돌기, 회전, 차례[순번]

turn의 기본 뜻은 '돌다'입니다. 고개를 돌리는 것부터 차가 방향을 바꾸는 것까지 다양한 범위에서 '도는' 것을 나타낼 수 있어요. 예를 들면 turn left(좌회전하다), turn a key(열쇠를 돌리다) 등이 있지요. 또한 turn은 '(~한 상태로) 되다'를 뜻하기도 해요. turn cold라고 하면 '추워지다'를, turn red는 '붉게 물들다'를 의미하지요. 이때 turn은 become(되다)의 뜻과 비슷하다고 보면 됩니다.

1 I turned right at the corner.

나는 모퉁이에서 우회전했다.

2 It's your turn to choose a game.

네가 게임을 선택할 차례다.

 corner 명 (건물 등의) 모퉁이   choose 동 선택하다

0078

little

['lɪtl]

형 작은, 어린, 짧은[잠시의]
부 그다지, 조금[약간]

영화 〈리틀 포레스트Little Forest〉를 본 적 있나요? '작은 숲'이라는 뜻입니다. 여기서 little은 '작은, 짧은, 어린' 등을 의미하는 단어입니다. a little village(작은 마을), a little walk(짧은 산책), a little girl(어린 소녀) 등 little은 다양한 의미로 쓰일 수 있어요. 여기서 한 가지 주의할 것은 little이 '(수가) 적은'이 아닌 '(양·크기가) 작은'을 뜻한다는 점이니 꼭 기억하세요!

1 "Which one do you want?" — "I'll take the little one."

"어느 것을 원해?" — "작은 것으로 할게."

2 My little sister will enter elementary school.

내 여동생은 초등학교에 입학할 예정이다.

Plus + take 동 선택하다   enter 동 입학하다

0079

hear

[hɪr]

heard - heard

⑧ 듣다, 들리다,
(법정에서) 공판을 갖다

hear는 기본적으로 '듣다, 들리다'를 의미해요. '듣다'를 뜻하는 단어로 listen을 떠올리실 텐데요. listen이 무언가 집중해서 듣는 것을 의미한다면, hear는 일부러 들으려고 하지 않아도 들리는 것을 나타냅니다. 그밖에 hear는 '(법정에서) 공판을 갖다'라는 다소 생소한 뜻으로도 쓰이니 함께 알아두시면 좋겠군요.

1 Did you hear the doorbell?
초인종 소리 들었어?

2 I heard birds singing outside my window.
나는 창 밖에서 새들이 지저귀는 소리를 들었다.

Plus + doorbell 몡 초인종　　　　sing 동 지저귀다
window 몡 창문

0080

never

['nevə(r)]

⑨ 결코[절대] ~ 않다,
(일찍이) 한 번도 ~ 않다,
전혀[조금도] ~ 아니다

〈피터팬Peter Pan〉에 나오는 Neverland(네버랜드)를 아시나요? '절대 존재하지 않는 곳'이라는 의미로 지도에는 없고 어린이 마음속에만 있는 가상의 나라입니다. 여기서 never가 '결코 ~않다'라는 강한 부정의 뜻을 나타냅니다. 이를테면 She never comes.라고 하면 '그녀는 절대 오지 않아.'라는 뜻이 되지요. 또한 Never give up.이라고 하면 '절대 포기하지 마라.'라는 의미가 됩니다.

1 I'll never see her again.
나는 그녀를 다시는 볼 수 없을 것이다.

2 It never snows in Singapore.
싱가포르에는 눈이 내리지 않는다.

Plus + snow 동 눈이 내리다

0081

through

[θruː]

젠 ~을 통해, ~을 통과하여,
~때문에

⑨ 통과하여, 줄곧, 완전히

through의 기본 의미는 '~을 통해', '~을 통과하여' 입니다. 예를 들어, through a tunnel은 '터널을 통과하여, 터널을 지나'를 의미하고, break through는 '(~을) 뚫고 나아가다'를 뜻해요. 또한 through는 앞뒤 내용에 따라 '~때문에' 또는 '줄곧, 완전히'를 의미하기도 합니다. I got wet through.라고 하면 '나는 완전히 다 젖었다.'라는 뜻을 나타냅니다.

1 A car came through the tunnel.
자동차 한 대가 터널을 통과했다.

2 I worked through the night.
나는 밤새도록 일했다.

Plus + work 동 일하다　　　　through the night 밤새, 밤 내내

0082

man

[mæn]

명 남자, 인류, 부하

동 인원을 배치하다

우리가 잘 알고 있듯이 man은 '남자'를 의미합니다. 이를테면 young man(젊은 남자), handsome man(잘생긴 남자)처럼 말이죠. 또한 man은 넓은 범위에서는 '인류'처럼 '사람'을 의미하기도 합니다. Englishman(영국 사람), gentleman (신사)부터 early man(초기 인류)까지 다양한 맥락에서 쓰일 수 있어요. 그밖에 my man(나의 부하)처럼 '부하'를 뜻하거나 '인원을 배치하다'라는 의미로 쓰이기도 해요.

1 **The man wore a black suit.**

그 남자는 검은색 정장을 입고 있었다.

2 **The ship was manned with 30 soldiers.**

이 배에는 30명의 군인이 탑승했다.

Plus + ship **명** 배   soldier **명** 군인

0083

leave

[liːv]

left - left

동 떠나다[출발하다], 그만두다, (일 등을) 미루다[놓아두다], 맡기다

명 휴가, 허가

leave는 기본적으로 '떠나다'를 의미합니다. 그리고 떠나는 대상이 무엇인지에 따라 그 의미는 확장될 수 있습니다. 회사 등을 떠나면 일을 '그만두는' 것을 뜻하고, 어떤 장소를 떠나면 '출발하다'를 뜻할 수도 있지요. 그리고 무언가 하지 않고 쌓아두는 상황에서는 '미루다, 놓아두다' 등을 의미하기도 합니다. 그밖에 '집'을 떠나는 맥락에서 '휴가' 등을 나타낼 수도 있어요. 이 모든 의미들의 기본은 '떠나다'라는 점, 기억해 두세요!

1 **The bus left Los Angeles at noon.**

버스는 정오에 로스앤젤레스를 떠났다.

2 **Don't leave without saying goodbye!**

작별 인사도 없이 떠나지 마!

Plus + noon **명** 정오, 낮 12시   without **전** ~없이

0084

than

[ðən, ðæn]

전 ~보다, ~에 비하여, ~하기보다는, ~밖에는

전 ~보다(도)

than은 두 대상을 비교하는 상황에서 자주 쓰입니다. 예를 들어, 나와 남동생의 키를 비교하는 상황에서 I'm taller than my brother.라고 하면 '나는 내 남동생보다 키가 더 크다.'라는 뜻을 나타내지요. 이때 than은 형용사, 부사의 비교급과 함께 쓰이기도 합니다. 이를테면 tall(키가 큰)의 비교급인 taller(더 키가 큰), beautiful(아름다운)의 비교급인 more beautiful(더 아름다운) 등처럼 말이죠.

1 **Jake is taller than Ben.**

Jake는 Ben보다 키가 더 크다.

2 **A cheetah is faster than a lion.**

치타는 사자보다 더 빠르다.

Plus + fast **형** 빠른 **부** 빨리, 빠르게

0085

try

[traɪ]

tried - tried

통 시도하다, 노력하다, 먹어 보다

명 시도

try는 주로 어떤 일을 시도하는 것을 나타냅니다. 예를 들어, I will try.라고 하면 '한번 해 볼게요.'라는 의미가 되지요. 그리고 try는 상황에 따라 '노력하다'를 의미하기도 해요. He tried to pass the exam.은 '그는 시험에 합격하려고 노력했다.'를 뜻합니다. 이때 try 뒤에는 주로 'to + 동사원형' 형태가 온다는 점을 함께 알아두세요.

1 I tried to ride my bike without training wheels.

나는 연습 바퀴 없이 자전거를 타보려고 시도했다.

2 Ann told me to try the chocolate cake.

Ann은 내게 초코케이크를 먹어보라고 말했다.

Plus + ride 통 타다   training 명 연습
           wheel 명 바퀴   tell 통 말하다

0086

keep

[kiːp]

kept - kept

통 유지하다[유지하게 하다],
계속하다, 가지고 있다,
지체하게 하다,
약속을 지키다

명 생활비

무언가를 보관해 달라고 말할 때 '킵할게요.'라고 말하는 걸 들어보셨을 겁니다. 이때 '킵'이 바로 keep입니다. keep은 어떤 상태나 위치를 '유지하다' 또는 '계속하다', '가지고 있다' 등을 뜻해요. 그래서 keep warm은 '따뜻하게 유지하다'를, keep a secret은 '비밀을 지키다'를 의미하지요. 그밖에 keep은 상황에 따라 '생활비'를 뜻하기도 합니다.

1 I want to keep this ring as a gift.

나는 이 반지를 선물로 간직하고 싶다.

2 Can you keep a secret?

비밀을 지킬 수 있니?

Plus + ring 명 반지   gift 명 선물
           secret 명 비밀

0087

door

[dɔː(r)]

명 문, (문을 여닫는) 출입구

door의 기본 뜻은 '문'입니다. front door(정문), back door(뒷문), open the door(문을 열다), lock the door(문을 잠그다) 등 다양한 맥락에서 쓰일 수 있어요. 참고로 door와 비슷한 단어로 gate, exit 등이 있습니다. gate는 담이나 울타리와 연결된 '대문'을 뜻하고, exit는 건물의 '출구'를 말합니다.

1 Could you open the door, please?

문 좀 열어 주시겠습니까?

2 Why are you standing at the door?

왜 문 앞에 서 있니?

Plus + stand 통 서 있다

0088

something

['sʌmθɪŋ]

- 때 어떤 것[일], 무엇인가, 얼마간[쯤]
- 명 꽤 중요한 사람[것], 실제로 존재하는 것, 어떤 것
- 부 얼마간, 꽤[상당히]

something은 some(어떤)과 thing(것)이 합쳐진 단어로 '어떤 것, 무언가'를 뜻합니다. something은 주로 형용사와 함께 쓰이는데, 이때 주의할 점은 형용사가 something 뒤에 온다는 것입니다. something new, something special 등처럼 말이죠. 또한 something은 흐름에 따라 '꽤 중요한 사람'이나 '얼마간, 꽤' 등 다양한 의미를 나타낼 수 있어요.

1 There's something wrong with the TV.
그 TV에 뭔가 문제가 있다.

2 I want to prepare something special for the party.
나는 파티를 위해 특별한 무언가를 준비하고 싶다.

Plus + wrong 형 문제가 있는   prepare 동 준비하다

0089

people

['piːpl]

- 명 사람들, 국민

people은 '사람들'을 뜻해요. 여러 사람이 모여 있는 상황을 나타내거나 넓게는 '일반사람'이나 '국민'을 의미하기도 해요. 그래서 There were a lot of people at the party.라고 하면 '파티에는 많은 사람들이 있었다.'라는 의미가 됩니다. 참고로 단수의 '사람'을 뜻하는 단어는 person이므로 함께 알아두세요.

1 Some people were waiting for the bus.
몇몇 사람들이 버스를 기다리고 있었다.

2 The department store was crowded with people.
백화점은 사람들로 붐볐다.

Plus + wait for ~를 기다리다   department store 백화점
crowded with ~로 붐비는

0090

only

['oʊnli]

- 형 유일한, 오직
- 부 단지, 오로지

only는 주로 '유일한, 단지' 등을 의미합니다. '하나뿐인' 무언가를 나타내지요. 예를 들어, only son은 '외동아들'을, only friend는 '유일한 친구'를 의미합니다. 또한 맥락에 따라 '단지, 오로지'를 뜻하기도 합니다. My brother is only 7 years old.라고 하면 '내 남동생은 겨우 일곱 살이다.'라는 의미입니다.

1 Lily is their only daughter.
Lily는 그들의 외동딸이다.

2 I have only twenty dollars.
나는 20달러밖에 없다.

Plus + daughter 명 딸

우리말에 맞게 빈칸에 알맞은 단어를 쓰세요.　　　　　(정답은 본문을 확인하세요.)

1　He _____ about my job.　　　　그는 내 직업에 대해 물었다.

2　I have a few _____ to do today.　　나는 오늘 할 일이 몇 가지 있다.

3　I go for a walk every _____.　　나는 매일 산책하러 간다.

4　I came _____ by taxi.　　　나는 택시를 타고 여기에 왔다.

5　The flute was in _____ condition.　　그 플루트는 좋은 상태였다.

6　Jimmy is late _____.　　　Jimmy는 또 지각했다.

7　Tom nodded his _____.　　Tom은 고개를 끄덕였다.

8　Do you know _____ Jimmy is?　　Jimmy가 어디에 있는지 아니?

9　The queen walked _____ the stairs.　　여왕은 계단을 내려갔다.

10　Jim _____ lives with his parents.　　Jim은 아직도 부모님과 함께 산다.

11　There was _____ cake left on the table.　탁자 위에 케이크가 좀 남아있었다.

12　Wash your hands _____ dinner.　저녁 먹기 전에 손을 씻어라.

13　I _____ finish the work by tomorrow.　난 내일까지는 그 일을 끝마칠 것이다.

14　Let's go for a walk _____ lunch.　점심 먹고 나서 산책하러 가자.

15　I have _____ questions.　　나는 다른 질문이 있어.

16　He _____ me a new bat and gloves.　그는 내게 새 방망이와 글러브를 주었다.

17　I _____ right at the corner.　나는 모퉁이에서 우회전했다.

18　My _____ sister will enter elementary school.　내 여동생은 초등학교에 입학할 예정이다.

19　Did you _____ the doorbell?　초인종 소리 들었어?

20　I'll _____ see her again.　나는 그녀를 다시는 볼 수 없을 것이다.

21　A car came _____ the tunnel.　자동차 한 대가 터널을 통과했다.

22　The _____ wore a black suit.　그 남자는 검은색 정장을 입고 있었다.

23　The bus _____ Los Angeles at noon.　버스는 정오에 로스앤젤레스를 떠났다.

24　A cheetah is faster _____ a lion.　치타는 사자보다 더 빠르다.

25　Ann told me to _____ the chocolate cake.　Ann은 내게 초코케이크를 먹어보라고 말했다.

26　I want to _____ this ring as a gift.　나는 이 반지를 선물로 간직하고 싶다.

27　Could you open the _____, please?　문 좀 열어 주시겠습니까?

28　There's _____ wrong with the TV.　그 TV에 뭔가 문제가 있다.

29　Some _____ were waiting for the bus.　몇몇 사람들이 버스를 기다리고 있었다.

30　Lily is their _____ daughter.　Lily는 그들의 외동딸이다.

레벨별 단어 사용 빈도

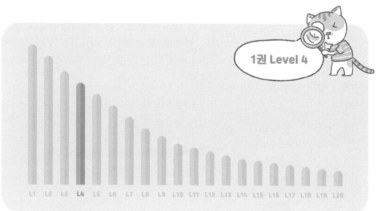

1권 Level 4

L1 L2 L3 **L4** L5 L6 L7 L8 L9 L10 L11 L12 L13 L14 L15 L16 L17 L18 L19 L20

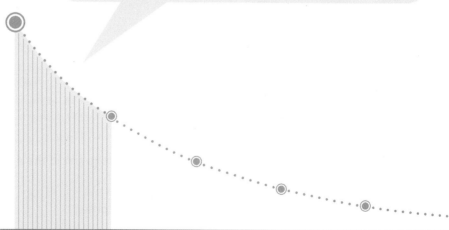

LEVEL 1~20   LEVEL 21~40   LEVEL 41~60   LEVEL 61~80   LEVEL 81~100

0091

because

[bɪˈkɔːz, bɪˈkʌz]

접 때문에

because는 '때문에'라는 뜻으로 주로 이유나 원인을 나타내는 상황에서 쓰입니다. 예를 들어, I stayed at home because it was raining.은 '비가 내렸기 때문에 나는 집에 있었다.'라는 뜻이 됩니다. 비가 온 것이 내가 집에 있게 된 '원인' 인 셈이지요.

1 I can't go to work today because I'm sick.
나는 아파서 오늘 출근할 수 없다.

2 "Why did you do that?" — "Because I love you."
"왜 그랬어?" — "너를 사랑하기 때문이야."

Plus + go to work 출근하다　　　　　　　　sick **형** 아픈

0092

find

[faɪnd]

found - found

동 발견하다, 찾다, 알아내다, 생각하다

find의 기본 의미는 '발견하다, 찾다'입니다. 주로 무언가 우연히 찾게 되는 상황을 나타내지요. 예를 들어, I found the key under the table.은 '나는 탁자 밑에서 그 열쇠를 찾았다.'를 뜻합니다. 그리고 '찾다'라는 뜻에서 무언가를 '알아내다, 생각하다'라는 의미가 나오기도 했습니다. 예를 들면 find a solution(해결책을 알아내다), I found the exam easy.(나는 시험이 쉽다고 생각했다.) 등이 있습니다.

1 I can't find my card.
나는 카드를 못 찾겠어.

2 Julie found Tom handsome.
Julie는 Tom이 잘생겼다고 생각했다.

Plus + handsome **형** 잘생긴

0093

around

[əˈraʊnd]

부 ~쯤[대략], 사방에, 주변에 있는

전 둘레에, 이리저리[여기저기]

around는 '~쯤'을 뜻하며 무언가 대략적인 것을 나타냅니다. 예를 들어, Ann arrived around two o'clock.이라고 하면 'Ann은 2시쯤 도착했다.'라는 뜻이지요. 그밖에 around는 '사방에, 주변에' 등 어떤 대상의 '주변'과 관련된 뜻을 나타내기도 해요. around a park(공원 주변에), look around(사방을 둘러보다) 등처럼 말이죠.

1 It takes around 30 minutes to get to the park.
공원까지는 대략 30분 정도 걸린다.

2 Our house is around the corner.
우리 집은 모퉁이 주변에 있다.

Plus + take **동** (얼마의 시간이) 걸리다　　　minute **명** (시간 단위의) 분
get to ~에 도착하다　　　corner **명** (건물 등의) 모퉁이

away

[əˈweɪ]

부 떨어져, 떨어진 곳에서,
사라져

형 결석하여, 원정에서

away는 주로 '떨어져, 떨어진 곳에서'를 뜻합니다. The bus stop is two miles away.라고 하면 '버스 정류장은 2마일 떨어져 있다.'라는 뜻이지요. 또한 away는 '떨어져' 있는 대상에 따라 의미가 확장될 수 있습니다. 학교와 떨어져 있다면 '결석하여'를, 어딘가 멀리 떨어져 있다면 '원정에서' 등을 뜻할 수 있어요.

1 The office is only 20 minutes away.
사무실은 20분 거리에 있다.

2 My son is away from home.
내 아들은 집을 떠나 있다.

Plus + office 명 사무실   son 명 아들

mother

[ˈmʌðə(r)]

명 어머니[엄마], 수녀원장,
원장 수녀님

동 돌보다

mother는 '어머니, 엄마'를 뜻해요. 줄여서 mom이라고 부르기도 하지요. 영어에는 mother를 활용한 재미있는 호칭이 있는데 바로 mother-in-law입니다. 직역하면 '법률상의 어머니'이죠? 네, 바로 결혼을 통해 법적으로 어머니가 되는 '시어머니'나 '장모'를 뜻합니다. 그밖에 '어머니'가 보살피고 돌봐준다는 흐름에서 mother는 '돌보다'를 뜻하기도 하고, '수녀원장, 원장 수녀님'을 의미하기도 해요.

1 Cindy is a mother of twin daughters.
Cindy는 쌍둥이 딸의 어머니이다.

2 Mother Teresa set up a school in India.
테레사 수녀는 인도에 학교를 설립했다.

Plus + twin 형 쌍둥이의 명 쌍둥이   set up 설립하다

why

[waɪ]

부 왜, 무엇 때문에, 어째서

명 이유[원인],
이해되지 않는 부분

"Why so serious?(왜 그렇게 진지해?)"라는 말은 바로 영화 〈다크나이트The Dark Knight〉의 명대사입니다. 여기서 why는 주로 이유를 묻는 상황에 쓰이는 단어입니다. '왜, 무엇 때문에' 등을 뜻하거나 '이유, 원인' 자체를 의미하지요. 예를 들어, Why did you get up early?는 '왜 일찍 일어났어?'를, The why doesn't matter.는 '이유는 중요하지 않다.'를 뜻합니다.

1 "Why were you sad?" — "Because I lost my cat."
"너는 왜 슬펐니?" — "고양이를 잃어버렸기 때문이야."

2 I don't know why she didn't call.
난 그녀가 왜 전화를 안 했는지 모르겠다.

Plus + lose 동 잃어버리다   call 동 전화하다

0097

room

[ruːm, rʊm]

명 방, 객실, 자리[공간], 여지

동 ~와 한방을 쓰다

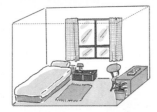

room은 '방'을 의미하며 bedroom(침실), living room(거실), bathroom(욕실), classroom(교실) 등 다양한 '방'을 나타냅니다. 상황에 따라 누군가와 한방을 쓰는 것을 의미하기도 해요. 그리고 보다 넓은 범위에서 '객실, 자리, 여지' 등 다양한 의미로 확장되기도 합니다.

1 The window in my room has yellow curtains.

내 방 창문에는 노란색 커튼이 달려 있다.

2 Is there any room for me in the car?

차에 내가 탈 자리가 있니?

Plus + window 명 창문　　　　　curtain 명 (창문) 커튼

0098

father

['fɑːðə(r)]

명 아버지, 조상, (가톨릭) 신부

동 아버지가 되다

앞에서 배운 mother(어머니)와 대비되는 단어가 바로 father(아버지)입니다. dad 또는 daddy로 줄여서 쓰이기도 하지요. 그리고 mother가 '수녀'를 의미하듯이 father도 '(가톨릭) 신부'를 뜻할 수 있어요. 그렇다면 father-in-law는 누구를 부르는 호칭일까요? 네, 맞습니다! 바로 '장인, 시아버지'를 의미해요. 그 밖에 father는 상황에 따라 '아버지가 되다'를 뜻하기도 합니다.

1 My father taught me how to play soccer.

아버지가 내게 축구를 가르쳐 주셨다.

2 I need your help, Father.

저는 당신의 도움이 필요합니다, 신부님.

Plus + teach 동 (방법 등을) 가르쳐 주다　　　　　help 명 도움

0099

stand

[stænd]

stood - stood

동 서다, 일어서다,
　(어떤 상황에) 있다

명 태도[의견], 저항, 가판대,
　관중석, 세움대[스탠드]

stand의 기본 뜻은 '서다' 입니다. 예를 들어, stand up은 '일어서다'를, the girl standing next to John은 'John 옆에 서 있는 소녀'를 뜻하지요. 그리고 우리가 흔히 '스탠드'라고 부르는 '가판대, 세움대'를 의미하기도 해요. 그래서 거리에서 신문이나 잡지를 파는 판매대를 news stand라고 부르지요. 그밖에 맥락에 따라 '태도, 저항' 등을 의미하기도 합니다.

1 Would you please stand up?

자리에서 일어나 주시겠습니까?

2 There is a hamburger stand near the station.

역 근처에는 햄버거 가판대가 있다.

Plus + near 전 (거리상으로) ~에서 가까이　　　　　station 명 (기차)역

0100

call

[kɔːl]

동 부르다, 전화하다, 소집하다

명 전화, 요청

call의 기본 뜻은 '부르다'입니다. call은 다양한 상황에서 쓰이는 단어입니다. 전화로 택시를 호출하는 것을 call a taxi라고 하고, 프로야구와 같은 스포츠에서 2부 리그에서 뛰던 선수를 1부 리그로 불러올려 승격시키는 것을 call-up이라고 합니다. 또한 call은 '전화하다'도 뜻하는데, Call me later.라고 하면 '나중에 전화해.'를 의미합니다.

1 His name is Andrew, but everyone calls him Andy.

그의 이름은 Andrew이지만 모두가 그를 Andy라고 부른다.

2 She didn't call me back.

그녀는 내게 다시 전화하지 않았다.

Plus + call back (전화를 해 왔던 누군가에게) 다시 전화를 하다

0101

voice

[vɔɪs]

명 목소리, 음성, 발언권

동 표명하다,
(강력하게) 말로 나타내다

보이스(voice)는 '목소리, 음성'을 뜻합니다. 예를 들어, soft voice는 '부드러운 목소리'를, voice recognition은 '음성 인식'을 의미하지요. 또한 '목소리'라는 뜻에서 '발언권'이나 어떤 의견을 '표명하다', '말로 나타내다' 등 다양한 의미가 파생되기도 했습니다.

1 Alice has a soft voice.

Alice는 부드러운 목소리를 가졌다.

2 Jim voiced his opinions about the accident.

Jim은 그 사고에 대한 자신의 의견을 표명했다.

Plus + soft 형 부드러운   opinion 명 의견
accident 명 사고

0102

house

[haʊz]

명 집, 식구들

동 거처를 제공하다

'집'을 뜻하는 가장 일반적인 단어가 house입니다. 그리고 이 '집'이라는 의미에서 '식구들'이라는 뜻도 나오게 되었습니다. 그래서 Henry lived a large house.는 'Henry는 큰 집에 살았다.'를 뜻하고, the whole house라고 하면 '온 가족'을 의미합니다. 그밖에 '집'을 보다 넓게 해석해서 house는 누군가에게 '거처를 제공하다'라는 뜻을 나타내기도 합니다.

1 The roof of the house is red.

그 집의 지붕은 빨간색이다.

2 Sally woke up the whole house.

Sally는 온 집안 식구들을 깨웠다.

Plus + roof 명 지붕   wake 동 깨우다
whole 형 전체의

0103

face

[feɪs]

명 얼굴, 표면[겉면]

동 직면하다, 마주보다

face의 기본 뜻은 '얼굴'입니다. a pretty face라고 하면 '예쁜 얼굴'을, a smiling face는 '웃는 얼굴'을 뜻하지요. 그리고 어떤 대상의 '얼굴'이라는 맥락에서 '표면, 겉면'을 뜻하기도 합니다. 예를 들면 the face of the water(수면)나 The cube has six faces.(정육면체는 6면이다.) 등이 있지요. 그밖에 얼굴과 얼굴을 맞대면 마주보게 된다는 흐름에서 '직면하다, 마주보다'를 뜻하기도 합니다.

1 Ann has a pretty face.

Ann은 얼굴이 예쁘다.

2 Our house faces the ocean.

우리 집은 바다를 마주하고 있다.

Plus + ocean 명 바다, 대양

0104

old

[oʊld]

형 늙은[나이가 많은], 오래된, 낡은, 옛날의

여기서 old는 사람이 나이 들었거나 물건이 오래된 상태를 나타냅니다. 예를 들면 grow old(늙다), my old car(나의 오래된 자동차) 등으로 쓰일 수 있습니다. old가 들어간 유명한 소설로 어니스트 헤밍웨이의 《노인과 바다The Old Man And The Sea》도 있지요. 참고로 old와 대비되는 단어는 young으로 '젊은, 어린'을 뜻합니다.

1 Who is that old lady?

저 노부인은 누구십니까?

2 Elisa had an old and cozy rocking chair.

Elisa는 오래된 아늑한 흔들의자를 갖고 있었다.

Plus + cozy 형 아늑한   rocking chair 흔들의자

0105

run

[rʌn]

ran - run

동 달리다[뛰다], 운행[작동]하다

명 달리기, 배달, 연속

run의 기본 뜻은 '달리다'입니다. 예를 들어, I can run as fast as Jake.라고 하면 '나는 Jake만큼 빨리 달릴 수 있다.'라는 뜻이 되지요. 그리고 맥락에 따라 '운행하다'를 의미하기도 합니다. 주로 호텔이나 학원 같은 사업체를 운영하는 것을 나타냅니다. 그밖에 상황에 따라 '배달', '연속'을 뜻하기도 해요.

1 He goes for a run every day.

그는 매일 달리기를 한다.

2 I ran to the subway station.

나는 지하철 역까지 달렸다.

Plus + subway 명 지하철   station 명 (기차 등의) 역

0106

put

[put]

put - put

동 놓다[두다], 밀어 넣다,
(어떤 상태에) 처하게 하다

put의 기본 뜻은 '놓다'입니다. 무언가를 어떤 장소나 위치에 놓거나 두는 것, 또는 어딘가에 밀어넣는 것을 모두 나타내지요. 예를 들어, John put his bag on the table.은 'John은 그의 가방을 탁자 위에 놓았다.'를 의미합니다. 그리고 어떤 상태에 '놓인다'라는 흐름에서 '(어떤 상태에) 처하게 하다'를 뜻하기도 합니다. Jane was put in charge of the project.라고 하면 'Jane은 그 프로젝트의 책임자를 맡게 되었다.'를 뜻하지요.

1 Jerry put some books on the table.

Jerry는 탁자 위에 책 몇 권을 놓았다.

2 Let's put the toys back in the box.

장난감을 상자에 다시 넣어보자.

Plus + put back ~을 다시 제자리에 갖다 놓다

0107

hold

[hould]

held - held

동 쥐다[잡다], 하고 있다,
버티다, 유지하다, 소유하다

명 잡기, 영향력

hold는 주로 무언가를 '쥐다, 잡다'를 의미합니다. hold hands(손을 잡다), hold a box(상자를 들다)처럼 말이죠. 그리고 무언가를 계속 '잡고 있다'라는 맥락에서 '버티다, 유지하다' 등의 의미가 파생되었습니다. 예를 들어, He held the door open.은 '그는 문을 열어 두었다.'를 뜻해요. 또한 무언가를 '잡고 버티고 있다'라는 흐름에서 '영향력'이라는 뜻이 나오기도 했습니다.

1 They are holding hands.

그들은 손을 잡고 있다.

2 Sam's advice had a big hold on me.

Sam의 조언은 내게 큰 영향력을 미쳤다.

Plus + advice 명 조언

0108

boy

[bɔɪ]

명 소년, 사내 아이, 아들

boy를 보면 떠오르는 유명한 명언이 있지요? 바로 Boys, be ambitious!(소년이여, 야망을 가져라.)입니다. 여기서 boy는 모두가 알다시피 '소년, 사내 아이'를 의미합니다. 그리고 상황에 따라 '아들'을 뜻하기도 해요. 예를 들어, Sarah has two boys.라고 하면 'Sarah는 아들이 두 명 있다.'를 의미합니다. 참고로 boy와 대비되는 단어는 girl로 '소녀, 여자아이, 딸'을 뜻합니다.

1 There are three boys and five girls in the room.

방 안에는 남자아이 3명과 여자아이 5명이 있다.

2 The little boy laughed happily.

어린 소년은 행복하게 웃었다.

Plus + laugh 동 웃다   happily 부 행복하게

0109

well

[wel]

- 부 좋게, 잘, 제대로
- 형 건강한, 좋은
- 명 우물

well은 주로 '좋게, 잘, 제대로' 등 무언가 잘 되고 있는 상황을 나타냅니다. 예를 들면 sleep well(푹 자다), go well (잘 되어가다) 등이 있지요. 또한 많이 들어본 표현으로 웰빙(well-being)이 있을텐데, 바로 '건강과 행복'이라는 뜻입니다. 이처럼 well은 '건강한, 좋은'을 뜻할 수 있어요. 그밖에 well은 독특하게도 '우물'을 의미하기도 합니다.

1 My sister sings well.

우리 언니는 노래를 잘 부른다.

2 Liz is not well today.

Liz는 오늘 컨디션이 좋지 않다.

Plus + sing 동 노래하다   be well 컨디션이 좋다

0110

off

[ɔːf, ɑːf]

- 부 떨어져서[벗어나서], 끊어져서, 중지하여, 분리되어, 할인하여
- 전 ~에서 떨어져[벗어나], ~을 할인하여

off는 무언가 분리된 상태를 나타냅니다. 상황에 따라 '떨어져서, 끊어져서, 중지하여, 분리되어' 등 다양한 의미로 해석될 수 있어요. 예를 들어, take off는 비행기가 활주로를 벗어나 이륙하는 것을 나타내고, Jin is off today.(Jin은 오늘 쉰다.)처럼 근무일을 '쉬는' 것도 의미할 수 있어요. 또한 turn off와 같이 전기나 가스 등을 끄는 것을 뜻할 수 있어요. 모든 뜻의 기반에는 '분리'가 있다고 보시면 됩니다.

1 Tim quickly got off from work.

Tim은 재빨리 퇴근했다.

2 I have Wednesday off this week.

나는 이번 주 수요일에 휴무이다.

Plus + get off (일을 마치고 직장에서) 퇴근하다   week 명 주(週)

0111

any

['eni]

- 형 얼마간의, 무엇이라도, 무슨, 어떤 ~이라도, 조금도, 어떤 하나의
- 대 무엇이든지, 아무것도, 조금이라도, 무슨
- 부 조금은

any를 사전에서 찾으면 의문문과 부정문에서 뜻이 다르다는 둥 어렵게 분류되어 있습니다. any의 뜻을 쉽게 이해하려면 소위 '속뜻'을 구분하면 됩니다. 가령 Do you have any money?라고 하면 '너 돈 (조금이라도) 있어?'라는 뜻으로 any의 속뜻은 '조금은, 조금이라도'가 되지요. 반면에 She didn't eat any food.는 '그녀는 아무 음식도 먹지 않았다.'라는 뜻으로 여기서 any의 속뜻은 '어떤 ~이라도'입니다. 이제 any의 뜻이 좀 와닿죠?

1 Do you have any questions?

질문이 있니?

2 Any child can learn to speak English.

어떤 아이라도 영어로 말하는 것을 배울 수 있다.

Plus + question 명 질문   child 명 아이, 어린이

walk

[wɔ:k]

⑧ 걷다[걸어가다], 산책하다

⑲ 걷기, 산책

walk는 기본적으로 '걷다'를 뜻합니다. I walk every day.(나는 매일 걷는다.), The baby learned to walk.(아기는 걸음마를 배웠다.)처럼 주로 '걷는' 상황을 나타내지요. 또한 '걷기, 산책'을 뜻하기도 해서 take a walk라고 하면 '산책하다'를 의미합니다.

1 James walked around the park.

James는 공원 주위를 걸었다.

2 Let's take a walk after dinner.

저녁 식사 하고 나서 산책하자.

 around 젠 주위에   park ⑲ 공원

sit

[sɪt]

sat - sat

⑧ 앉다, (어떤 장소에) 있다

⑲ 착석

sit은 기본적으로 '앉다'를 뜻합니다. 흔히 서 있는 상태에서 앉으라고 말할 때 Sit down.이라고 하지요. 그래서 '착석' 자체를 의미하기도 해요. 그리고 어딘가에 앉아있다는 흐름에서 의미가 확장되어 '(어떤 장소에) 있다'를 뜻하기도 해요. 예를 들어, A large tree sat next to the bench.는 '벤치 옆에는 커다란 나무 한 그루가 있었다.'를 의미합니다.

1 Emily sat on the sofa.

Emily는 소파에 앉았다.

2 The museum sits on a hill.

그 박물관은 언덕 위에 있다.

Plus+ museum ⑲ 박물관   hill ⑲ 언덕

let

[let]

⑧ ~하게 해주다,
  (~을 하도록) 허락하다,
  (~하게) 놓아두다,
  ~하자[합시다],
  대여[임대]하다

let은 '~하게 해주다, 허락하다, (~하게) 놓아두다'를 의미합니다. 록 밴드 〈비틀스 The Beatles〉가 부른 'Let it Be'라는 유명한 팝송이 있습니다. '그냥 두어라.'라는 뜻으로 그대로 두고 순리에 맡기라는 말이지요. 또한 우리는 Let's go!(가자!)처럼 Let's를 활용한 표현을 많이 쓰는데 이때 Let's는 Let us의 줄임말로, '우리가 ~하게 하다'라는 의미이니 '~하자'라는 뜻과 같은 셈이지요.

1 Let me help.

내가 도와줄게.

2 Let's go to the beach.

바닷가에 가자.

 help ⑧ 돕다   beach ⑲ 바닷가, 해변

0115

word

[wɜːrd]

명 단어, 말, 소문

동 (특정한) 말을 쓰다

word는 기본적으로 '단어, 말'을 의미합니다. 예를 들어, learn a new word는 '새로운 단어를 배우다'를, the meaning of the word는 '그 말의 뜻'을 뜻하지요. 또한 어떤 특정한 '말을 쓰는' 것을 나타내기도 하고, '말'이라는 의미에서 확장되어 '소문'을 의미하기도 합니다.

1 What's the word for "love" in French?

프랑스어로 '사랑'을 뜻하는 단어는 무엇입니까?

2 Thomas worded his thoughts carefully.

Thomas는 자신의 생각을 신중하게 말로 표현했다.

Plus + thought 명 생각   carefully 부 신중하게

0116

start

[stɑːrt]

동 시작하다, 출발하다,
   시동을 걸다

명 시작, 출발점

흔히 육상 경기 등을 볼 때 '스타트가 빠르다'라는 말을 들어보셨을 텐데요. start는 '시작하다, 출발하다'를 뜻합니다. 예를 들면 Let's start the game!(게임을 시작해 보자!), The train will start from Seoul.(열차는 서울에서 출발한다.) 등이 있지요. 그밖에 '시작, 출발점'을 뜻하기도 하는데, They got ready for the start.는 '그들은 출발 준비를 했다.'라는 의미입니다.

1 When do you start your new job?

새로운 일은 언제 시작하니?

2 The runners are at the start.

주자들이 출발선에 서 있다.

Plus + runner 명 (특히 경주 등에 참석한) 주자

0117

which

[wɪtʃ]

대 어느 쪽[것], 어떤 사람

형 어느 (쪽의)

which는 '어느 쪽', '어떤 사람', '어느' 등의 뜻으로 주로 무언가를 선택하는 상황에 쓰입니다. 예를 들어, Which book do you want to read?는 '어떤 책을 읽고 싶니?'를 뜻하고, Which do you want?라고 하면 '어느 것을 원하세요?'를 의미합니다.

1 Which book do you want to read?

어떤 책을 읽고 싶니?

2 Which do you like better, coffee or tea?

커피와 차 중 어느 것을 더 좋아합니까?

Plus + read 동 읽다   tea 명 (음료로서의) 차

0118 ☐☐

nothing

[ˈnʌθɪŋ]

- 때 아무것도 아닌 것,
  아무것[아무 일]도 ~ 없다
  [아니다]
- 명 무(無), 존재하지 않는 것
- 부 조금도[결코] ~ 않다

Win or nothing.이라는 말 들어보셨요? 직역하면 '이기거나 아무것도 아닙니다.'라는 말로 어떤 상황에서 승리하지 못하면 아무것도 아니라는 뜻입니다. 여기서 nothing이 바로 '아무것도 아닌 것', 즉 '무(無)'를 의미합니다. 그밖에 nothing은 맥락에 따라 '조금도 ~않다'라는 부정의 뜻을 나타내기도 해요.

1 I have nothing to do today.
   나는 오늘 할 일이 아무것도 없다.

2 I was thirsty, but there was nothing to drink.
   나는 목이 말랐지만 마실 것이 없었다.

Plus + thirsty 형 목이 마른   drink 동 마시다

0119 ☐☐

seem

[siːm]

- 동 (~처럼) 보이다, ~인 것 같다

seem은 '~처럼 보이다, ~인 것 같다'를 뜻합니다. 주로 상태나 특성, 또는 상황이 특정하게 보이거나 느껴지는 것을 표현해요. 이를테면 Jack seems nice.라고 하면 'Jack은 좋은 사람인 것처럼 보여.'라는 뜻이고, The weather seems to be getting colder.는 '날씨가 점점 추워지는 것 같다.'를 의미합니다.

1 Paul seems like a good man.
   Paul은 좋은 사람처럼 보인다.

2 Helen seemed to be ill.
   Helen은 아픈 것 같았다.

Plus + ill 형 아픈, 병 든

0120 ☐☐

first

[fɜːrst]

- 부 처음으로, 우선
- 형 첫째의, 첫 번째의, 최초의

first는 주로 '처음'과 관련된 뜻을 나타냅니다. 그래서 '처음으로, 우선' 또는 '첫째의, 최초의' 등을 의미합니다. 예를 들어, 어린 시절 '첫사랑'을 first love라고 말하기도 하고, 경기 등에서 '1등을 하다'를 win (the) first prize라고 표현합니다. 또는 비행기나 기차의 '1등석'은 first class라고 하지요.

1 I have to finish my work first.
   나는 우선 일을 마쳐야 한다.

2 Tony won first prize in the contest.
   Tony는 대회에서 1등상을 탔다.

Plus + prize 명 상   contest 명 대회, 시합

우리말에 맞게 빈칸에 알맞은 단어를 쓰세요.   (정답은 본문을 확인하세요.)

1   I can't go to work today _____ I'm sick.   나는 아파서 오늘 출근할 수 없다.

2   I can't _____ my card.   나는 카드를 못 찾겠어.

3   It takes _____ 30 minutes to get to the park.   공원까지는 대략 30분 정도 걸린다.

4   My son is _____ from home.   내 아들은 집을 떠나 있다.

5   Cindy is a _____ of twin daughters.   Cindy는 쌍둥이 딸의 어머니이다.

6   I don't know _____ she didn't call.   난 그녀가 왜 전화를 안 했는지 모르겠다.

7   The window in my _____ has yellow curtains.   내 방 창문에는 노란색 커튼이 달려 있다.

8   My _____ taught me how to play soccer.   아버지가 내게 축구를 가르쳐 주셨다.

9   Would you please _____ up?   자리에서 일어나 주시겠습니까?

10 She didn't _____ me back.   그녀는 내게 다시 전화하지 않았다.

11 Alice has a soft _____.   Alice는 부드러운 목소리를 가졌다.

12 The roof of the _____ is red.   그 집의 지붕은 빨간색이다.

13 Our house _____ the ocean.   우리 집은 바다를 마주하고 있다.

14 Who is that _____ lady?   저 노부인은 누구십니까?

15 He goes for a _____ every day.   그는 매일 달리기를 한다.

16 Let's _____ the toys back in the box.   장난감을 상자에 다시 넣어보자.

17 They are _____ hands.   그들은 손을 잡고 있다.

18 There are three _____ and five girls in the room.   방 안에는 남자아이 3명과 여자아이 5명이 있다.

19 My sister sings _____.   우리 언니는 노래를 잘 부른다.

20 I have Wednesday _____ this week.   나는 이번 주 수요일에 휴무이다.

21 Do you have _____ questions?   질문이 있니?

22 James _____ around the park.   James는 공원 주위를 걸었다.

23 Emily _____ on the sofa.   Emily는 소파에 앉았다.

24 _____ me help.   내가 도와줄게.

25 What's the _____ for "love" in French?   프랑스어로 '사랑'을 뜻하는 단어는 무엇입니까?

26 When do you _____ your new job?   새로운 일은 언제 시작하니?

27 _____ do you like better, coffee or tea?   커피와 차 중 어느 것을 더 좋아합니까?

28 I have _____ to do today.   나는 오늘 할 일이 아무것도 없다.

29 Paul _____ like a good man.   Paul은 좋은 사람처럼 보인다.

30 I have to finish my work _____.   나는 우선 일을 마쳐야 한다.

Level 5

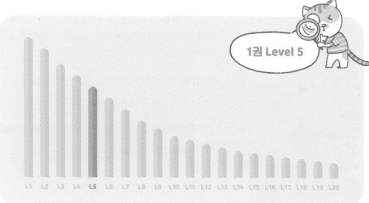

1권 Level 5

L1 L2 L3 L4 **L5** L6 L7 L8 L9 L10 L11 L12 L13 L14 L15 L16 L17 L18 L19 L20

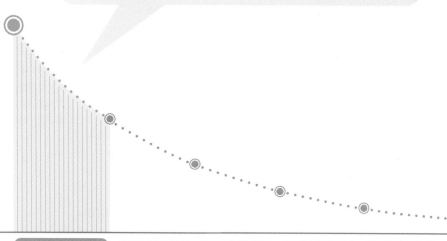

LEVEL 1~20   LEVEL 21~40   LEVEL 41~60   LEVEL 61~80   LEVEL 81~100

0121

big

[bɪg]

형 큰, (중요도가) 큰, 심각한

부 크게

우리가 잘 알고 있듯이 big은 '큰'을 뜻해요. 어떤 대상의 크기나 양, 정도 등이 '큰' 것을 나타내지요. 그리고 추상적으로는 어떤 사안의 중요도가 크거나 심각한 상황을 표현하기도 해요. 예를 들어, a big problem이라고 하면 '심각한 문제'를 뜻하고, the biggest match는 '가장 (중요도가) 큰 시합'을 의미하지요.

1 The elephant is very big and strong.

코끼리는 아주 크고 강하다.

2 The Olympic Games are a big event for us.

올림픽은 우리에게 매우 큰 행사이다.

Plus + elephant 명 코끼리　　　　　　　strong 형 강한
event 명 행사

0122

need

[niːd]

동 필요로 하다, ~해야 한다

명 요구, 필요, 궁핍

need의 기본 뜻은 '필요로 하다'입니다. 예를 들어, need a job은 '직장이 필요하다'를 의미하고, need a true friend는 '진정한 친구가 필요하다'를 뜻합니다. 그리고 '필요로 하다'라는 뜻이 확장하여 '~해야 한다', '요구, 필요' 등을 의미하기도 합니다. 예를 들어, We need to find a solution.이라고 하면 '우리는 해결책을 찾아야 한다.'를 뜻합니다.

1 We need to water the plants.

우리는 식물에 물을 주어야 한다.

2 There is no need to worry about the exam.

시험에 대해 걱정할 필요가 없다.

Plus + water 동 (화초 등에) 물을 주다　　　　worry 동 걱정하다

0123

every

['evri]

형 모든[모두의], 온갖, ~마다,
가능한 모든

every는 '모든'을 뜻합니다. 영어에는 everyone(모든 사람), everything(모든 것), every day(매일)처럼 every를 활용한 표현이 많습니다. 보다 넓은 범위에서 every는 '온갖', '~마다', '가능한 모든' 등 다양한 의미를 나타낼 수 있습니다. 예를 들어, I wished Jim every success.라고 하면 '나는 Jim이 바라는 대로 다 이루길 바랐다.'라는 뜻이 됩니다.

1 I go to the gym every day.

나는 매일 체육관에 간다.

2 Every person has unique DNA.

모든 사람은 고유의 DNA를 가지고 있다.

Plus + person 명 사람　　　　　　　unique 형 고유의

0124

talk

[tɔːk]

- 통 말하다, 대화하다
- 명 대화, 연설, 회담

talk는 주로 '말하다, 대화하다'를 뜻합니다. 그래서 우리가 자주 쓰는 메신저 이름에 talk가 들어가 있는 경우가 많지요. talk와 비슷한 단어로 speak(말하다)이 있습니다. speak은 주로 언어 능력 자체에 중점을 두어 특정 언어나 주제를 능숙하게 말하는 능력을 의미하지만, talk는 더 일상적이고 평범한 회화에서 쓰입니다.

1 There is something I want to talk about.
  할 말이 있어.

2 Sue had a long talk with her parents.
  Sue는 부모님과 오랜 대화를 나눴다.

Plus + have a long talk with ~와 장시간 얘기하다

0125

home

[hoʊm]

- 명 집, 가정, 고향[고국], 주택
- 형 집의, 가정의
- 부 집으로

home의 기본 뜻은 '집, 가정'입니다. home을 활용한 유명한 영어 속담이 있는데, 바로 There is no place like home.입니다. '제 집보다 좋은 곳은 없다.'라는 뜻이지요. 이 외에도 work from home(재택근무를 하다), a sweet home(단란한 가정) 등 home을 활용한 표현은 다양합니다. 그리고 '집'이라는 뜻에서 '고향', '주택' 등의 뜻이 나오기도 했어요.

1 It's late. Let's go home.
  늦었어. 집에 가자.

2 I live in Paris, but my home is in Italy.
  나는 파리에 살고 있지만 고향은 이탈리아이다.

Plus + late 형 늦은

0126

last

[læst]

- 형 마지막의, 지난, 최근의
- 부 최후로
- 명 결말, 죽음
- 동 견디다, 지속되다[하다]

크리스마스 때만 되면 흘러나오는 'Last Christmas'라는 팝송이 있습니다. '마지막 크리스마스'라는 뜻으로 여기서 last가 '마지막의, 지난'을 의미합니다. last night(지난밤), last week(지난주) 등 일상 표현에서도 last는 자주 쓰입니다. 그밖에 '최후로', '결말' 등과 같이 마지막과 관련된 뜻을 나타내기도 합니다. 그리고 '마지막'까지 쭉 이어진다는 흐름에서 '견디다, 지속되다'를 의미할 수도 있어요.

1 I took a trip to the mountains last week.
  나는 지난주에 산으로 여행을 다녀왔다.

2 The movie lasted for two hours.
  영화는 두 시간 동안 계속됐다.

Plus + take a trip 여행하다   hour 명 한 시간

0127

arm
[ɑːrm]

명 (신체) 팔, (조직의) 부문, 팔걸이, (pl.) 무기

동 무장하다

arm은 우리 몸의 여러 부분 중 '팔'을 말합니다. 그래서 arm in arm이라고 하면 '팔짱을 끼고'라는 뜻이 됩니다. 또 arm은 신체의 '팔' 외에도 의자의 '팔걸이'를 의미하기도 해요. 서로 뜻이 통하는 것 같죠? 참고로 arm이 복수로 쓰이면 '무기'를 뜻하기도 합니다. 아무래도 인류 최초의 무기가 '팔'이었기 때문이라 추정됩니다. 여기서 의미가 확장하여 arm은 '무장하다'를 뜻하기도 합니다.

1 Jake put his arm around my shoulders.

Jake는 내 어깨에 팔을 둘렀다.

2 They armed themselves for war.

그들은 전쟁에 대비해 무장했다.

Plus + shoulder 명 어깨   arm oneself 무장하다
war 명 전쟁

0128

stop
[stɑːp]

동 멈추다, 중단하다, 끝나다, 정지시키다

명 멈춤, 중단, 정류장

stop의 기본 의미는 '멈추다'입니다. stop working(일을 멈추다), stop crying (울음을 그치다), stop the fight(싸움을 멈추다) 등 무언가 중단되거나 끝나는 상황을 나타내지요. 그리고 버스 등이 '멈추는' 곳이라는 흐름에서 stop은 '정류장'을 의미하기도 합니다. 예를 들면 the last stop(종점), get off at the next stop(다음 정류장에서 내리다) 등으로 쓰이지요.

1 The car suddenly stopped on the road.

자동차가 길에서 갑자기 멈추었다.

2 I waited for Amy at the bus stop.

나는 버스 정류장에서 Amy를 기다렸다.

Plus + suddenly 부 갑자기   wait for ~를 기다리다

0129

night
[naɪt]

명 밤, 야간

자러 갈 때 Good night!(잘자!)이라고 인사하는데, 이 때 night이 '밤, 야간'을 의미합니다. 예를 들어, I worked all night.은 '나는 밤새 일했다.'를 뜻하고, the night flight은 '야간 비행'을 의미하지요. 참고로 '밤'과 대비되는 '낮'을 뜻하는 단어는 day입니다.

1 We looked at the constellations in the night sky.

우리는 밤하늘의 별자리를 바라보았다.

2 I took the night train to Paris.

나는 파리행 야간열차를 탔다.

Plus + constellation 명 별자리   take 동 (교통수단 등을) 타다
to 전 (이동 방향을 나타내어) ~쪽으로, ~로

0130

very

[ˈveri]

부 매우[아주], 대단히

형 (다름 아닌) 바로 그,
단지 ~조차도

very는 '매우, 아주, 대단히'라는 강조의 의미로 쓰이는 단어입니다. Thank you very much.(정말 감사합니다.), The cake is very delicious.(그 케이크는 대단히 맛있다.) 등 very는 다양한 일상 회화에서 쓰입니다. 그리고 '강조'의 맥락에서 '바로 그' 등을 의미하기도 해요. 예를 들어, That is the very key I was looking for.라고 하면 '그게 바로 내가 찾던 열쇠이다.'를 뜻합니다.

1　Gabriel works very hard.

Gabriel은 매우 열심히 일한다.

2　This is the very heart of the city.

이곳이 바로 도시의 중심부이다.

Plus + hard 부 열심히　　　　　　　　heart 명 중심부

0131

pull

[pʊl]

동 당기다, 끌다,
뽑다[잡아당기다]

명 끌기, 끌어당김, 당기는 힘

pull은 주로 '당기다, 끌다'를 의미합니다. 예를 들면 pull a door shut(문을 당겨서 닫다), pull the rope(밧줄을 당기다), pull the trolley(손수레를 끌다) 등으로 쓰일 수 있어요. 또한 '끌기, 당기는 힘'을 의미하기도 해서 give a pull 이라고 하면 '(한 번) 잡아당기다'를 뜻합니다. 참고로 pull과 대비되는 단어는 push로 '밀다'를 의미해요.

1　We pushed and pulled to move the cart.

우리는 수레를 움직이기 위해 밀고 당겼다.

2　The baby gave a pull on my ear.

아기가 내 귀를 잡아당겼다.

Plus + cart 명 수레　　　　　　　　ear 명 귀

0132

girl

[ɡɜːrl]

명 여자 아이, 소녀, 딸

앞에서 배운 boy(소년)와 대비되는 단어가 바로 girl(여자 아이, 소녀)입니다. 예를 들어, I saw a girl reading a book.이라고 하면 '나는 책을 읽는 여자 아이를 보았다.'를 뜻하고, The girl walked down the street.는 '소녀는 길을 걸어갔다.'를 의미하지요. 또한 boy가 '아들'을 의미하듯이 girl도 '딸'을 뜻할 수 있습니다.

1　Girls were painting under a tree.

나무 아래서 소녀들이 그림을 그리고 있었다.

2　Nick's youngest girl is six.

Nick의 막내 딸은 6살이다.

Plus + youngest 명 막내 아이, 가장 나이 어린 가족

0133

water

[ˈwɔːtə(r)]

명 물, 영해

동 물을 주다, 군침이 돌다

water는 '물'과 관련된 것을 뜻합니다. 우리가 마시는 '물'부터 호수나 강, 바다의 '물', 넓은 의미에서는 '영해'까지 의미할 수 있어요. 그래서 drink water(물을 마시다), fall into the water(물에 빠지다), British waters(영국 영해) 등 다양한 표현에서 쓰입니다. 그리고 맥락에 따라 '물을 주다', '군침이 돌다'를 의미하기도 하는데, 모두 '물'이라는 기본 뜻에서 나온 것으로 보시면 됩니다.

1 The water of this lake was crystal clear.
   이 호수의 물은 수정같이 맑았다.

2 Don't forget to water the flowers.
   꽃에 물 주는 것을 잊어버리지 마라.

Plus+ crystal clear 수정같이 맑은   forget 동 잊어버리다

0134

long

[lɔːŋ]

형 긴, 오랜

부 오랫동안

동 간절히 바라다

long은 '긴, 오랜'을 뜻하며 길이나 거리가 길거나 시간상으로 오래된 것을 나타냅니다. 가령 She wore a long skirt.라고 하면 '그녀는 긴 치마를 입었다.'를 뜻하고, go back a long way라고 하면 '오랫동안 알고 지내다'를 의미합니다. 흔히 우리가 오랫동안 보지 못한 사람을 오랜만에 만났을 때 Long time no see.(오랜만이에요.)라고 인사하지요. 그밖에 long은 무언가를 '간절히 바라다'라는 뜻으로 쓰이기도 합니다.

1 The girl has long brown hair.
   그 소녀는 긴 갈색 머리카락을 가지고 있다.

2 We longed to start the summer vacation.
   우리는 여름 방학이 시작되길 간절히 바랐다.

Plus+ vacation 명 방학

0135

year

[jɪr]

명 해[1년]

year는 '한 해, 1년'을 의미합니다. last year(작년), this year(올해), next year(내년)부터 ten years(10년)까지 다양한 '해'를 나타냅니다. 또는 in the year 1989(1989년에)처럼 특정 년도를 의미하기도 합니다. 참고로 year는 '~동안'을 뜻하는 전치사 for와 자주 쓰인다는 점도 함께 알아두면 좋습니다.

1 I lived in New York for three years.
   나는 3년 동안 뉴욕에서 살았다.

2 What will happen next year?
   내년에는 어떤 일이 일어날까?

Plus+ happen 동 (일 등이) 일어나다, 생기다

0136

behind

[bɪˈhaɪnd]

전 뒤에, 과거에

부 뒤에, 지나서

behind는 주로 '뒤에'를 의미합니다. 예를 들어, I know the girl behind Jim. 이라고 하면 '나는 Jim 뒤에 있는 소녀를 안다.'를 뜻하고, behind story라고 하면 어떤 일에 얽힌, 알려지지 않은 '뒷이야기'를 말합니다. 또는 look behind (뒤돌아보다, 회고하다), go behind(배후를 조사하다) 등의 표현에서도 쓰일 수 있어요.

1 Tom is falling behind.

Tom이 뒤쳐지고 있다.

2 Sally found her cat behind a tree.

Sally는 나무 뒤에서 고양이를 찾았다.

Plus + fall behind (~에) 뒤처지다, 뒤지다

0137

feel

[fiːl]

felt - felt

동 느끼다, (기분이) 들다

명 감촉, 느낌[분위기]

feel의 기본 뜻은 '느끼다'입니다. 어떤 대상의 촉감을 느끼거나 추상적으로는 특정한 감정이나 기분을 느끼는 것을 나타낼 수 있어요. 그래서 feel the warm sunlight이라고 하면 '따뜻한 햇살을 느끼다'라는 뜻이고, feel good은 '기분이 좋다'를 의미합니다. 그리고 the feel of hometown(고향의 분위기)처럼 feel은 어떤 '분위기'를 뜻하기도 해요.

1 I don't feel very well.

난 건강 상태가 별로 좋지 않다.

2 I love the feel of autumn.

난 가을의 느낌을 정말 좋아한다.

Plus + feel well 건강 상태가 좋다   autumn 명 가을

0138

always

[ˈɔːlweɪz]

부 언제나, 항상, 늘

always는 '언제나, 항상, 늘'을 뜻합니다. 예를 들어, I will always love you.라고 하면 '나는 언제나 널 사랑할 거야.'를 뜻하고, Kevin is always late.는 'Kevin은 항상 늦는다.'라는 의미지요. 참고로 always와 같이 횟수, 빈도를 나타내는 부사를 '빈도부사'라고 말합니다. always 외에 usually(대개), often(자주, 종종), sometimes(때때로), never(결코 ~않다) 등이 이에 해당합니다.

1 Peter always gets up at 6 a.m.

Peter는 언제나 오전 6시에 일어난다.

2 I always brush my teeth before bedtime.

나는 항상 잠자기 전에 이를 닦는다.

Plus + get up (잠자리에서) 일어나다   brush one's teeth 이를 닦다

0139

much

[mʌtʃ]

- 형 많은, 다량[대량]의, (시간이) 긴
- 부 대단히[매우], 대개[거의]
- 대 다량, 많음, 중요한 일[것]

much는 주로 '많은'을 뜻합니다. drink much wine(와인을 많이 마시다), We don't have much time.(우리는 시간이 많지 않다.) 등 어떤 대상의 양이나 시간이 '많은' 것을 나타냅니다. 또한 Thank you very much.(대단히 감사합니다.)처럼 '대단히'의 의미로 쓰이기도 해요.

1 How much water do you need?

얼마나 많은 물이 필요합니까?

2 Sam worries too much.

Sam은 걱정이 너무 많다.

Plus + need 동 (~을) 필요로 하다　　　worry 동 걱정하다

0140

though

[ðoʊ]

- 접 (비록) ~이긴 하지만, ~에도 불구하고, 비록 ~일지라도[하더라도]
- 부 그렇지만[하지만]

though는 '(비록) ~이긴 하지만, ~에도 불구하고'를 의미합니다. 주로 어떤 어려움에도 불구하고 특정 행동 등을 하는 상황을 나타내요. Though I was so tired, I needed to finish the work.라고 하면 '(비록) 너무 피곤했지만 나는 일을 마무리해야 했다.'를 의미합니다. 또한 though가 문장 끝에 나오면 '그렇지만, 그래도'를 뜻하기도 합니다. The team lost. It was a good game though.(그 팀은 졌다. 그래도 훌륭한 경기였다.)처럼 말이죠.

1 Though the sun is shining, it is cold.

햇볕이 쨍쨍하지만 날이 춥다.

2 It's hard work. I enjoy it though.

그것은 힘든 일이다. 그래도 난 그 일을 즐긴다.

Plus + shine 동 (태양이) 비치다　　　hard 형 힘든, 어려운

0141

watch

[wɑːtʃ, wɔːtʃ]

- 동 보다, 지켜보다, 망보다[감시하다]
- 명 시계, 감시

watch는 주로 무언가를 '보는' 것을 나타냅니다. 보는 대상은 TV나 영화, 스포츠 경기, 사람 등 다양한 것이 될 수 있어요. 이를테면 watch a baseball game(야구 경기를 보다), watch a movie(영화를 보다) 등처럼 말이죠. 그리고 맥락에 따라 망을 보거나 감시하는 것을 뜻하기도 해요. 또는 독특하게 '시계'를 의미하기도 합니다. That watch is slow.라고 하면 '저 시계는 느리다.'라는 뜻입니다.

1 I watched a movie last night.

나는 어젯밤에 영화를 보았다.

2 My watch is broken.

내 시계는 고장 났다.

Plus + broken 형 고장난

0142

until
[ən'tɪl]

전 ~까지, ~때까지

until은 주로 '~까지, ~때까지'를 의미합니다. 예를 들어, until tomorrow night 은 '내일 밤까지'라는 의미이고, We waited until the snow stopped.라고 하면 '우리는 눈이 그칠 때까지 기다렸다.'를 뜻합니다. Nate did not return until dawn.이라고 하면 'Nate는 새벽까지 돌아오지 않았다.(Nate는 새벽이 되어서야 돌아왔다.)'를 의미합니다.

1 I couldn't sleep until 4 a.m.
나는 새벽 4시까지 잠을 못 잤다.

2 We will wait here until you return.
우리는 네가 돌아올 때까지 여기서 기다릴게.

Plus + wait **동** 기다리다   return **동** 돌아오다

0143

side
[saɪd]

명 쪽[측], 측면, 가장자리, 옆

side는 '쪽, 측면, 가장자리, 옆' 등을 의미합니다. 예를 들면 the left side of the room(방의 왼쪽), the side of the house(그 집의 측면), sit on the side of the bed(침대 가장자리에 앉다) 등이 있어요. 그리고 '옆'이라는 의미에서 side by side라고 하면 '나란히 앉다'라는 뜻이 되기도 합니다.

1 Our side won the soccer game.
우리 편이 축구 경기에서 이겼다.

2 There is a scratch on the side of my car.
내 차 옆면에 긁힌 자국이 있다.

Plus + win **동** 이기다   scratch **명** 긁힌 자국

0144

right
[raɪt]

형 올바른, 정확한, 오른쪽의

부 정확히, 완전히

명 옳은 일[것], 권리[권한], 오른쪽

우리는 흔히 right의 뜻을 '오른쪽'이라고 알고 있습니다. 그런데 right은 무언가 '올바른' 것을 나타내기도 합니다. 도덕적으로 옳은 것이나 무언가 틀리지 않고 정확히 맞는 것을 뜻하지요. 예를 들어, do the right thing이라고 하면 '올바른 일을 하다'라는 뜻이고, the right answer는 '정답'을 의미합니다. 그밖에 right은 '권리, 권한'을 뜻하기도 합니다.

1 Turn right at the next corner.
다음 모퉁이에서 오른쪽으로 돌아라.

2 Is this the right way to the library?
도서관으로 가는 길이 맞습니까?

Plus + turn **동** 돌다   way **명** (어떤 곳에 이르는) 길
library **명** 도서관

0145

child

[tʃaɪld]

명 아이, 자식

child는 '아이'를 뜻합니다. child가 들어간 유명한 말로, The child is father of the man.이 있습니다. 직역하면 '아이는 어른의 아버지다.'인데, 우리말의 '세 살 적 버릇 여든까지 간다.'라는 뜻과 통하는 속담으로 보시면 됩니다. 그밖에 child는 '자식'을 의미하기도 합니다. the eldest child라고 하면 '맏이'를 뜻합니다. 참고로 child의 복수형은 children으로 '아이들'을 의미합니다.

1 A child was crying in the street.

한 아이가 길에서 울고 있었다.

2 One of my children doesn't eat meat.

내 아이들 중 한 명은 고기를 먹지 않는다.

Plus + cry 동 울다　　　　　　　　meat 명 고기

0146

next

[nekst]

형 다음[옆]의

부 그 다음에

명 다음 사람[것]

next는 주로 '다음의', '옆의'를 의미합니다. 시간이나 순서, 공간상으로 '다음'에 오는 것을 나타냅니다. 이를테면 next Friday(다음 주 금요일), the next flight (다음 항공편), the next room(옆 방) 등처럼 말이죠. 그밖에 맥락에 따라 '다음 사람'을 의미하기도 합니다.

1 You'll do better next time.

다음에는 더 잘할 수 있을 거야.

2 What happened next?

그 다음에는 어떻게 되었니?

Plus + better 부 더 잘　　　　　　　happen 동 (일 등이) 일어나다, 생기다

0147

ever

['evə(r)]

부 언제나[항상],
언젠가[일찍이], 이제까지,
도대체

ever는 '언제나, 언젠가, 이제까지' 등의 뜻으로 쓰입니다. 예를 들어, Leah is ever so kind.라고 하면 'Leah는 언제나 매우 친절하다.'를 뜻하고, Have you ever visited Canada?는 '너는 캐나다를 지금까지 방문한 적이 있니?'를 의미 합니다. 또는 Why ever did you apologize?(너는 도대체 왜 사과를 한 거니?)처럼 ever는 '도대체'를 뜻하기도 해요.

1 Joe is ever polite.

Joe는 항상 예의 바르다.

2 Have you ever tried kimchi?

너는 지금까지 김치를 먹어본 적 있니?

Plus + polite 형 예의 바른　　　　　　try 동 먹어 보다

0148

place

[pleɪs]

명 장소[곳], 부분, 자리[위치], 광장[거리]

동 놓다[두다], 설치하다

place는 '장소'나 '자리' 등을 뜻합니다. 예를 들면 a nice place to have a picnic(소풍 가기 좋은 장소), a quiet place(조용한 자리) 등이 있지요. 요즘은 사람들이 많이 가는 유행하는 곳을 hot place(뜨는 곳, 인기 명소)라고 부르기도 해요. 또한 '장소, 자리'라는 뜻이 확장하여 place는 '놓다, 설치하다'를 뜻하기도 합니다.

1   I found a good place to read a book.

나는 책 읽기 좋은 장소를 찾았다.

2   Jake placed the new sofa in the living room.

Jake는 새 소파를 거실에 놓았다.

Plus +   find 동 찾다, 발견하다   living room 거실

0149

happen

['hæpən]

동 발생하다, 일어나다, 우연히 ~하다

happen은 '발생하다, 일어나다' 등의 의미로 계획하지 않은 일이나 사건이 벌어지는 것을 나타냅니다. 그 예로 What will happen next?(다음에 무슨 일이 일어날까?), An accident can happen anywhere.(사고는 어디에서든지 일어날 수 있다.) 등이 있지요. 또는 I happen to call John last night.(난 어젯밤에 우연히 John과 통화했다.)처럼 '우연히 ~하다'를 뜻하기도 해요.

1   A strange thing happened today.

오늘 이상한 일이 일어났다.

2   He happened to see the accident.

그는 우연히 사고를 목격했다.

Plus +   strange 형 이상한   accident 명 사고

0150

book

[bʊk]

명 책

동 예약하다

우리가 잘 알다시피 book은 '책'을 의미합니다. electronic book(전자책), a picture book(그림책), write a book(책을 쓰다) 등 다양한 표현에서 쓰이지요. 그런데 book은 독특하게 '예약하다'를 의미하기도 합니다. 예를 들어, I booked a flight to Tokyo.이라고 하면 '나는 도쿄행 항공편을 예매했다.'라는 뜻이 됩니다.

1   Linda reads three books a month.

Linda는 한 달에 책을 세 권 읽는다.

2   Jim booked two seats for the play.

Jim은 그 연극의 두 자리를 예약했다.

Plus +   seat 명 (극장 등의) 자리   play 명 연극

우리말에 맞게 빈칸에 알맞은 단어를 쓰세요.

(정답은 본문을 확인하세요.)

1 The elephant is very _____ and strong.　　코끼리는 아주 크고 강하다.

2 We _____ to water the plants.　　우리는 식물에 물을 주어야 한다.

3 _____ person has unique DNA.　　모든 사람은 고유의 DNA를 가지고 있다.

4 There is something I want to _____ about.　　할 말이 있어.

5 It's late. Let's go _____.　　늦었어. 집에 가자.

6 I took a trip to the mountains _____ week.　　나는 지난주에 산으로 여행을 다녀왔다.

7 Jake put his _____ around my shoulders.　　Jake는 내 어깨에 팔을 둘렀다.

8 The car suddenly _____ on the road.　　자동차가 길에서 갑자기 멈추었다.

9 We looked at the constellations in the _____ sky.　　우리는 밤하늘의 별자리를 바라보았다.

10 Gabriel works _____ hard.　　Gabriel은 매우 열심히 일한다.

11 We pushed and _____ to move the cart.　　우리는 수레를 움직이기 위해 밀고 당겼다.

12 _____ were painting under a tree.　　나무 아래서 소녀들이 그림을 그리고 있었다.

13 The _____ of this lake was crystal clear.　　이 호수의 물은 수정같이 맑았다.

14 The girl has _____ brown hair.　　그 소녀는 긴 갈색 머리카락을 가지고 있다.

15 I lived in New York for three _____.　　나는 3년 동안 뉴욕에서 살았다.

16 Tom is falling _____.　　Tom이 뒤쳐지고 있다.

17 I don't _____ very well.　　난 건강 상태가 별로 좋지 않다.

18 Peter _____ gets up at 6 a.m.　　Peter는 언제나 오전 6시에 일어난다.

19 How _____ water do you need?　　얼마나 많은 물이 필요합니까?

20 _____ the sun is shining, it is cold.　　햇볕이 쨍쨍하지만 날이 춥다.

21 I _____ a movie last night.　　나는 어젯밤에 영화를 보았다.

22 I couldn't sleep _____ 4 a.m.　　나는 새벽 4시까지 잠을 못 잤다.

23 Our _____ won the soccer game.　　우리 편이 축구 경기에서 이겼다.

24 Turn _____ at the next corner.　　다음 모퉁이에서 오른쪽으로 돌아라.

25 A _____ was crying in the street.　　한 아이가 길에서 울고 있었다.

26 You'll do better _____ time.　　다음에는 더 잘할 수 있을 거야.

27 Joe is _____ polite.　　Joe는 항상 예의 바르다.

28 I found a good _____ to read a book.　　나는 책 읽기 좋은 장소를 찾았다.

29 A strange thing _____ today.　　오늘 이상한 일이 일어났다.

30 Linda reads three _____ a month.　　Linda는 한 달에 책을 세 권 읽는다.

레벨별 단어 사용 빈도

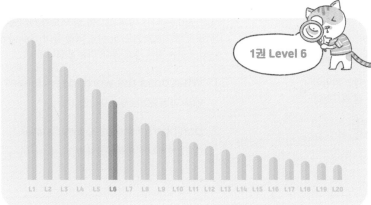

1권 Level 6

L1 L2 L3 L4 L5 **L6** L7 L8 L9 L10 L11 L12 L13 L14 L15 L16 L17 L18 L19 L20

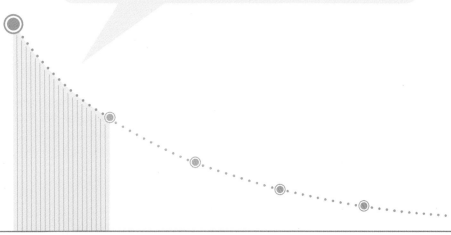

LEVEL 1~20   LEVEL 21~40   LEVEL 41~60   LEVEL 61~80   LEVEL 81~100

0151

once

[wʌns]

🔵 한 번, 언젠가

🔵 ~하자마자, 일단 ~하면

once는 주로 '한 번'이나 '언젠가'를 뜻합니다. 예를 들면 once again(한 번 더), once a week(일주일에 한 번), I once lived in Seoul.(나는 언젠가 서울에 살았었다.) 등이 있지요. 또한 once는 '~하자마자, 일단 ~하면'을 뜻하기도 합니다. 그래서 Once you finish your homework~라고 하면 '일단 숙제를 마치면~'이라는 의미가 됩니다.

1 We met Suzy once before.

우리는 전에 한 번 Suzy를 만났었다.

2 Once the rain stops, we can go for a walk.

일단 비가 그치면 우리는 산책을 갈 수 있어.

Plus + meet 🔵 만나다　　　　　go for a walk 산책하러 가다

0152

mean

[miːn]

meant - meant

🔵 ~라는 의미이다,
~을 의도하다

🔵 못된

mean은 주로 '의미하다, 의도하다'를 뜻합니다. 예를 들어, What does that word mean?은 '그 단어가 무슨 뜻인가요?'라는 의미이고, I didn't mean to hurt you.는 '나는 네게 상처를 줄 의도가 아니었다.'를 뜻합니다. 그밖에 mean은 '못된'을 의미하기도 하는데, 예를 들어, Being mean is not nice.라고 하면 '못되게 구는 것은 좋지 않다.'라는 뜻입니다.

1 What does the word "deer" mean?

'deer'라는 단어는 무슨 의미입니까?

2 Don't be so mean to your sister.

여동생에게 너무 못되게 굴지 마.

Plus + deer 🔵 사슴

0153

wait

[weɪt]

🔵 기다리다, 미뤄지다

wait의 기본 뜻은 '기다리다'입니다. 사람이나 상황을 기다리는 것부터 바라던 일이 이뤄지기 기다리는 것까지 모두 나타낼 수 있어요. 이를테면 Lisa waited her turn.(Lisa는 자신의 차례를 기다렸다.), Wait a moment, please.(잠시 기다려 주십시오.) 등처럼 말이죠. 참고로 wait는 주로 전치사 for와 함께 쓰이는데, for가 기다리는 대상이나 목적을 나타내는 역할을 합니다. 그래서 I was waiting for you.라고 하면 '나는 너를 기다리고 있었다.'라는 뜻이 됩니다.

1 She is waiting for the bus.

그녀는 버스를 기다리고 있다.

2 She was waiting for her favorite TV show to start.

그녀는 좋아하는 TV 프로그램이 시작하기를 기다렸다.

Plus + favorite 🔵 매우 좋아하는

0154

should

[ʃəd, ʃʊd]

조 ~해야 한다,
(아마) ~일 것이다, ~하겠다,
마땅이 ~이어야 한다,
(조건절에서) 만일 ~이라면

should는 어떤 일을 하는 것이 옳고 바르다고 여겨지는 상황에서 쓰입니다. 주로 의무, 규칙, 권고 사항 등을 나타내지요. 예를 들어 , We should wash our hands before dinner.라고 하면 저녁 식사 전에 의무적으로 손을 씻어야 함을 뜻하고, 의사가 환자에게 "You should exercise regularly."라고 말하면 규칙적으로 운동할 것을 권고하는 것을 나타내요. 이 외에도 should는 '만일 ~이라면'이라는 뜻으로 특정 상황을 가정하기도 합니다.

1 Should I do my homework right now?
지금 바로 숙제를 해야 하니?

2 You should take an umbrella with you today.
너는 오늘 우산을 꼭 가져가야 해.

Plus + take 동 가지고 가다   umbrella 명 우산

0155

use

[juːz] [juːs]

동 사용하다, (나쁘게) 이용하다,
소비하다

명 사용, 용도

use는 주로 무언가를 '사용하는' 상황을 나타냅니다. 예를 들어, I use crayons to draw pictures.는 '나는 크레용을 사용해 그림을 그린다.'를 뜻하고, Sue used a computer to do her homework.는 'Sue는 컴퓨터를 사용해 숙제를 했다.'를 의미해요. 그리고 '사용하다'라는 뜻은 상황에 따라 '(나쁘게) 이용하다', '소비하다', '용도' 등의 의미로 확장될 수도 있습니다.

1 We can use a map to find our way around.
우리는 지도를 사용하여 길을 찾을 수 있다.

2 The knife has many uses.
그 칼의 용도는 다양하다.

Plus + map 명 지도
find one's way around (지리에 밝아) 스스로 어디라도 갈 수 있다

0156

begin

[bɪˈɡɪn]

began - begun

동 시작하다[되다], 출발하다

begin은 '시작하다'를 의미합니다. 예를 들면 begin to prepare the party(파티 준비를 시작하다), When does the movie begin?(영화는 언제 시작하니?) 등 다양한 상황에서 쓸 수 있어요. 또한 The train will begin in a few minutes.(몇 분 후에 열차가 출발한다.)처럼 begin은 '출발하다'를 뜻하기도 합니다.

1 The concert begins at 7 p.m.
콘서트는 오후 7시에 시작한다.

2 Wendy began to read the story aloud.
Wendy는 큰 소리로 그 이야기를 읽기 시작했다.

Plus + aloud 부 큰 소리로, 소리 내어

0157

foot

[fʊt]

- 명 발, 발 모양의[역할을 하는] 것[부분]
- 동 밟다[디디다]

foot은 '발'을 의미하며 이와 관련된 것들을 나타냅니다. 예를 들어, stand on one foot이라고 하면 '한 발로 서다'라는 뜻이고, walk on bare foot은 '맨발로 걷다'를 의미하지요. 참고로 우리 몸에 발이 두 개이기 때문에 복수형인 feet으로 쓰기도 합니다. 그밖에 foot은 '발'이라는 뜻이 확장하여 '밟다, 디디다'를 의미하기도 합니다.

1 I hurt my foot while running.
나는 달리다가 발을 다쳤다.

2 After a long walk, my feet were sore.
오래 걷고 나니 발이 아팠다.

Plus + hurt 동 아프다　　　　　　sore 형 아픈

0158

move

[muːv]

- 동 움직이다, 옮기다, 나아가다, 바뀌다
- 명 행동, 이동, 이사

move의 기본 뜻은 '움직이다'입니다. 그래서 move toward the kitchen(부엌 쪽으로 움직이다), move the table(탁자를 옮기다)처럼 무언가 이동하거나 옮기는 것을 나타낼 수 있어요. 또한 '집'을 옮긴다는 의미에서 '이사'를 뜻하기도 합니다. 예를 들어, What's the date of Jin's move?라고 물으면 Jin의 이사 날짜가 언제인지 묻는 의미입니다.

1 Jack moved towards the door.
Jack은 문 쪽으로 움직였다.

2 I plan to move next month.
나는 다음 달에 이사할 계획이다.

Plus + toward(s) 전 ~쪽으로　　　　plan 동 계획하다

0159

own

[oʊn]

- 형 (소유를 강조하여) 자신의, 스스로 하는
- 동 소유하다

own은 주로 '소유'를 나타냅니다. 어떤 대상이 개인, 단체에 속해 있음을 의미하지요. 예를 들어, She owns a beautiful house.라고 하면 '그녀는 아름다운 집을 소유하고 있다.'를 뜻하고, Tom has his own car.는 'Tom은 자신의 차를 가지고 있다.'를 의미하지요. 또한 own은 '스스로 하는'을 뜻하기도 하는데, 이때는 주로 on one's own(혼자서)의 형태로 쓰입니다.

1 Kate baked her own birthday cake.
Kate는 자신의 생일 케이크를 구웠다.

2 I want to own a red bicycle like Peter.
나는 Peter처럼 빨간색 자전거를 가지고 싶다.

Plus + bake 동 (음식을) 굽다　　　　want 동 원하다, 바라다
like 전 ~처럼

0160

must

[məst, mʌst]

조 (반드시) ~해야 하다,
(틀림없이) ~일 것이다,
~해야만 하다

명 절대로 필요한 것

형 절대로 필요한

우리는 '꼭 가지고 있어야 하는 필수품'이라는 의미로 must have item이라는 말을 씁니다. 이때 must가 '반드시 ~해야 하다', '절대로 필요한'을 의미합니다. 가령 You must brush your teeth before go to bed.라고 하면 '너는 자기 전에 꼭 양치를 해야 한다.'라는 뜻이 되지요. 그밖에 무언가 꼭 해야 한다라는 흐름에서 '(틀림없이) ~일 것이다'라는 추측의 뜻이 나오기도 했습니다.

1 **We must hurry to catch the bus.**

   우리는 버스를 타려면 서둘러야 한다.

2 **He must be Jane's brother! He looks like her.**

   그는 틀림없이 Jane의 오빠일 거야! 그녀와 닮았어.

Plus + catch 동 (버스 등을 시간 맞춰) 타다   look like 닮다

0161

each

[i:tʃ]

대 각각, 각자

형 각자의

each는 각각의 개별적인 항목이나 대상을 나타냅니다. 그래서 each side of a box(상자의 각 면), each student's project(각 학생의 프로젝트), each team member(각 팀 멤버)처럼 각각의 물건이나 사람을 나열하거나 강조할 때 쓰이지요. 참고로 개개의 사물이나 개인을 이야기하기 때문에 늘 단수형과 함께 쓰이는 점 알아두세요.

1 **Each of us chose our favorite ice cream flavors.**

   우리는 각자 좋아하는 아이스크림 맛을 골랐다.

2 **These toys cost $2 each.**

   이 장난감들은 가격이 각각 2달러이다.

Plus + choose 동 선택하다   flavor 명 맛
cost 동 (값이) 들다

0162

open

['oʊpən]

동 열다, (눈을) 뜨다, 펼치다

형 열려 있는, 펼쳐진, 공개된

명 야외

open의 기본 의미는 '열다'입니다. open the door(문을 열다), open the book (책을 펴다), open a shop(가게를 열다) 등 어떤 물건을 열거나 펼치는 것부터 가게를 개업하는 것까지 다양한 상황에서 쓰여요. 또 공간을 '열다'라는 흐름에서는 '야외'를, 어떤 사안을 '열다'라는 맥락에서는 '공개된'을 뜻하기도 해요.

1 **Can you open the window?**

   창문 좀 열어줄래?

2 **I opened the box out of curiosity.**

   나는 궁금해서 상자를 열어 보았다.

Plus + out of curiosity 궁금해서, 호기심에

0163

maybe
['meɪbi]

(부) 어쩌면, 아마, 혹시

maybe는 '어쩌면, 아마, 혹시'라는 뜻으로 어떤 일이 확실하지 않는 상황에 쓰입니다. 예를 들어, Maybe I will go shopping tonight.(나는 아마 오늘 밤에 쇼핑하러 갈 거야.)라고 말하면 오늘 밤에 쇼핑을 하러 갈 수도 있고 안 갈수도 있다는 뜻이 됩니다. maybe와 비슷한 단어로 perhaps(아마, 어쩌면)가 있지만, 일상 회화에서는 이보다 maybe를 더 많이 사용하는 편입니다.

1 Maybe we can meet for lunch.
어쩌면 우리는 점심에 만날 수 있을지도 몰라.

2 Maybe I will stay at home tomorrow.
내일은 아마 집에 있을지도 모르겠다.

Plus + stay (동) 머무르다, 가만히 있다

0164

against
[ə'genst, ə'geɪnst]

(전) ~에 반대하여, ~을 대비하여,
~에 가까이, ~와 비교하여

against는 상황에 따라 다양한 의미를 나타냅니다. the fight against crime(범죄와의 싸움), against the law(법에 맞서) 등 무언가에 맞서거나 반대하는 것을 의미하기도 하고, against fire(화재에 대비하여)처럼 '~에 대비하여'를 뜻하기도 해요. 또는 against the wall(벽에 가까이)처럼 무언가에 가까이 있는 상태나 다른 대상과 비교하는 상황을 나타내기도 합니다.

1 The waves crashed against the rocks.
파도가 바위에 부딪혔다.

2 The man leaned against the door.
그 남자는 문에 기대고 있었다.

Plus + wave (명) 파도   rock (명) 바위
lean (동) 기대다

0165

world
[wɜːrld]

(명) 세계, 세상

world의 기본 뜻은 잘 알다시피 '세계'입니다. 예를 들어, travel around the world(세계 일주를 하다), world peace(세계 평화)처럼 우리가 사는 '세계'를 의미하기도 하고, the natural world(자연계)처럼 특정한 생물체 전체를 뜻하기도 해요. 또는 the real world(실제 세상)처럼 '세상'을 나타내기도 합니다.

1 My dream is to travel around the world.
내 꿈은 세계 일주 여행을 하는 것이다.

2 Our planet Earth is a part of the big world in space.
우리 행성인 지구는 우주라는 거대한 세계의 일부이다.

Plus + planet (명) 행성   part (명) 일부, 부분
space (명) 우주

0166

reach

[riːtʃ]

동 ~에 닿다, 도달하다, 내밀다[뻗다], (범위에) 미치다

명 거리, 범위

reach는 주로 '~에 닿다, 도달하다'를 의미합니다. 예를 들어, reach the top shelf는 '맨 위 선반에 닿다'를, reach one's goal은 '목표에 도달하다'를 뜻하지요. 그리고 '닿다'라는 의미에서 '내밀다', '(범위에) 미치다', '거리' 등의 다양한 의미가 파생되었어요.

1 Joe reached the finish line to take first place.
Joe는 결승선에 도착해 1등을 차지했다.

2 I reached up high to grab the cookie jar.
나는 쿠키 항아리를 잡으려고 손을 높이 뻗었다.

Plus + take first place 1등을 차지하다　　　　grab 동 붙잡다, 움켜잡다
jar 명 항아리

0167

life

[laɪf]

명 삶[생명], 생물, 평생, 수명

life는 '삶, 생물, 평생, 수명' 등 주로 '살아있음'과 관련된 의미를 나타냅니다. life and death(삶과 죽음), animal life(동물), all one's life(평생, 일생 내내) 등처럼 말이죠. 또는 everyday life(일상생활)처럼 일상적인 '삶'을 의미하기도 하고, a long life(장수)처럼 '수명'을 뜻하기도 합니다.

1 Life is like a big adventure.
인생은 큰 모험과도 같다.

2 Linda wanted to have a quiet life in the country.
Linda는 시골에서 조용한 삶을 살고 싶었다.

Plus + adventure 명 모험　　　　quiet 형 조용한
country 명 시골, 전원

0168

bad

[bæd]

형 나쁜, 안 좋은, 심한, 해로운

명 나쁜 사람[것]

우리는 흔히 무언가 좋지 않은 일이 일어났을 때 That's too bad.(그것 참 안 됐다.)라고 말합니다. 이때 bad가 '나쁜, 안 좋은' 등을 뜻합니다. 이를테면 bad habit(나쁜 습관), bad weather(안 좋은 날씨)처럼 말이죠. 또한 a bad storm(심한 폭풍), be bad for health(건강에 해롭다)처럼 무언가 심하거나 해로운 상태를 나타내기도 합니다.

1 That movie wasn't so bad.
그 영화는 그렇게 나쁘진 않았다.

2 Sugary foods are bad for your teeth.
설탕이 든 음식은 치아에 해롭다.

Plus + sugary 형 설탕이 든, 지나치게 달콤한　　　　be bad for ~에 나쁘다

0169

work

[wɜːrk]

- 통 일하다, 운용하다, 작동되다, 효과가 있다
- 명 일, 직업, 작품

work는 기본적으로 '일하다'를 뜻합니다. 예를 들어, work hard는 '열심히 일하다'를 뜻하고, work 8 hours a day는 '하루에 8시간 일하다'를 의미합니다. 그리고 일하는 주체가 사람이 아니라 기계나 장치일 때는 '작동되다'를 뜻하고, 약일 때는 '효과가 있다'라는 의미가 됩니다. 이렇게 보니 어떻게 work의 뜻이 확장되는지 이해가 되는군요.

1   Jim and I worked late into the night.
   Jim과 나는 밤늦게까지 일했다.

2   The machine doesn't work.
   그 기계는 작동하지 않는다.

Plus + late into the night 밤늦게까지   machine 명 기계

0170

under

[ˈʌndə(r)]

- 전 ~아래에, ~미만의, (~이 진행) 중인
- 부 ~아래에, ~미만으로
- 형 아래쪽의

under의 기본 뜻은 '~아래에'입니다. 예를 들면 under the chair(의자 아래), under the tree(나무 아래), under the bridge(다리 아래) 등이 있지요. 그리고 어떤 기준의 아래라는 맥락에서 '~미만의, ~미만으로'를 뜻하기도 하고, 어떤 상황 아래에 있다는 흐름에서는 '(~이 진행) 중인'을 의미하기도 합니다.

1   There are some books under the table.
   탁자 아래에 책 몇 권이 있다.

2   Everything is under control.
   모든 것이 통제되고 있다.

Plus + everything 대 모든 것, 모두   control 명 통제, 지배

0171

school

[skuːl]

- 명 학교, 학과, (동물의) 무리
- 통 훈련시키다, 교육하다

school의 기본 뜻은 잘 알다시피 '학교'입니다. 그리고 여기서 의미가 확장하여 '학과'나 '훈련시키다, 교육하다'를 의미하기도 합니다. 그래서 the medical school은 '의학부'를, school a horse는 '말을 훈련시키다'를 뜻합니다. 그리고 한 가지 독특한 점은 school이 '(동물의) 무리'를 나타낸다는 점입니다. 예를 들어, a school of whales라고 하면 '고래 떼'를 의미합니다.

1   I played basketball after school with Tom.
   나는 방과 후에 Tom과 농구를 했다.

2   We saw a school of dolphins.
   우리는 돌고래 떼를 보았다.

Plus + dolphin 명 돌고래

0172

name

[neɪm]

명 이름, 명성, 유명인

동 명명하다, 임명하다

영어를 처음 배울 때 상대방의 이름을 묻는 표현으로 What is your name?이란 표현을 배웁니다. 여기서 name이 '이름'을 뜻합니다. 그리고 맥락에 따라 어떤 대상에 이름을 지어주는 것, 즉 '명명하다, 임명하다'를 의미하기도 해요. 그래서 I named my daughter Leah.라고 하면 '나는 딸의 이름을 Leah라고 지었다.'를 뜻합니다. 그밖에 '이름'을 떨친다는 흐름에서 '명성, 유명인'을 의미하기도 해요.

1 What's your name and address?

성함과 주소가 어떻게 되십니까?

2 We named our son Paul.

우리는 아들에게 Paul이라는 이름을 지어 주었다.

Plus + address 명 주소

0173

woman

[ˈwʊmən]

명 여성, 여인

앞서 배운 man과 대비되는 단어인 woman은 '여성, 여인'을 뜻합니다. 예를 들어, I know the woman wearing a red coat.라고 하면 '나는 빨간색 코트를 입고 있는 여인을 알고 있다.'를 의미하지요. 참고로 woman의 복수형은 women이니 함께 알아두세요!

1 Sarah is a talented woman.

Sarah는 재능 있는 여성이다.

2 Our mayor is a woman.

우리 시장은 여성이다.

Plus + talented 형 재능 있는   mayor 명 시장

0174

across

[əˈkrɔːs]

부 가로질러, 가로로, ~쪽으로

전 가로질러, 건너편에

across는 '가로질러', '건너편에' 등을 뜻합니다. 예를 들어, across the street는 '길 건너에'를 뜻하고, across from the library는 '도서관 바로 맞은편에'를 의미합니다. 또는 상황에 따라 '~쪽으로'를 뜻하기도 합니다. 가령 Jack looked across at me.라고 하면 'Jack이 내 쪽을 쳐다 보았다.'를 의미합니다.

1 I bought some cookies at the store across the street.

나는 길 건너 가게에서 쿠키를 좀 샀다.

2 Sean sat across from me.

Sean은 내 맞은편에 앉았다.

Plus + store 명 가게   sit 동 앉다, 앉아 있다

0175

without

[wɪˈðaʊt]

전 ~없이, ~하지 않고

부 ~없는

without은 '~없이, ~하지 않고, ~없는'을 의미하며 주로 무언가 존재하지 않거나 제외된 상태를 나타냅니다. 예를 들어, They went to the picnic without me. 는 '그들은 나 없이 소풍을 갔다.'를 뜻하고, Lily left without saying goodbye. 는 'Lily는 작별 인사도 없이 떠났다.'를 의미합니다. 참고로 without과 대비되는 단어는 with로 '~와 함께'라는 뜻이에요.

1   Jim went out without an umbrella.

Jim은 우산도 없이 외출했다.

2   My life seems empty without her.

그녀가 없는 내 삶은 공허한 것 같다.

Plus + go out 외출하다, 나가다   seem 동 ~인[하는] 것 같다
empty 형 (마음이) 공허한

0176

small

[smɔːl]

형 작은[적은], 사소한, 소규모의

부 작게, 소규모로

요즘 예물과 예단을 간소화하고 소규모로 치르는 결혼식인 small wedding을 선호하는 사람들이 많습니다. 여기서 small은 '작은, 사소한, 작게' 등을 뜻하며 크기가 작거나 양이 적은 상태를 나타냅니다. 예를 들면 a small town(작은 마을), a small audience(소수의 관객들), small talk(가벼운 대화, 잡담), sing small (작은 목소리로 노래하다) 등이 있어요.

1   She spoke in a small voice.

그녀가 작은 목소리로 말했다.

2   Harry wrote very small.

Harry는 글씨를 아주 작게 썼다.

Plus + speak in ~으로 말하다   voice 명 목소리
write 동 (글자·숫자를) 쓰다

0177

same

[seɪm]

형 같은, 동일한

명 동일한 것

same은 '같은, 동일한'이라는 뜻으로 두 개 이상의 대상이 같거나 일치하는 것을 나타냅니다. 예를 들어, Sam and I have the same bag.는 'Sam과 나는 같은 가방을 가지고 있다.'를, They wore the same clothes.는 '그들은 같은 옷을 입었다.'를 의미해요. 참고로 same과 대비되는 단어는 different로 '다른, 차이가 나는'을 뜻하니 짝지어 함께 알아두셔도 좋겠군요.

1   You have the same cup as mine.

내 것과 같은 컵을 가지고 있구나.

2   Jamie made the same mistake again.

Jamie는 또다시 같은 실수를 저질렀다.

Plus + make a mistake 실수를 하다

0178

remember

[rɪˈmembə(r)]

통 기억하다, 상기하다

영화 〈코코Coco〉의 OST인 'Remember Me'를 들어본 적 있나요? '나를 기억해줘'라는 뜻으로 remember가 바로 '기억하다, 상기하다'라는 뜻입니다. 예를 들면 I remembered our first meeting.(나는 우리의 첫 만남을 기억한다.), Jane can't remember his name.(Jane은 그의 이름이 기억하지 못한다.) 등이 있어요.

1 I can't remember where I put my key.

나는 열쇠를 어디에 두었는지 기억이 안 난다.

2 I still remember my first day of school.

나는 여전히 학교에서의 첫날을 기억하고 있다.

Plus + still 부 여전히, 아직(도)

0179

show

[ʃoʊ]

showed - showed/shown

통 보여 주다, 안내하다,
증명하다

명 쇼[공연], 전시, 허세[가식]

show는 우리가 흔히 알고 있는 '쇼, 공연'이라는 뜻 외에 '보여 주다'라는 의미도 가지고 있어요. 예를 들어, show the picture라고 하면 '그림을 보여 주다'를 의미하고, show interest는 '관심을 보이다'를 뜻합니다. 좀 더 넓은 범위에서는 '안내하다', '증명하다'를 의미하기도 해요. 그리고 이렇게 무언가를 보여 준다라는 흐름에서 '허세, 가식'이라는 독특한 뜻이 나오기도 했습니다.

1 Tom showed his report card to his parents.

Tom은 그의 성적표를 부모님께 보여 드렸다.

2 Tony won first prize in the talent show.

Tony는 장기 자랑에서 1등상을 탔다.

Plus + report card 성적표　　　　talent show 장기 자랑

0180

read

[riːd]

read - read

통 읽다, 이해하다, 판독하다

명 읽기, 읽을거리, 판독

read는 기본적으로 '읽다', '읽기'를 뜻합니다. 읽는 대상은 책이나 신문처럼 '글'이 될 수도 있고, 어떤 기호나 부호, 또는 사람의 마음이 될 수도 있습니다. 이럴 때는 '이해하다, 판독하다' 등의 의미를 나타내기도 합니다. 이를테면 I can read the meaning behind the words.라고 하면 '나는 그 말들 뒤의 의미를 이해할 수 있다.'라는 뜻이 되지요.

1 My son learned how to read.

나의 아들은 읽는 법을 배웠다.

2 This book is a good read.

이 책은 괜찮은 읽을거리이다.

Plus + learn 통 배우다

우리말에 맞게 빈칸에 알맞은 단어를 쓰세요.

(정답은 본문을 확인하세요.)

1 We met Suzy _____ before.

우리는 전에 한 번 Suzy를 만났었다.

2 What does the word "deer" _____?

'deer'라는 단어는 무슨 의미입니까?

3 She is _____ for the bus.

그녀는 버스를 기다리고 있다.

4 _____ I do my homework right now?

지금 바로 숙제를 해야 하니?

5 We can _____ a map to find our way around.

우리는 지도를 사용하여 길을 찾을 수 있다.

6 The concert _____ at 7 p.m.

콘서트는 오후 7시에 시작한다.

7 I hurt my _____ while running.

나는 달리다가 발을 다쳤다.

8 Jack _____ towards the door.

Jack은 문 쪽으로 움직였다.

9 Kate baked her _____ birthday cake.

Kate는 자신의 생일 케이크를 구웠다.

10 We _____ hurry to catch the bus.

우리는 버스를 타려면 서둘러야 한다.

11 _____ of us chose our favorite ice cream flavors.

우리는 각자 좋아하는 아이스크림 맛을 골랐다.

12 Can you _____ the window?

창문 좀 열어줄래?

13 _____ I will stay at home tomorrow.

내일은 아마 집에 있을지도 모르겠다.

14 The waves crashed _____ the rocks.

파도가 바위에 부딪혔다.

15 My dream is to travel around the _____.

내 꿈은 세계 일주 여행을 하는 것이다.

16 Joe _____ the finish line to take first place.

Joe는 결승선에 도착해 1등을 차지했다.

17 _____ is like a big adventure.

인생은 큰 모험과도 같다.

18 That movie wasn't so _____.

그 영화는 그렇게 나쁘진 않았다.

19 Jim and I _____ late into the night.

Jim과 나는 밤늦게까지 일했다.

20 There are some books _____ the table.

탁자 아래에 책 몇 권이 있다.

21 I played basketball after _____ with Tom.

나는 방과 후에 Tom과 야구를 했다.

22 What's your _____ and address?

성함과 주소가 어떻게 되십니까?

23 Sarah is a talented _____.

Sarah는 재능 있는 여성이다.

24 I bought some cookies at the store _____ the street.

나는 길 건너 가게에서 쿠키를 좀 샀다.

25 Jim went out _____ an umbrella.

Jim은 우산도 없이 외출했다.

26 Harry wrote very _____.

Harry는 글씨를 아주 작게 썼다.

27 You have the _____ cup as mine.

내 것과 같은 컵을 가지고 있구나.

28 I can't _____ where I put my key.

나는 열쇠를 어디에 두었는지 기억이 안 난다.

29 Tony won first prize in the talent _____.

Tony는 장기 자랑에서 1등상을 탔다.

30 My son learned how to _____.

나의 아들은 읽는 법을 배웠다.

Level 7

레벨별 단어 사용 빈도

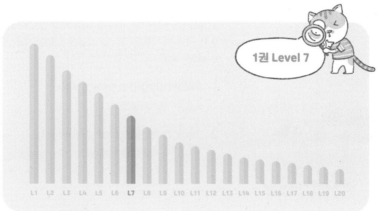

1권 Level 7

L1 L2 L3 L4 L5 L6 L7 L8 L9 L10 L11 L12 L13 L14 L15 L16 L17 L18 L19 L20

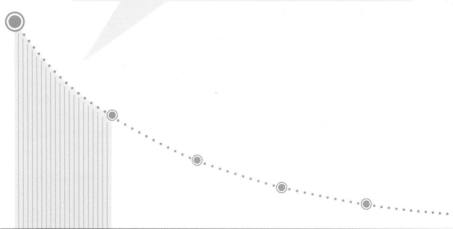

LEVEL 1~20   LEVEL 21~40   LEVEL 41~60   LEVEL 61~80   LEVEL 81~100

0181

help

[help]

동 돕다

명 도움

help는 '돕다', '도움'을 뜻하며 누군가에게 무언가를 지원하거나 도움을 주는 것을 나타냅니다. 그래서 May I help you?(도와드릴까요?), Max helped me to repair my car.(Max는 내가 차를 수리하는 것을 도와주었다.) 등 돕거나 도움을 받는 상황에서 자주 쓰입니다.

1 Can you help me find my dog?

나의 강아지를 찾는 것을 도와줄 수 있니?

2 I'm very grateful for your help.

도와주셔서 정말 감사합니다.

Plus+ grateful 형 감사하는, 고마워하는

0182

new

[nu:]

형 새로운

해가 바뀌면 Happy New Year!(새해 복 많이 받으세요!)라는 새해 인사를 가족, 친구들과 나눠본 경험이 있을겁니다. 여기서 new의 의미가 '새로운'입니다. a new book(새 책), a new bag(새 가방), new information(새로운 정보) 등 주로 새롭거나 최근 생겨난 것들을 나타내지요. 참고로 new와 대비되는 단어는 old로 '낡은, 오래된'을 뜻합니다.

1 Sally bought a new guitar.

Sally는 새 기타를 샀다.

2 Jack is looking for a new job.

Jack은 새 일자리를 찾고 있다.

Plus+ look for 찾다   job 명 일자리

0183

while

[waɪl]

접 ~하는 동안, ~할지라도, 그런데

명 잠깐[잠시]

while의 기본 뜻은 '~하는 동안'입니다. 주로 두 가지 활동이 동시에 일어나는 상황을 나타냅니다. 예를 들어, While I read a book, my cat slept beside me.라고 하면 '내가 책을 읽는 동안 고양이가 내 옆에서 잠을 잤다.'라는 뜻으로 책을 읽는 상황과 고양이가 옆에서 잠을 자는 상황 두 가지를 모두 나타냅니다. 그밖에 맥락에 따라 '~할지라도, 그런데'를 의미하기도 해요. 그리고 for a while(잠시 동안)처럼 '잠깐, 잠시'를 뜻하기도 합니다.

1 While the baby slept, we talked quietly.

아기가 자는 동안 우리는 조용히 이야기를 나눴다.

2 Please stay for a while.

잠시만 기다려 주십시오.

Plus+ quietly 부 조용히   stay 동 기다리다, (잠깐) 멈추다

0184

moment

[ˈmoʊmənt]

명 잠깐, 순간, (특정한) 시기

'찰나의 순간'이라는 말 들어보셨죠? moment는 이렇게 아주 짧은 '순간'을 의미합니다. 예를 들어, Wait a moment.라고 하면 '잠시만 기다려 주세요.'를 뜻하고, At the moment the music started는 '음악이 시작된 순간'을 의미해요. 또한 moment는 특정한 '시기'도 뜻하는데, I'll call you back at a more convenient moment.은 '더 편한 시기에 다시 전화할게.'라는 뜻입니다.

1 Alice will be back in a moment.

Alice는 잠시 후에 돌아올 것이다.

2 Can I talk to you for a moment after class?

수업 끝나고 잠시 얘기 좀 할 수 있을까?

Plus + be back (곧) 돌아오다   class 명 수업

0185

story

[ˈstɔːri]

명 이야기, (신문 등의) 기사, 줄거리

종종 아이들이 storybook을 읽는 모습을 보셨을 겁니다. 말 그대로 '이야기책'이라는 뜻으로 여기서 story가 '이야기'를 의미해요. 그래서 소설, 영화, 드라마 등 다양한 형식의 '이야기'를 나타냅니다. a touching love story(감동적인 사랑 이야기), tell an interesting story(흥미로운 이야기를 들려주다)처럼 말이죠. 그리고 '이야기'라는 뜻이 확장하여 신문의 '기사'나 어떤 작품의 '줄거리'를 의미하기도 해요.

1 Dad reads me funny stories every night.

아빠는 매일 밤 내게 재미있는 이야기를 읽어 주신다.

2 The story of the book is about friendship.

그 책의 줄거리는 우정에 관한 것이다.

Plus + funny 형 재미있는   friendship 명 우정

0186

smile

[smaɪl]

명 미소[웃음]

동 미소를 짓다, (풍경 따위가)
환하다[산뜻하다]

우리는 친구와 메시지를 주고 받을 때 웃는 표정으로 된 이모티콘(😊)을 종종 쓰지요? smile은 이렇게 미소 지으며 웃는 모습을 나타냅니다. 예를 들어, Mindy greeted me with a warm smile.이라고 하면 'Mindy는 따뜻한 미소로 내게 인사했다.'라는 뜻입니다. 그밖에 상황에 따라 smile은 어떤 풍경 등이 환하거나 산뜻하다고 표현할 때 쓰이기도 합니다.

1 Maria gave me a friendly smile.

Maria는 내게 상냥한 미소를 지었다.

2 He smiled with relief.

그는 안도의 미소를 지었다.

Plus + give a smile ~에게 미소 짓다   relief 명 안도, 안심

0187

few

[fju:]

혱 거의 없는, (수가) 적은,
약간[조금],
(a few) 조금은 있는

대 소수[적은 수], 몇몇,
소수의 사람[것]

few는 '거의 없는, 적은' 등을 뜻하며 주로 수나 양이 적은 상황을 나타냅니다. 예를 들어, I have few friends to talk to.라고 하면 '나는 대화할 친구가 거의 없다.'라는 뜻입니다. 또는 Many tried, but few succeeded.는 '많은 사람들이 시도했지만 성공한 사람은 적었다.'라는 의미로 성공한 사람이 정말 적은 상황을 나타내지요. 이렇게 few는 주로 부정적인 상황이나 부족함을 강조해요.

1 Very few people understand this rule.

이 규칙을 이해하는 사람은 거의 없다.

2 Few of her films are worth watching.

그녀의 영화 중 볼 만한 가치가 있는 영화는 거의 없다.

Plus + rule 몡 규칙   be worth ~의 가치가 있다

0188

hard

[hɑ:rd]

혱 단단한, 열심히 하는, 어려운,
힘든, 냉정한

부 열심히, 세게

hard의 기본 뜻은 '단단한'입니다. 이를테면 a hard shell(단단한 껍질), a hard rock(단단 바위) 등이 있지요. 그리고 '열심히 하는'을 뜻하기도 하는데, Leah is a hard worker.라고 하면 'Leah는 열심히 일하는 사람이다.'를 의미해요. 그밖에 a hard challenge(어려운 도전)처럼 '힘든, 어려운'을 뜻하거나 study hard (열심히 공부하다), hit hard(세게 치다)처럼 '열심히', '세게'를 뜻하기도 해요.

1 This question was too hard.

이 문제는 너무 어려웠다.

2 The wind blew hard.

바람이 세게 불었다.

Plus + question 몡 (시험 등에서의) 문제   blow 동 불다

0189

bring

[brɪŋ]

brought - brought

동 데려오다, 가져다 주다,
야기하다

bring은 주로 사람이나 물건을 어딘가로 데려오거나 가져다 주는 것을 의미합니다. 간단한 예를 살펴볼까요? Tim will bring his girlfriend to the party. 라고 하면 'Tim은 여자 친구를 파티에 데려올 것이다.'라는 뜻이고, Don't forget to bring your textbook.은 '교과서 가지고 오는 거 잊지 마.'를 의미해요. 그밖에 어떤 상황을 '가지고 온다'라는 흐름에서 '야기하다'를 뜻하기도 합니다.

1 Can you bring some coffee?

커피 좀 가져다 줄래?

2 This doll will bring us a fortune.

이 인형은 우리에게 행운을 가져다 줄 것이다.

Plus + fortune 몡 행운, 운

0190

these

[ðiːz]

- 때 이것들, 이들
- 형 이것들의, 이들의

앞서 배운 this(이 것, 이 사람) 기억하시죠? 이 this의 복수형이 바로 these입니다. 그래서 '이것들, 이들'을 뜻하며 가까운 곳에 있는 '복수'의 대상을 가리킵니다. 이를테면 These are my favorite books.라고 하면 '이것들은 내가 좋아하는 책들이다.'를 뜻하고, I love these flowers in the garden.은 '나는 정원에 있는 이 꽃들을 좋아한다.'라는 의미가 됩니다. 참고로 these는 늘 복수형 명사와 함께 쓰이는 점 잊지 마세요!

1 Look at these pictures from our vacation.
우리가 휴가에서 찍은 이 사진들을 좀 봐.

2 Shall I take these pills?
이 약들을 먹어야 합니까?

Plus + picture 명 사진　　　　　　　　pill 명 알약

0191

miss

[mɪs]

- 동 놓치다[빗나가다],
  모면하다[피하다],
  이해하지 못하다,
  그리워하다, 지나치다

miss는 기본적으로 '놓치다'를 뜻해요. 예를 들면 miss the opportunity(기회를 놓치다), miss the train(열차를 놓치다) 등이 있지요. 그리고 어떤 위험을 '놓치다'라는 흐름에서 '모면하다'를 뜻하기도 하고, 요점을 '놓치다'라는 맥락에서 '이해하지 못하다'를 의미하기도 해요. 그리고 사람을 '놓치다'라는 의미에서는 I miss Jane.(나는 Jane이 그립다.)처럼 누군가를 '그리워하다'를 뜻하기도 해요. 또는 무언가를 보지 못하고 '지나치다'라는 뜻도 나타내지요.

1 The baseball player missed the ball.
그 야구 선수는 공을 놓쳤다.

2 I will miss Jin when she moves to another city.
나는 Jin이 다른 도시로 이사가면 그리울 것이다.

Plus + move 동 (집 등을) 이사하다　　　　city 명 도시

0192

far

[fɑː(r)]

- 부 멀리, ~(만큼) 떨어져,
  훨씬, ~까지

far는 '멀리', '~(만큼) 떨어져'라는 뜻으로 주로 먼 거리를 나타낼 때 쓰입니다. The park is far from my house.라고 하면 '공원은 우리 집에서 멀리 떨어져 있다.'라는 뜻이고, How far is the school from the park?는 '학교와 공원은 얼마나 떨어져 있나요?'를 의미해요. 또한 두 대상을 비교할 때 큰 차이를 강조하기도 합니다. 예를 들어, Joe is far taller than her brother.라고 하면 'Joe는 그녀의 남동생보다 훨씬 키가 크다.'를 뜻해요.

1 How far is it from Boston to New York?
보스턴에서 뉴욕까지는 얼마나 떨어져 있습니까?

2 This drawer is far better than the old one.
이 서랍은 예전 것보다 훨씬 낫다.

Plus + drawer 명 서랍

0193

baby

[ˈbeɪbi]

명 아기, 젖먹이, (동물의 갓난) 새끼, 어린애 같은 사람

형 어린 아기의, 유아용의, 아기 같은

baby는 사람의 '아기', 동물의 '새끼' 등을 나타냅니다. 그래서 My sister had a baby.(우리 언니는 아기를 낳았다.), The baby deer is learning to walk. (새끼 사슴이 걷는 법을 배우고 있다.) 등으로 쓰일 수 있어요. 그리고 '아기'와 비슷한 흐름에서 '어린 아기의', '유아용의', '아기 같은' 등을 뜻하기도 합니다. 예를 들어, The store sells baby clothes.는 '그 가게는 유아복을 판다.'를 의미합니다.

1 The baby is starting to talk.

아기가 말을 하기 시작했다.

2 Many people are looking at the baby panda.

많은 사람들이 아기 판다를 보고 있다.

Plus + talk 통 말하다, 이야기 하다   look at ~을 보다

0194

kind

[kaɪnd]

형 친절한

명 종류, 유형

kind는 크게 두 가지 의미를 나타내는데, 우선 '친절한'을 뜻합니다. Alex was kind and gentle.은 'Alex는 친절하고 온화했다.'를 의미합니다. 그리고 kind 는 '종류, 유형'을 뜻하기도 합니다. What kind of music do you like?라고 하면 '당신은 어떤 종류의 음악을 좋아합니까?'를 의미합니다.

1 My math teacher is a kind person.

우리 수학 선생님은 친절한 분이다.

2 What kind of jobs are you interested in?

어떤 종류의 직업에 관심이 있니?

Plus + be interested in ~에 관심[흥미]가 있다

0195

sure

[ʃʊr]

형 확신하는, 확실한, 믿을 수 있는

부 확실히, 물론

sure는 일상 대화에서 자주 쓰는 단어 중 하나로 '확신하는, 확실한'을 의미합니다. 예를 들어, "Are you sure about your decision?"이라고 물으면 "네 결정에 확신하니?"라는 뜻이지요. sure는 또한 무언가에 동의하거나 어떤 요청에 대해 긍정적으로 답할 때도 쓰입니다. 예를 들어, "Can you pass me the sugar, please?(설탕 좀 건네줄래?)"라고 물을 때 "Sure, here you go."라고 답하면 "그래, 여기 있어."라는 의미입니다.

1 "Will you help me with this?" — "Sure, I will."

"이것 좀 도와줄래?" — "응, 그렇게."

2 "What's wrong with Tim?" — "I'm not really sure."

"Tim에게 무슨 문제가 있니?" — "나도 잘 모르겠어."

Plus + wrong 형 문제가 있는, (잘못된) 일이 있는

0196

toward

[tɔ́:rd, təwɔ́:rd] [tɔ́:rd|tóuəd]

전 ~쪽으로, ~을 향하여, ~에 관하여, ~가까이

형 눈앞에 닥친

toward는 '~쪽으로', '~을 향하여' 등을 뜻합니다. 그래서 toward the north (북쪽을 향해), go toward the park(공원 쪽으로 가다) 등 주로 위치나 방향을 나타내는 상황에 쓰입니다. 그리고 상황에 따라 무언가 '눈앞에 닥친' 것을 나타내기도 합니다. 참고로 toward는 towards의 형태로도 자주 쓰이니 함께 알아두세요.

1 The captain led the boat toward the port.

선장이 배를 항구 쪽으로 이끌었다.

2 We are driving toward the stadium.

우리는 경기장을 향해 운전 중이다.

Plus + lead 동 이끌다   port 명 항구
stadium 명 경기장

0197

whole

[houl]

형 전체의, 모든, 꼬박, 완전히

명 완전체, 전부

whole은 주로 '전체' 또는 '완전한' 상태를 나타냅니다. 예를 들어, Suzy ate the whole pizza by herself.라고 하면 'Suzy는 피자 한 판을 혼자서 먹었다.'라는 뜻이 되고, buy a whole set of new furniture는 '새 가구 전체 세트를 사다'를 의미합니다.

1 I spent the whole day reading.

나는 하루 종일 책만 읽었다.

2 It will last for the whole of his life.

그것은 그의 평생 동안 계속될 것이다.

Plus + last 동 (특정한 시간 동안) 계속되다

0198

front

[frʌnt]

명 앞쪽[부분], 전선, 정면[앞면]

형 앞쪽의, 정면의

동 향하다, 직면하다

front는 '앞쪽', '앞쪽의'라는 뜻입니다. front door(정문), the front of the car (차의 앞부분), the front page(1면, 앞면) 등 다양한 표현에서 쓰입니다. 이 외에도 front는 맥락에 따라 어떤 방향으로 '향하다'를 뜻합니다. The building fronts the public library.이라고 하면 '그 건물은 공공 도서관을 향하고 있다.'를 의미해요.

1 John went to the front of the line.

John은 줄의 앞쪽으로 갔다.

2 The story was on the front page of the newspaper.

그 이야기는 신문의 1면에 실렸다.

Plus + line 명 (사람들이 앞뒤로 늘어서 있는) 줄   newspaper 명 신문

0199

enough

[ɪˈnʌf]

형 충분한

부 충분히

대 충분한 양[수]

enough는 '충분한'이나 '충분히'를 뜻하며 주로 수량이나 정도, 양이 충분한 상태를 표현합니다. 예를 들어, I have enough money.는 '나는 충분한 돈이 있다.'를, That is enough.는 '그걸로 충분해.'를 뜻합니다. 또는 We have enough time to play soccer.라고 하면 '우리는 축구할 시간이 충분히 있다.'를 의미합니다.

1 I have enough toys to share with Linda.

나는 Linda와 나눌 충분한 장난감이 있다.

2 My son plays the piano well enough.

내 아들은 피아노를 제법 잘 연주한다.

Plus + share 동 (두 사람 이상이 무엇을) 나누다　　well enough 제법 (잘), 그런대로

0200

hair

[her]

명 (머리) 털, 체모(體毛), 머리카락

hair는 '털, 머리털, 머리카락' 등을 뜻합니다. 예를 들어, After swimming in the pool, Jane's hair was wet.이라고 하면 '수영 후에 Jane의 머리는 젖었다.'를 뜻합니다. 또는 The rabbit groomed its soft hair.는 '토끼는 부드러운 갈색 털을 손질했다.'를 의미하지요. 참고로 '머리를 자르다'는 get a haircut으로 표현하니 함께 알아두시면 좋겠군요.

1 Lily brushed her long, brown hair.

Lily는 그녀의 긴 갈색 머리를 빗었다.

2 Ann found a strand of hair in her soup.

Ann은 수프에서 머리카락 한 올을 발견했다.

Plus + brush 동 머리를 빗다　　strand 명 (머리카락 등의) 올[가닥]

0201

air

[er]

명 공기, 하늘[공중], 인상[느낌]

동 방송하다, 발표하다

air는 '공기'를 의미하기도 하고 '하늘'을 의미하기도 합니다. The air was fresh after the rain.이라고 하면 '비가 온 뒤라 공기가 상쾌했다.'를 의미하고, air force는 '공군'을 뜻합니다. 또한 air는 '방송하다, 발표하다'를 의미하기도 해서 The show will be aired tomorrow.는 '그 쇼는 내일 방송된다.'라는 뜻이고, on air는 '방송 중인'이라는 의미로 방송가에서 자주 쓰이는 표현입니다.

1 Let's go outside and get some fresh air.

밖에 나가서 신선한 공기를 마시자.

2 He will air the company's future plans.

그는 회사의 미래 계획을 발표할 것이다.

Plus + plan 명 계획

0202

mouth

[maʊθ]

명 입, 입같이 생긴 것[부분], 말[표현]

동 연설조로 말하다, (소리없이) 입 모양으로만 말하다

mouth는 우리 몸의 '입'을 의미하며 이와 관련된 것들을 나타냅니다. 예를 들어, Close your mouth.는 '입을 다무세요.'를 뜻하고, mouth-to-mouth는 물에 빠진 사람의 입에 직접 입을 대고 공기를 불어넣는 인공 호흡법을 의미합니다. 또한 mouth는 '입'이라는 의미가 확장하여 '연설조로 말하다', '입 모양으로만 말하다' 등을 뜻하기도 합니다.

1 The cheesecake melts in your mouth.
치즈 케이크가 입안에서 사르르 녹는다.

2 They entered the mouth of the cave.
그들은 동굴의 입구로 들어갔다.

Plus + melt 동 녹다   enter 동 들어가다
cave 명 동굴

0203

many

['meni]

형 많은[다수의]

대 다수

명 대중[대다수의 사람], 많은 것[일]

many는 '많은, 다수의'란 뜻입니다. many people(많은 사람들), many books(많은 책들), many friends(많은 친구들)처럼 수량이나 양이 '많은' 상태를 나타내요. 참고로 many는 people, books, friends처럼 셀 수 있는 명사의 복수형과 함께 쓰일 수 있어요. 그밖에 '대중'을 뜻하기도 하는데, the rights of the many라고 하면 '대중의 권리'를 뜻해요.

1 There are many books on the shelf.
책꽂이에 많은 책이 있다.

2 Many of us eat too much sugar.
많은 사람이 설탕을 너무 많이 섭취한다.

Plus + shelf 명 책꽂이   sugar 명 설탕

0204

live

[lɪv] [laɪv]

동 살다, 생존하다, (기억 등에) 남아 있다

형 살아 있는, 생방송의

부 실황으로

live의 기본 뜻은 '살다, 생존하다'입니다. 동·식물이 살아 있는 것부터 사람이 어떤 장소에 살거나 거주하는 것까지 모두 나타낼 수 있어요. 그래서 Some plants can live without water.라고 하면 '일부 식물은 물 없이도 살 수 있다.'를 뜻하고, Where do you live?라고 하면 '어디에 사세요?'를 의미합니다. 그리고 '살다'라는 의미가 확장하여 '생방송의, 실황으로' 등을 뜻하여 방송가에서 주로 쓰이기도 합니다.

1 The man lives in a cabin.
그 남자는 오두막에 살고 있다.

2 The program was a live broadcast.
그 프로그램은 생방송이었다.

Plus + cabin 명 오두막   broadcast 명 방송

0205

eat

[iːt]

ate - eaten

동 먹다, 식사를 하다

eat은 '먹다'를 뜻합니다. 음식이나 음료를 먹는 것을 모두 나타낼 수 있어요. 예를 들어, I like to eat fruits for breakfast.라고 하면 '나는 아침에 과일을 먹는 것을 좋아한다.'를 뜻하고, Let's eat dinner together.는 '우리 저녁을 함께 먹자.'를 의미해요. 영어에는 You are what you eat.이라는 속담이 있는데, 이는 당신이 무엇을 먹는지에 따라 건강과 행동이 영향을 받는다는 뜻을 담고 있습니다.

1 Jake ate steak for lunch.

Jake는 점심으로 스테이크를 먹었다.

2 Let's eat first and then go to the concert.

우선 식사를 하고 그다음에 연주회에 가자.

Plus + first 부 우선

0206

tree

[triː]

명 나무, (나무 모양으로 나타낸) 도표[계보]

tree는 잘 알다시피 기본적으로 '나무'를 의미합니다. 그래서 apple tree는 '사과나무'를 말하죠. 그밖에 나무가 가지를 치는 모습에서 의미가 확장하여 tree는 '도표, 계보'를 뜻하기도 합니다. 이를테면 a family tree(가계도)처럼 말이죠.

1 In the middle of the park, there is a large tree.

공원 한가운데에는 큰 나무 한 그루가 있다.

2 I drew a tree to explain the graph.

나는 그래프를 설명하기 위해 도표를 그렸다.

Plus + in the middle of ~의 중앙에   explain 동 설명하다

0207

sky

[skaɪ]

skied - skied

명 하늘, 창공

동 (공 등을) 하늘 높이 쳐올리다

우리가 잘 알고 있듯이 sky는 '하늘, 창공'을 뜻합니다. The sky is clear and blue today.라고 하면 '오늘 하늘은 맑고 푸르다.'라는 뜻이지요. 그밖에 sky가 동사로 사용되는 경우는 공 등을 '하늘 높이 쳐올리다'라는 의미를 나타내기도 합니다.

1 The sky is blue today.

오늘은 하늘이 파랗다.

2 The batter skied the ball to center field.

타자가 공을 중견수 쪽으로 높이 쳐올렸다.

Plus + batter 명 타자   center field 중견(수), 센터

0208

white

[waɪt]

- 형 흰색의[하얀], 백인의, 창백한, 선의의
- 명 백색, 백인, (달걀의) 흰자위, 백포도주

흔히 눈 내리는 크리스마스를 White Christmas라고 표현하지요? white가 바로 '흰색의', '백색'을 의미해요. 그리고 '흰색'이라는 의미가 확장하여 '백인의', '창백한', '(달걀의) 흰자위' 등 다양한 뜻을 나타냅니다. 예를 들어, Separate the egg white.라고 하면 '달걀 흰자를 분리하세요.'를 뜻해요.

1 White clouds are filling up the sky.

하얀 구름이 하늘을 가득 채우고 있다.

2 After hearing the news, Jim's face turned white.

그 소식을 듣고 Jim의 얼굴이 창백해졌다.

Plus + fill up (~을) 가득 채우다   turn 통 (~한 상태로) 되다

0209

speak

[spiːk]

spoke - spoken

- 통 말하다, 이야기하다, 발표하다, (어떤 언어를) 할 줄 알다

speak은 '말하다, 이야기하다, 발표하다' 등 언어를 사용하여 생각이나 감정을 표현하는 것을 나타냅니다. 예를 들어, speak louder는 '큰 소리로 말하다'를 뜻하고, speak slowly는 '천천히 말하다'를 의미해요. 그리고 '(어떤 언어를) 할 줄 알다'를 뜻하기도 하는데, Owen can speak two languages.라고 하면 'Owen은 두 가지 언어를 할 줄 안다.'를 뜻합니다.

1 I spoke to Alice about the meeting.

나는 Alice에게 모임에 대해 이야기했다.

2 Jane speaks German.

Jane은 독일어를 할 줄 안다.

Plus + meeting 명 (특별한 목적의) 모임   German 명 독일어

0210

window

[ˈwɪndoʊ]

- 명 창문, 창구, 유리창, (컴퓨터의) 창

window는 '창문, 유리창', '창구'를 의미합니다. 예를 들어, clean the windows on tall buildings.는 '높은 빌딩의 유리창을 청소하다'를 의미하고, I like to sit by the window.라고 하면 '나는 창가에 앉는 것을 좋아한다.'를 뜻해요. 그리고 우리는 흔히 컴퓨터 화면에 '창'을 띄운다고 하죠? window가 '(컴퓨터의) 창'을 의미하기도 합니다.

1 Is it okay if I open the window?

창문을 열어도 괜찮을까?

2 A girl watched him from a window.

한 소녀가 창문에서 그를 지켜보았다.

Plus + watch 통 지켜보다, 주시하다

우리말에 맞게 빈칸에 알맞은 단어를 쓰세요.

(정답은 본문을 확인하세요.)

1   Can you _____ me find my dog?

나의 강아지를 찾는 것을 도와줄 수 있니?

2   Sally bought a _____ guitar.

Sally는 새 기타를 샀다.

3   _____ the baby slept, we talked quietly.

아기가 자는 동안 우리는 조용히 이야기를 나눴다.

4   Alice will be back in a _____.

Alice는 잠시 후에 돌아올 것이다.

5   Dad reads me funny _____ every night.

아빠는 매일 밤 내게 재미있는 이야기를 읽어 주신다.

6   Maria gave me a friendly _____.

Maria는 내게 상냥한 미소를 지었다.

7   Very _____ people understand this rule.

이 규칙을 이해하는 사람은 거의 없다.

8   This question was too _____.

이 문제는 너무 어려웠다.

9   Can you _____ some coffee?

커피 좀 가져다 줄래?

10 Look at _____ pictures from our vacation.

우리가 휴가에서 찍은 이 사진들을 좀 봐.

11 The baseball player _____ the ball.

그 야구 선수는 공을 놓쳤다.

12 How _____ is it from Boston to New York?

보스턴에서 뉴욕까지는 얼마나 떨어져 있습니까?

13 The _____ is starting to talk.

아기가 말을 하기 시작했다.

14 My math teacher is a _____ person.

우리 수학 선생님은 친절한 분이다.

15 "What's wrong with Tim?" — "I'm not really _____."

"Tim에게 무슨 문제가 있니?" — "나도 잘 모르겠어."

16 The captain led the boat _____ the port.

선장이 배를 항구 쪽으로 이끌었다.

17 I spent the _____ day reading.

나는 하루 종일 책만 읽었다.

18 John went to the _____ of the line.

John은 줄의 앞쪽으로 갔다.

19 My son plays the piano well _____.

내 아들은 피아노를 제법 잘 연주한다.

20 Ann found a strand of _____ in her soup.

Ann은 수프에서 머리카락 한 올을 발견했다.

21 Let's go outside and get some fresh _____.

밖에 나가서 신선한 공기를 마시자.

22 The cheesecake melts in your _____.

치즈 케이크가 입안에서 사르르 녹는다.

23 There are _____ books on the shelf.

책꽂이에 많은 책이 있다.

24 The man _____ in a cabin.

그 남자는 오두막에 살고 있다.

25 Jake _____ steak for lunch.

Jake는 점심으로 스테이크를 먹었다.

26 In the middle of the park, there is a large _____.

공원 한가운데에는 큰 나무 한 그루가 있다.

27 The _____ is blue today.

오늘은 하늘이 파랗다.

28 _____ clouds are filling up the sky.

하얀 구름이 하늘을 가득 채우고 있다.

29 I _____ to Alice about the meeting.

나는 Alice에게 모임에 대해 이야기했다.

30 Is it okay if I open the _____?

창문을 열어도 괜찮을까?

레벨별 단어 사용 빈도

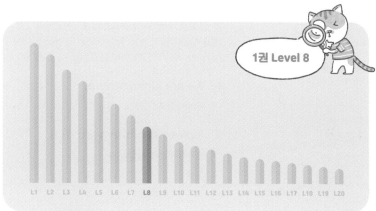

1권 Level 8

L1 L2 L3 L4 L5 L6 L7 **L8** L9 L10 L11 L12 L13 L14 L15 L16 L17 L18 L19 L20

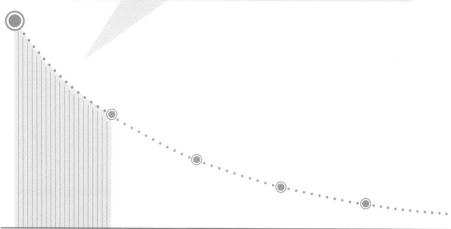

LEVEL 1~20　　LEVEL 21~40　　LEVEL 41~60　　LEVEL 61~80　　LEVEL 81~100

0211

shake

[ʃeɪk]

shook - shaken

동 흔들리다, 흔들다, 털다, 떨다[떨리다], 동요시키다

명 흔들기, 떨림, (음료) 셰이크

shake의 기본 뜻은 '흔들리다, 흔들다'입니다. 예를 들어, shake the juice before drinking it은 '마시기 전에 주스를 흔들다'를 뜻하고, 무언가 담아 흔드는 데 쓰는 용기를 shaker라고 말하지요. 그리고 '손을 잡고 흔든다'는 맥락에서 shake hands는 '악수하다'를 뜻합니다.

1 We shook hands with smiles.

우리는 웃으며 악수를 나눴다.

2 Mom gave me a shake to wake me up.

엄마는 나를 흔들어 깨웠다.

Plus + give a shake ~을 흔들다

0212

almost

[ˈɔːlmoʊst]

부 거의, 대체로, 대부분

almost는 '거의, 대체로, 대부분'을 뜻합니다. 어떤 일이나 상태가 완전히 끝나지 않았거나, 어떤 정도에 가까운 상태를 나타내지요. 그래서 almost all은 '거의 전부'를, almost everyday는 '거의 날마다'를 의미해요. 또한 올림픽 경기 중계에서 금메달이 거의 확실하다는 표현을 들어본 적 있을 텐데요, 이를 almost certain(거의 확실한)이라고 표현할 수 있습니다.

1 We are almost there.

우리는 거의 다 왔다.

2 Almost all of them are true.

거의 대부분이 사실이다.

Plus + true 형 사실인, 진짜의

0213

write

[raɪt]

wrote - written

동 쓰다, 집필하다, 기록하다

write는 주로 '쓰다, 집필하다, 기록하다' 등을 뜻하며 주로 언어적인 아이디어나 정보, 이야기 등을 기록하거나 전달하는 것을 나타냅니다. 이를테면 write a letter는 '편지를 쓰다'를 뜻하고, write a novel은 '소설을 집필하다'를 의미하지요.

1 Peter is writing a letter.

Peter는 편지를 쓰고 있다.

2 I want to write a novel about my childhood.

나는 내 어린시절에 대한 소설을 집필하고 싶다.

Plus + novel 명 소설   childhood 명 어린 시절

0214

star

[stɑː(r)]

명 별, 항성, 스타, 인기 있는 사람

형 별(모양)의, 인기 있는

star는 '별'을 뜻합니다. 예를 들어, The night sky was filled with stars.라고 하면 '밤하늘은 별로 가득 차 있었다.'를 뜻하고, I like to look at the stars in the night sky.는 '나는 밤하늘의 별을 보는 걸 좋아한다.'를 의미해요. 그리고 '별'이 하늘에서 반짝인다는 맥락에서 star는 '스타'나 '인기 있는'을 의미하기도 해요.

1   Look at the stars shining in the sky.

하늘에서 반짝이는 별들 좀 봐.

2   Emily became an overnight star.

Emily는 하룻밤 사이에 스타가 되었다.

Plus + shine 동 반짝이다   overnight 형 하룻밤 사이의, 갑작스러운

0215

win

[wɪn]

won - won

동 이기다, (이겨서) 따다[얻다]

명 승리

win은 '이기다'를 뜻합니다. win an election(선거에서 이기다), win a race (경주에서 이기다), win a war(전쟁에서 이기다) 등 다양한 표현에서 쓰일 수 있지요. 그리고 '이기다'라는 뜻이 확장되어 무언가에 이겨서 '따다'라는 의미가 나오기도 했습니다. 예를 들어, I won three gold medals.라고 하면 '나는 3개의 금메달을 땄다.'라는 뜻이 됩니다. 참고로 이렇게 이긴 '승자'를 winner라고 부르니 함께 알아 두세요.

1   Which team won?

어느 팀이 이겼어?

2   Finally, our team won the championship.

마침내 우리 팀이 우승을 차지했다.

Plus + finally 부 마침내   championship 명 우승, 우승자의 지위

0216

finger

['fɪŋgə(r)]

명 손가락, 손가락 모양의 것

동 손가락으로 만지다,
(뇌물 따위에) 손을 대다

finger는 우리 몸의 '손가락'을 의미해요. 흔히 젓가락이나 포크를 사용하지 않고 손으로 집어 먹기 좋은 음식을 finger food라고 말하죠. 또 식사 도중이나 식후에 손가락을 씻을 수 있게 물을 담아 놓은 작은 그릇을 finger bowl이라고 하기도 하고요. finger는 또한 '손가락으로 만지다', '(뇌물 등에) 손을 대다'를 뜻하기도 해요. 그래서 Jack fingered a bribe.라고 하면 'Jack은 뇌물을 받았다.'를 뜻합니다.

1   Maria used her finger to point at things.

Maria는 손가락으로 무언가를 가리켰다.

2   Henry fingered his beard.

Henry는 손가락으로 턱수염을 만졌다.

Plus + point 동 (손가락 등으로) 가리키다   beard 명 (턱)수염

0217

morning

['mɔ:rnɪŋ]

📖 아침, 오전

morning은 '아침, 오전'을 의미합니다. 그래서 early this morning은 '오늘 아침 일찍'을, go for a walk in the morning은 '아침에 산책을 가다'를 의미해요. 흔히 우리가 아침에 나누는 인사도 Good morning!이지요. 그리고 '나팔꽃'을 morning glory라고 부르는데, 이는 '나팔꽃'이 아침에 활짝 피었다 얼마 가지 않아 시드는 것에서 유래했답니다.

1 What time did you get up this morning?
오늘 아침에 몇 시에 일어났니?

2 See you tomorrow morning.
내일 오전에 보자.

Plus + get up (잠자리에서) 일어나다

0218

lot

[lɑ:t]

📖 매우[훨씬], 빈번히[종종]

📖 많음, 다수[다량], 모두[전부], 묶음[그룹], 제비뽑기, 운[운명], 몫

📖 할당하다

lot의 기본 뜻은 '많음, 다량'입니다. 그래서 I have a lot of homework to do.라고 하면 '나는 해야 할 숙제가 많다.'를 뜻해요. 그리고 Thanks a lot.(정말 고맙습니다.)처럼 lot은 '정말, 대단히'를 뜻하기도 해요. 그밖에 상황에 따라 '운', '추첨'과 관련된 뜻을 나타내거나 무언가를 '할당하다'를 의미하기도 합니다.

1 She has a lot of toys to play with.
그녀는 가지고 놀 장난감이 많다.

2 Thanks a lot for your help.
도와줘서 정말 고마워.

Plus + help 📖 도움

0219

together

[tə'geðə(r)]

📖 함께, 같이, 동시에

📖 흔들림 없는

together는 '함께, 같이'를 뜻하며 주로 두 개 이상의 사물이나 사람이 함께 있거나 연결되어 있는 상태를 나타냅니다. 예를 들어, Let's eat lunch together.라고 하면 '우리 함께 점심을 먹자.'라는 뜻이고, They worked together to finish the project.는 '그들은 프로젝트를 마치기 위해 함께 노력했다.'를 의미해요. 그리고 무언가 '함께' 있으면 안정감이 있겠죠? 여기서 '흔들림 없는'이라는 뜻이 나오기도 했습니다.

1 Ann and I grew up together.
Ann과 나는 함께 자랐다.

2 You need to pull yourself together.
너는 기운을 차려야 해.

Plus + grow up (사람이) 성장하다   pull oneself together 기운을 되찾다, 냉정해지다

0220

wall

[wɔːl]

명 담[벽], 장벽

동 벽으로 둘러싸다, 벽으로 막다

wall은 주로 '담, 벽'을 의미합니다. 예를 들어, The wall needs a fresh coat of paint.는 '그 벽은 새로 페인트칠을 해야 한다.'를 뜻해요. 그리고 wall하면 떠오르는 유명한 장벽인 Berlin Wall(베를린 장벽)이 있지요. 또한 wall은 '벽으로 둘러싸다'를 뜻해서 The city was walled up.은 '그 도시는 벽으로 막혔다.'라는 의미가 됩니다.

1 I'll hang the picture on a wall in my room.
   나는 그 그림을 내 방 벽에 걸 것이다.

2 The Berlin Wall came down in 1989.
   베를린 장벽은 1989년에 무너졌다.

Plus + hang 동 걸다　　　　　come down 무너져 내리다

0221

inside

[ˌɪnˈsaɪd]

전 ~의 안에[으로], 이내에

부 안에[으로]

명 안[쪽]

형 안의, 내부의

inside는 주로 어떤 공간이나 물체, 또는 영역의 내부를 나타냅니다. 그래서 '~안에, 안쪽, 내부의' 등을 의미해요. 예를 들어, I left my keys inside the car.라고 하면 '나는 열쇠를 차 안에 두고 왔다.'를 뜻하고, The treasure is hidden inside the cave.는 '보물은 동굴 안에 숨겨져 있다.'를 의미해요. 참고로 '바깥쪽, 외부'를 뜻하는 단어는 outside입니다. in과 out의 대비되는 그림이 그려지시죠?

1 Luna found her lost book inside the car.
   Luna는 차 안에서 잃어버린 책을 찾았다.

2 We saw the inside of the castle.
   우리는 그 성의 내부를 구경했다.

Plus + lost 형 (물건을) 잃어버린　　　　　castle 명 성

0222

kid

[kɪd]

명 아이, 새끼 염소

동 농담하다

kid는 우리가 잘 알고 있는 '아이'라는 뜻 외에 '농담하다'를 뜻하기도 합니다. 그래서 No kidding!이라고 하면 '농담이 아니야!' 또는 '정말이야!'라는 뜻이 되고, Are you kidding?이라고 물어보면 '농담하는 거죠?, 말도 안 돼.'라는 의미가 되요. 또한 맥락에 따라 '새끼 염소'를 뜻하기도 합니다. a goat with two kids라고 하면 '새끼 두 마리를 데리고 있는 염소'라는 의미가 됩니다.

1 When I was a kid, I enjoyed playing soccer.
   나는 어렸을 때 축구하는 것을 좋아했다.

2 I was just kidding!
   난 그저 농담한 거였어!

Plus + enjoy 동 즐기다　　　　　just 부 그저, 단지

Level 8

0223

both

[bouθ]

형 양쪽의, 쌍방의

대 둘 다, 양쪽

both는 '양쪽의, 둘 다'를 의미하며 두 가지 항목이나 그룹이 함께 나타나거나, 두 가지 대상이 동시에 발생하는 상황을 강조할 때 쓰여요. 그래서 Both of the books are interesting.이라고 하면 '두 책 모두 흥미롭다'라는 의미이고, Both men are Koreans.는 두 남자 모두 한국 사람이라는 뜻입니다. 참고로 both가 '둘 다'를 뜻하므로 뒤에는 주로 복수형의 명사가 온다는 점, 잊지 마세요!

1 Both my parents are engineers.

우리 부모님은 모두 기술자이다.

2 We can both ride our bikes to the park.

우리는 둘 다 자전거를 타고 공원에 갈 수 있다.

Plus + engineer 명 기술자, 수리공   ride 동 (자전거 등을) 타다

0224

friend

[frend]

명 친구[벗], 동지,
자기편[지지자]

friend는 '친구'를 뜻합니다. friend를 활용한 영어 속담 중에 A friend in need is a friend indeed.가 있는데, 이는 '어려울 때 도와주는 친구가 진정한 친구다.'라는 뜻으로 실제로 도움이 필요할 때 도와주러 오는 이가 진정한 친구라는 의미입니다. 또한 보다 넓은 범위에서 friend는 '동지, 자기편, 지지자' 등을 뜻하기도 합니다.

1 Tom is one of my best friends.

Tom은 나와 가장 친한 친구 중 한 명이다.

2 I received a thoughtful letter from my best friend.

나는 가장 친한 친구로부터 정성스러운 편지를 받았다.

Plus + receive 동 받다   thoughtful 형 마음 쓰는, 인정 있는

0225

already

[ɔːlˈredi]

부 벌써, 이미

already는 '벌써, 이미'를 뜻하며 이미 끝났거나 완료된 상태를 나타내요. 예를 들어, I already ate dinner.는 '나는 이미 저녁을 먹었다.'라는 뜻이고, Sue already read the book.은 'Sue는 벌써 그 책을 다 읽었다.'라는 의미지요. 또한 already는 어떤 행동이나 사건이 예상보다 빨리 일어난 것도 나타냅니다. 이를테면 They already left for the movie before we arrived.는 '우리가 도착하기 전에 그들은 이미 영화를 보러 갔다.'를 뜻해요.

1 I already finished my assignment.

나는 이미 과제를 다 끝냈다.

2 We're already late.

우리는 이미 늦었다.

Plus + assignment 명 과제   late 형 늦은

0226

mind

[maɪnd]

명 마음, 정신, 생각, 기억

동 염두에 두다, 신경 쓰다, 주의하다

mind는 기본적으로 '마음'을 뜻하며 이와 관련된 '정신, 생각, 기억' 등을 의미하기도 합니다. 예를 들어, peace of mind는 '마음의 평화'를 뜻하고, a creative mind는 '창의적인 생각'을 의미하지요. 또한 '마음'이라는 의미가 보다 넓은 범위로 확장하여 '염두에 두다, 신경 쓰다, 주의하다' 등을 뜻하기도 합니다. 이를테면 Never mind.라고 하면 '걱정마라, 아무것도 아니다.'라는 의미입니다.

1 Sometimes I do yoga to calm my mind.

나는 가끔 마음을 가라앉히기 위해 요가를 한다.

2 Never mind. It is not important.

신경 쓰지 마. 중요하지 않아.

Plus+ calm 동 가라앉히다　　　　important 형 중요한

0227

follow

[ˈfɑːloʊ]

동 따라가다[오다], 뒤이어 나오다, 추종하다, ~에 종사하다, 이해하다

follow의 기본 뜻은 '따라가다[오다]'입니다. 흔히 '나를 따라 와!'를 Follow me! 라고 하지요. 그리고 좀 더 넓은 의미에서 '뒤이어 나오다, 추종하다, ~에 종사하다, 이해하다' 등을 뜻하기도 해요. 예를 들어, Dessert followed the main course.는 '주 요리에 이어 디저트가 나왔다.'를 뜻하고, Sorry, I don't follow. 라고 하면 '미안한데, 나는 이해가 안 되네요.'를 의미해요.

1 Strangers followed us.

낯선 사람들이 우리를 따라왔다.

2 Follow the recipe to make cookies.

요리법에 따라 쿠키를 만들어 보아라.

Plus+ stranger 명 낯선 사람　　　　recipe 명 요리법

0228

bed

[bed]

명 침대, 잠자리, 모판, 화단, 바닥, 지층

동 (단단히) 설치하다, 잠자리를 제공하다, 쌓아 올리다

bed는 기본적으로 우리가 눕는 '침대'를 의미해요. 그래서 go to bed는 '잠자리에 들다'를, double bed는 '2인용 침대'를 뜻하지요. 그리고 '침대'라는 의미가 여러 갈래로 확장하여 bed는 '모판, 화단, 바닥' 또는 무언가를 '설치하다, 잠자리를 제공하다' 등 다양한 의미를 나타낼 수 있어요. 그래서 맥락을 정확히 파악하는 것이 중요합니다.

1 I like to lie in bed on rainy days.

나는 비 오는 날 침대에 누워있는 것을 좋아한다.

2 Wendy was tired, so she went to bed early.

Wendy는 피곤해서 일찍 잠자리에 들었다.

Plus+ lie 동 누워 있다, 눕다　　　　early 부 일찍

0229

else

[els]

🔵 또 다른, 그 밖에

🔵 그 밖의, 다른

else는 '또 다른, 그 밖에' 등을 뜻해요. 주로 다른 것을 나타내거나 선택 사항 중 다른 것을 정하는 상황에서 쓰이지요. 예를 들어, Is there anything else for your order?는 '주문하실 다른 건 없나요?'라는 뜻입니다. 또는 We don't want anything else.라고 하면 '우리는 다른 것을 원하지 않는다.'를 의미해요. 참고로 다른 대안이나 조건을 나타내는 상황에서는 or else(그렇지 않으면)의 형태로 쓰이기도 합니다.

1 Is there anything else I can eat for breakfast?
아침으로 먹을 수 있는 다른 음식이 있니?

2 Hurry up, or else you will be late.
서둘러, 그렇지 않으면 늦을 거야.

Plus + hurry up (~을) 서둘러 하다

0230

family

['fæməli]

🔵 가족, 가정, 가문, 과(科)

🔵 가족의

family는 우리가 알다시피 '가족'을 뜻해요. 그리고 가까운 친척을 포함한 '집안'이나 '가문', '가정'을 의미하기도 하지요. 그래서 I love spending time with my family.라고 하면 '나는 가족과 시간을 보내는 걸 좋아한다.'라는 뜻이 됩니다. 또한 '가족' 뿐만 아니라 동물을 분류할 때도 family를 씁니다. cat family라고 하면 '고양이과' 동물이 되는 셈이지요.

1 Most of my family lives in California.
나의 가족 대부분은 캘리포니아에 살고 있다.

2 A tiger is a member of the cat family.
호랑이는 고양이과에 속한다.

Plus + member 🔵 (특정 집단에 속하는 사람·동물·식물) 구성원

0231

heart

[hɑːrt]

🔵 심장, 마음, 가슴[흉부], 핵심, 중심부

heart의 기본 뜻은 '심장, 가슴'입니다. 그래서 have a weak heart라고 하면 '심장이 약하다'를 뜻하고, cross one's heart는 '(가슴에 십자를 긋고) 맹세하다'를 의미해요. 그리고 '심장'이 사람의 핵심이고 그 안에 '마음'이 들어있다는 맥락에서 '핵심, 마음, 중심부' 등의 의미가 나왔습니다. 예를 들면 a warm heart(따뜻한 마음), the heart of the city(그 도시의 중심부) 등이 있지요.

1 Thanks to Jerry, my heart is warm.
Jerry 덕분에 내 마음이 따뜻해졌다.

2 My heart was beating fast with fear.
내 심장은 두려움으로 빠르게 뛰었다.

Plus + thanks to ~의 덕분에   beat 🔵 (심장이) 고동치다
fear 🔵 두려움, 공포

0232

black
[blæk]

형 검은, 암흑의, 어두컴컴한

명 검은색, 어둠, 흑인

동 검게 만들다

black은 주로 '검은(색)'을 뜻합니다. 그리고 비슷한 흐름에서 '암흑의', '어두컴컴한', '검게 만들다' 등을 의미하기도 하지요. 그래서 a curly black hair(곱슬곱슬한 검은 머리), a black night(어두컴컴한 밤), a black man director(흑인 영화 감독) 등 다양한 맥락에서 쓰입니다. 또한 크림이나 우유, 설탕을 넣지 않은 커피를 black coffee라고 부르기도 해요.

1 There was a black cat under the tree.
나무 아래에 검은 고양이가 있었다.

2 Lily dyed her hair black.
Lily는 머리를 검게 염색했다.

Plus + dye 동 염색하다

0233

laugh
[læf]

동 웃다

명 웃음

HA
HA
HA

laugh는 '웃다', '웃음'을 뜻해요. 참고로 앞서 배운 smile과의 차이를 살펴보자면 smile이 방긋 미소 짓는 것을 뜻하는 반면에 laugh는 소리내어 웃는 것을 의미합니다. 그래서 laugh aloud는 '큰 소리로 웃다'를, burst into a laugh는 '웃음을 터뜨리다'를 뜻해요.

1 I burst out laughing at Tom's joke.
나는 Tom의 농담에 웃음을 터트렸다.

2 Everyone laughed at the funny scene.
재미있는 장면을 보고 모두가 웃었다.

Plus + burst out laughing 웃음을 터트리다   joke 명 농담
scene 명 장면

0234

great
[greɪt]

형 (크기가) 큰, 대단한, 위대한, 굉장한

명 위대한 인물[것]

great은 크기가 크거나 무언가 대단하고 굉장한 상황을 나타냅니다. 예를 들어, I built a great sandcastle.이라고 하면 '나는 커다란 모래성을 쌓았다.'를 뜻하고, That was a great movie.는 '그것은 정말 대단한 영화였다.'를 의미해요. 또한 중국의 만리장성을 The Great Wall이라고 부르고, 역사 속 위대한 왕 중 하나인 알렉산더 대왕을 Alexander the Great라고 부르지요.

1 I had a great day at the amusement park.
나는 놀이공원에서 굉장한 하루를 보냈다.

2 The Great Wall of China is a famous landmark.
중국의 만리장성은 유명한 랜드마크이다.

Plus + amusement park 놀이공원   landmark 명 랜드마크, 주요 지형지물

0235

light

[laɪt]

lighted/lit - lighted/lit

명 빛[광선], 불

형 밝은[환한], 가벼운,
연한[옅은]

동 불을 붙이다[켜다],
(빛을) 비추다

light는 주로 '빛, 불'이나 '밝은'을 뜻합니다. 우선 the light of the sun은 '태양의 빛'을 의미하고, turn on the light은 '불을 켜다'를 뜻합니다. 그리고 It's getting light.은 '날이 밝아온다.'를 의미합니다. 그밖에 좀 더 넓은 범위에서 light은 '가벼운', '불을 붙이다' 등을 나타내기도 합니다.

1 Can we travel at the speed of light?
우리가 빛의 속도로 이동할 수 있을까?

2 They light a fire in the fireplace on winter nights.
그들은 겨울밤에 벽난로에 불을 피운다.

Plus + speed 명 (물체의 이동) 속도   fireplace 명 벽난로

0236

real

[ˈriːəl]

형 실제의, 진짜의

부 정말

real은 주로 가상이나 허구가 아닌 실제로 존재하는 것을 나타냅니다. 그래서 '실제의, 진짜의'를 뜻하지요. 예를 들어, real life는 '실생활'을 의미하고, The toy looks like a real cat.은 '그 장난감은 진짜 고양이처럼 생겼다.'를 뜻해요. 또한 I was real happy to see you.(나는 너를 만나서 정말 반가웠어.)처럼 '정말'을 의미하기도 합니다.

1 His real name is John Smith, not Paul Jones.
그의 진짜 이름은 Paul Jones가 아니라 John Smith이다.

2 I had a real good time at the party.
나는 그 파티에서 정말 즐거운 시간을 보냈다.

Plus + have a good time 즐겁게 보내다, 좋은 시간을 갖다

0237

believe

[bɪˈliːv]

동 믿다, (사실이라고) 여기다,
~라는 의견을 갖다

believe는 '믿다'를 뜻하기도 하지만 '(사실이라고) 여기다, ~라는 의견을 갖다'를 의미하기도 합니다. 예를 들어, I believe in you.는 '난 너를 믿는다.'를 의미하고, Jack believes that Sue will come back.은 'Jack은 Sue가 돌아올 것이라고 여겼다.'를 뜻해요. 이렇게 believe는 어떤 주장이나 정보를 믿는 것을 나타낸다고 보시면 됩니다.

1 Do you really believe him?
너는 정말로 그를 믿고 있니?

2 We believe that love can change the world.
우리는 사랑이 세상을 바꿀 수 있다고 생각한다.

Plus + change 동 바꾸다, 변화시키다

0238

end

[end]

명 끝, 종료, 결말, 목적

동 끝내다, 끝나다

영화나 드라마가 끝날 때 화면에 The end라고 뜨는 걸 본 적이 있죠? end 가 바로 '끝, 종료'를 뜻합니다. 또는 '끝내다, 끝나다'를 의미하기도 해요. 시간이 나 사건, 활동, 이야기의 '끝'을 모두 나타낼 수 있습니다. 예를 들어, at the end of the month라고 하면 '이번 달 말에'라는 뜻이 되고, the end of the story 는 '그 이야기의 말미'를 의미해요. 또는 We ended the play with a dance. 는 '우리는 연극을 춤으로 끝냈다.'라는 뜻이 됩니다.

1 At the end, everyone lived happily ever after.

결국 모두가 행복하게 살았다.

2 Jackson successfully ended the project.

Jackson은 성공적으로 프로젝트를 끝냈다.

Plus + at the end 결국에는, 끝에   successfully 부 성공적으로

0239

young

[jʌŋ]

형 젊은, 어린, 청년의

동 (동물의) 새끼

young은 '젊은, 어린'을 의미합니다. 그리고 어리다는 맥락에서 '청년의', '(동물 의) 새끼'를 뜻하기도 하지요. 그래서 The young boy has strong faith.는 '그 어린 소년은 강한 믿음을 가지고 있다.'를 뜻하고, Ian has a young puppy. 는 'Ian에게는 어린 강아지가 있다.'를 의미합니다. 참고로 앞서 배운 '나이 든, 늙은'을 뜻하는 old와 young이 서로 대비되므로 함께 외워두시면 좋습니다.

1 Jimmy is a young child.

Jimmy는 어린 아이다.

2 Stella took care of her young son.

Stella는 그녀의 어린 아들을 돌보았다.

Plus + take care of ~을 돌보다

0240

table

['teɪbl]

명 탁자, 식탁, 표[목록]

동 표로 만들다,
   (논의를) 미루다[연기하다]

우리에게 외래어 '테이블'로 익숙한 table은 기본적으로 '식탁, 탁자'를 의미합 니다. round table(원형 탁자), the head of the table(식탁의 상석) 등으로 쓰일 수 있지요. 그런데 교과서 등에서 a table of contents(책의 목차)라는 말을 본 적 있으실 텐데 이때 table은 '표, 목록'을 뜻합니다. 그리고 여기서 의 미가 확장하여 '표로 만들다' 등을 의미하기도 하지요.

1 The table is made of solid wood.

그 탁자는 튼튼한 나무로 만들어졌다.

2 I made a table to show my favorite animals.

내가 좋아하는 동물을 보여주기 위해 표를 만들었다.

Plus + solid 형 튼튼한   wood 명 나무
        show 동 보여 주다

우리말에 맞게 빈칸에 알맞은 단어를 쓰세요.　　　　　　　(정답은 본문을 확인하세요.)

1 We _____ hands with smiles.　　　　　　우리는 웃으며 악수를 나눴다.

2 _____ all of them are true.　　　　　　거의 대부분이 사실이다.

3 Peter is _____ a letter.　　　　　　Peter는 편지를 쓰고 있다.

4 Look at the _____ shining in the sky.　　　　하늘에서 반짝이는 별들 좀 봐.

5 Which team _____?　　　　　　어느 팀이 이겼어?

6 Maria used her _____ to point at things.　　Maria는 손가락으로 무언가를 가리켰다.

7 What time did you get up this _____?　　　오늘 아침에 몇 시에 일어났니?

8 She has a _____ of toys to play with.　　　그녀는 가지고 놀 장난감이 많다.

9 Ann and I grew up _____.　　　　　　Ann과 나는 함께 자랐다.

10 I'll hang the picture on a _____ in my room.　나는 그 그림을 내 방 벽에 걸 것이다.

11 Luna found her lost book _____ the car.　　Luna는 차 안에서 잃어버린 책을 찾았다.

12 When I was _____, I enjoyed playing soccer.　나는 어렸을 때 축구하는 것을 좋아했다.

13 _____ my parents are engineers.　　　　우리 부모님은 모두 기술자이다.

14 Tom is one of my best _____.　　　　Tom은 나와 가장 친한 친구 중 한 명이다.

15 We're _____ late.　　　　　　우리는 이미 늦었다.

16 Never _____. It is not important.　　　신경 쓰지 마. 중요하지 않아.

17 Strangers _____ us.　　　　　　낯선 사람들이 우리를 따라왔다.

18 I like to lie in _____ on rainy days.　　나는 비 오는 날 침대에 누워있는 것을 좋아한다.

19 Hurry up, or _____ you will be late.　　서둘러, 그렇지 않으면 늦을 거야.

20 Most of my _____ lives in California.　나의 가족 대부분은 캘리포니아에 살고 있다.

21 Thanks to Jerry, my _____ is warm.　　Jerry 덕분에 내 마음이 따뜻해졌다.

22 There was a _____ cat under the tree.　나무 아래에 검은 고양이가 있었다.

23 I burst out _____ at Tom's joke.　　나는 Tom의 농담에 웃음을 터트렸다.

24 The _____ Wall of China is a famous landmark.　중국의 만리장성은 유명한 랜드마크이다.

25 Can we travel at the speed of _____?　우리가 빛의 속도로 이동할 수 있을까?

26 His _____ name is John Smith, not Paul Jones.　그의 진짜 이름은 Paul Jones가 아니라 John Smith이다.

27 Do you really _____ him?　　　　너는 정말로 그를 믿고 있니?

28 Jackson successfully _____ the project.　Jackson은 성공적으로 프로젝트를 끝냈다.

29 Jimmy is a _____ child.　　　　Jimmy는 어린 아이이다.

30 The _____ is made of solid wood.　　그 탁자는 튼튼한 나무로 만들어졌다.

Level 9

레벨별 단어 사용 빈도

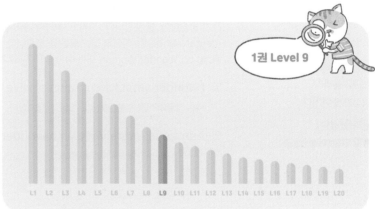

1권 Level 9

L1 L2 L3 L4 L5 L6 L7 L8 **L9** L10 L11 L12 L13 L14 L15 L16 L17 L18 L19 L20

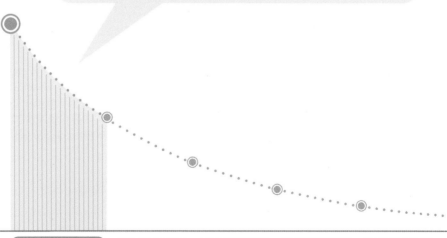

LEVEL 1~20   LEVEL 21~40   LEVEL 41~60   LEVEL 61~80   LEVEL 81~100

0241

stay

[steɪ]

- 통 머무르다, 계속 있다, 체류하다
- 명 머무름, 체류, 유예

stay는 주로 '머무르다, 계속 있다'를 의미해요. 그래서 Stay with me.는 '나와 함께 머물러요.'를 뜻하고, stay in bed는 '계속 침대 안에 있다'를, stay at home 은 '집에 머물다'를 의미합니다. 그리고 좀 더 넓은 의미로 '체류하다', '유예' 등을 뜻하기도 해요. 그러고 보니 왜 호텔 등의 이름에 stay가 들어가는지 이해가 되시죠?

1 I want to stay at the playground a little longer.
나는 좀 더 놀이터에 있고 싶다.

2 Nick planned a long stay at this hotel.
Nick은 이 호텔에서 장기간 머물 계획이었다.

Plus + playground 명 (공원의) 놀이터　　　plan 통 계획하다

0242

wonder

['wʌndə(r)]

- 통 궁금하다[해하다], (크게) 놀라다, 이상하게 여기다
- 명 놀라움[경탄], 놀랄 만한[이상한] 것

wonder는 주로 두 가지 뜻을 나타냅니다. 우선 '궁금하다, 궁금해하다'를 의미해요. 그래서 I wonder where you were.라고 하면 '나는 네가 어디에 있었는지 궁금하다.'를 뜻합니다. 그리고 '놀라다, 놀라움' 등을 의미하기도 합니다. a natural wonder는 '자연의 경이로움'을 뜻합니다. 참고로 영화 속 슈퍼 히어로 중 하나인 Wonder Woman 또한 이런 의미에서 나온 이름입니다.

1 I wonder what kind of animals live in the jungle.
나는 정글에 어떤 동물들이 살고 있는지 궁금하다.

2 Ann's eyes were wide with wonder.
Ann의 눈이 놀라움으로 동그래졌다.

Plus + kind 명 종류, 유형　　　wide 형 (눈이) 동그란[크게 뜬]

0243

catch

[kætʃ]

caught - caught

- 통 잡다[받다], 발견하다, (병에) 걸리다, 알아듣다
- 명 잡기, 자물쇠

친구와 서로 공을 주고받는 놀이를 해봤을 겁니다. 이를 play catch라 하는데 이때 catch가 '잡다, 받다'를 뜻합니다. 예를 들어, catch a butterfly는 '나비를 잡다'를, catch the bus는 '버스를 잡다'를 뜻하지요. 그리고 '잡다'라는 뜻에서 '발견하다', '(병에) 걸리다, 알아듣다', '자물쇠' 등 다양한 의미가 나오기도 했습니다. 참고로 catch up with(따라가다)라는 표현도 일상에서 자주 쓰이는 표현이므로 함께 알아두세요!

1 I'll catch up with you soon.
내가 곧 따라갈게.

2 I catch a cold every winter.
난 해마다 겨울이면 감기에 걸린다.

Plus + soon 부 곧, 머지않아　　　catch a cold 감기에 걸리다

0244

rat

[ræt]

명 쥐, 변절자

rat은 '쥐'를 뜻합니다. 흔히 '쥐'를 뜻하는 단어로 mouse를 많이 떠올릴 텐데, mouse가 '생쥐'처럼 작은 쥐를 말한다면 이보다 크고 꼬리가 긴 '쥐'를 rat이라 부릅니다. 그래서 I saw a rat in the garden.이라고 하면 '나는 정원에서 쥐를 보았다.'라는 뜻이고, My cat chased a rat.은 '우리 고양이가 쥐를 쫓았다.'를 의미하지요. 그리고 '쥐'의 이미지에서 의미가 확장하여 rat은 '변절자'를 뜻하기도 하고, rat a person out이라고 하면 '~을 배신하다'를 뜻합니다.

1 Scientists did some tests using rats.

과학자들은 쥐를 활용하여 실험을 했다.

2 Jimmy ratted out his friend.

Jimmy는 그의 친구를 배신했다.

Plus + test **명** 실험

0245

pick

[pɪk]

동 뽑다, 고르다, 쪼다[찍다], (과일 등을) 따다

명 고르기, 선택

어떤 물건을 사러 갈 때 '~의 픽(pick)!'이라는 말 많이 보셨죠? 여기서 pick이 '뽑다, 고르다'라는 뜻입니다. 그래서 pick a dress(드레스를 고르다), pick some flowers(꽃을 뽑다) 등으로 쓰일 수 있어요. 또는 make a pick from the menu (메뉴에서 고르기) 등 '고르기, 선택'을 의미하기도 합니다. 그리고 보다 넓은 의미로는 '쪼다, (과일 등을) 따다'를 뜻하기도 합니다. 이제 pick한다는 의미가 어떤 것인지 와닿으시죠?

1 I picked strawberry from seven ice cream flavors.

나는 일곱 가지 맛의 아이스크림 중에서 딸기 맛을 골랐다.

2 What is your pick for the best movie of the year?

네가 고른 올해 최고의 영화는 무엇이니?

Plus + flavor **명** 맛

0246

soon

[suːn]

부 곧, 머지않아, 빨리

친구와 "See you soon!"이라고 인사하며 헤어진 적 있죠? '곧 보자!'라는 뜻인데, soon이 바로 '곧, 머지않아'를 뜻합니다. 예를 들어, The movie will start soon.은 '영화가 곧 시작할 거야.'를 의미하고, We will know the test results soon.은 '우리는 시험 결과를 곧 알게 될 거야.'를 뜻합니다. 그리고 as soon as possible(가능한 한 빨리)처럼 soon은 '빨리'를 의미하기도 합니다.

1 Dinner will be ready soon.

저녁 식사가 곧 준비될 거야.

2 Please reply to the email as soon as possible.

이메일에 가능한 한 빨리 답장해 주십시오.

Plus + ready **형** 준비가 된   reply **동** 답장을 보내다

0247

ground

[graund]

- 명 지면[땅바닥], 토양, 배경, 기초[근거]
- 형 지면의, 기초의
- 동 근거를 두다, 기초를 가르치다, (비행기의) 이륙을 못하게 하다, [아이]를 (벌로) 외출 금지시키다

ground는 주로 '지면, 토양'을 의미합니다. 예를 들어, Alex planted flowers in the ground.라고 하면 'Alex는 땅에 꽃을 심었다.'를 뜻하고, Good crops need healthy ground.는 '좋은 작물에는 건강한 토양이 필요하다.'를 의미하죠. 그리고 '땅'이 무언가의 '기반'이라는 흐름에서 '배경, 기초' 또는 '근거를 두다, 기초를 가르치다' 등 다양한 뜻이 나오기도 했습니다.

1 The ground is wet from today's rain.
오늘 내린 비로 땅이 젖어 있다.

2 The story was grounded in Greek myth.
이 이야기는 그리스 신화를 기반으로 하고 있다.

Plus + wet 형 젖은   myth 명 신화

0248

town

[taʊn]

- 명 (소)도시, 읍, 시내

town은 '(소)도시, 읍, 시내'를 뜻합니다. 주로 집과 상점들, 학교 등이 함께 어우러져 있는 장소를 나타낸다고 보시면 됩니다. 예를 들어, We live in a small town.이라고 하면 '우리는 작은 마을에 살고 있다.'라는 뜻이고, The town was quiet on Sunday morning.은 '일요일 아침에는 시내 전체가 조용했다.'라는 의미가 됩니다.

1 We went to town to get some groceries.
우리는 식료품을 좀 사러 시내에 갔다.

2 There is a small park in our town.
우리 마을에는 작은 공원이 있다.

Plus + get 동 구하다, 마련하다   grocery 명 식료품, 잡화

0249

set

[set]

set - set

- 동 놓다, (기계 등을) 설정하다, (어떤 일이 일어나게) 하다, (배경을) 설정하다
- 명 (경기에서) 세트, 무대 장치, 집합
- 형 위치한, 고정된, 계획된

'세트'라는 외래어로 자주 쓰이는 set은 여러 개가 모인 '집합' 외에도 다양한 뜻이 있습니다. 우선 무언가를 특정한 위치에 '놓다'를 의미해요. 예컨대 I set a doll on the bed.는 '나는 인형을 침대에 놓았다.'를 뜻합니다. 그리고 흔히 무언가를 '세팅하다'라고 표현하듯이 set은 기계 등을 '설정하다'를 뜻하기도 합니다. 그밖에 어딘가에 '위치한, 고정된' 것을 나타내거나 '무대 장치' 등을 의미하기도 합니다.

1 Jamie set the phone on the table.
Jamie는 전화기를 탁자 위에 놓았다.

2 I need to set the alarm for 7 a.m.
나는 자명종이 오전 7시에 울리도록 설정해야 해.

Plus + alarm 명 자명종

0250

play

[pleɪ]

동 놀다, (놀이 등을) 하다, 연주하다, ~한 역할을 하다

명 놀이, 경기 진행, 운용

play는 잘 알다시피 '놀다'를 뜻합니다. 그래서 Children love to play with toys.라고 하면 '어린이들은 장난감으로 놀기를 좋아한다.'를 뜻하지요. 또한 어떤 놀이를 하는 것도 나타낼 수 있어요. play pirates(해적 놀이를 하다)처럼 말이죠. 그리고 play the piano, play the violin처럼 뒤에 악기가 오면 '연주하다'를 뜻하거나, play the role of the knight(기사 역할을 하다)처럼 '~한 역할을 하다'를 의미하기도 합니다.

1 Let's play board games together!

우리 함께 보드 게임 놀이를 하자!

2 Playing the piano isn't easy, but I'll do my best.

피아노를 배우는 것은 쉽지 않지만 나는 최선을 다할 것이다.

Plus + do one's best 최선을 다하다

0251

floor

[flɔː(r)]

명 바닥, (건물의) 층

동 바닥을 깔다[만들다]

floor는 주로 '바닥' 또는 '(건물의) 층'을 의미해요. 예를 들어, The cat likes to lie on the warm floor.라고 하면 '고양이는 따뜻한 바닥에 누워있기를 좋아한다.'라는 뜻입니다. 또는 Our office is on the fifth floor.라고 하면 '우리 사무실은 5층에 있다.'를 의미하지요. 그밖에 문맥에 따라 '바닥을 깔다'를 뜻하기도 합니다.

1 Mike and I sat on the floor, watching TV.

Mike와 나는 바닥에 앉아 TV를 보고 있었다.

2 The toy department is on the second floor.

장난감 매장은 2층에 있다.

Plus + department 명 (백화점의) 매장   second 형 둘째의, 제2의

0252

shoulder

['ʃoʊldə(r)]

명 어깨, 어깨 부분

동 어깨로 밀다[밀치다], 짊어지다, (어깨에) 메다

shoulder는 우리 몸의 '어깨'를 의미합니다. 예를 들어, I have a pain in my right shoulder.라고 하면 '나는 오른쪽 어깨에 통증이 있다.'를 뜻하고, Open your shoulders.는 '어깨를 활짝 펴라.'를 의미하지요. 또한 shoulder는 맥락에 따라 '어깨로 밀다, 짊어지다' 등의 뜻을 나타낼 수도 있어요. 예를 들면 Jun carried his bag on his shoulder.(Jun은 가방을 어깨에 매고 다녔다.) 등처럼 말이죠.

1 Peter looked back over his shoulder.

Peter는 어깨 너머로 돌아보았다.

2 Helen shouldered the burden.

Helen은 짐을 어깨에 멨다.

Plus + look back 돌아보다   burden 명 짐

0253

sound

[saʊnd]

명 소리

동 ~처럼 들리다, (소리가) 나다

형 믿을 만한, 철저한[정통한], 건강한, 괜찮은

sound의 기본 뜻은 '소리'로 상황에 따라 '~처럼 들리다, (소리가) 나다'를 뜻하기도 합니다. 예를 들어, The bird's song sounded beautiful.은 '새의 노래가 아름답게 들렸다.'를 뜻합니다. 그밖에 sound advice(믿을 만한 충고)처럼 '믿을 만한'이나 a sound knowledge(정통한 지식)과 같이 '정통한', 또는 '건강한, 괜찮은' 등을 뜻하기도 하죠. sound의 의미도 참 다양하죠?

1 The sound of waves is so relaxing.
파도 소리가 너무 편하다.

2 That sounds like a good idea.
좋은 생각인 것 같아.

 Plus + wave 명 파도   relaxing 형 편한

0254

road

[roʊd]

명 도로, 길

요즘 road map이라는 말을 흔히 들을 수 있습니다. '도로 지도' 또는 어떤 일이나 계획 등을 일목요연하게 정리한 것을 말하는데, 이때 road가 바로 '도로, 길'을 뜻합니다. 우리가 지나는 '도로'일 수도 있고 가야 할 '길'이 될 수도 있지요. 그래서 We rode a bike along the road.는 '우리는 길을 따라 자전거를 탔다.'를 의미하고, the road to success는 '성공에 이르는 길'을 뜻합니다.

1 The road was long and winding.
그 도로는 길고 구불구불했다.

2 Be careful when you cross the road.
길을 건널 때 조심해.

 Plus + winding 형 구불구불한   cross 동 (길 등을) 횡단하다, 건너다

0255

part

[pɑːrt]

명 부분, 약간, 구성원

동 갈라지다, 가르다[벌리다]

part는 주로 '부분, 약간'을 의미합니다. 예를 들면 a part of Europe(유럽의 일부분), the part of the novel(그 소설의 일부) 등이 있어요. 그리고 회사와 같은 조직의 '부분'이라는 흐름에서 '구성원'을 뜻하기도 합니다. 또한 흔하지는 않지만 '갈라지다, 가르다, 벌리다'를 뜻하기도 해요. 이를테면 part the curtains는 '커튼을 벌리다'라는 뜻이 됩니다.

1 I colored this part of the coloring book with crayons.
나는 크레용으로 그림책의 이 부분을 색칠했다.

2 Alex parted his hair with a comb.
Alex는 빗으로 머리에 가르마를 냈다.

Plus + color 동 ~에 색칠하다   comb 명 빗

0256

whisper

[ˈwɪspə(r)]

ⓢ 속삭이다, 숙덕대다

ⓜ 속삭임, 소문, 힌트[암시], 아주 적은 양

whisper는 주로 소리를 조용하게 내거나 속삭이듯이 말하는 것을 나타냅니다. 예를 들어, Jin spoke in a gentle whisper.라고 하면 'Jin은 나지막하게 속삭여 말했다.'를 뜻하고, They whispered to each other in the crowded room.은 '그들은 사람들로 가득 찬 방에서 속삭였다.'를 의미하지요. 그밖에 상황에 따라 '소문', '힌트', '아주 적은 양' 등을 뜻하기도 합니다.

1 "I think something is wrong," Jack whispered.

"뭔가 잘못된 것 같아." Jack이 속삭였다.

2 Listen to the whisper of the leaves in the forest.

숲속 나뭇잎의 속삭임에 귀를 기울여 봐.

Plus+ listen to 귀를 기울이다   forest ⓜ 숲

0257

die

[daɪ]

ⓢ 죽다[사망하다], 사라지다

ⓜ (동전이나 도안 등을 찍어낼 때 쓰는) 금형

Welldying이라는 말 들어보셨나요? 품위 있고 존엄하게 생을 마감하는 것을 말합니다. 여기서 die가 '죽다'를 뜻합니다. Many people die of old age.(많은 사람들이 노화로 죽는다.)처럼 일반적인 죽음을 뜻하거나 die of cancer(암으로 사망하다)처럼 병이나 사고로 인한 사망을 나타내지요. 그리고 독특하게 동전이나 도안을 찍어낼 때 쓰는 '금형'을 뜻하기도 합니다.

1 He died after a long battle with the illness.

그는 오랜 투병 끝에 세상을 떠났다.

2 Hopes of finding survivors began to die.

생존자를 찾겠다는 희망이 사라지기 시작했다.

Plus+ illness ⓜ 병   survivor ⓜ 생존자

0258

love

[lʌv]

ⓜ 사랑, 애정

ⓢ 사랑하다, 좋아하다

"I love you.(너를 사랑해.)"라는 말 참 자주 쓰죠? love는 잘 알고 있듯이 '사랑하다', '사랑'을 뜻합니다. 가족 간의 사랑부터 남녀 간의 사랑까지 광범위한 '사랑'을 나타낼 수 있습니다. 그래서인지 〈러브 액츄얼리Love Actually〉, 〈러브레터Love Letter〉, 〈All You Need Is Love〉처럼 love를 활용한 영화나 노래 제목은 정말 많습니다.

1 Ann and I love each other.

Ann과 나는 서로 사랑한다.

2 "I love your dad so much," Mom said.

"나는 네 아빠를 아주 많이 사랑한단다." 엄마가 말했다.

Plus+ each other 서로

0259

grow

[groʊ]

grew - grown

통 자라다, 커지다[증가하다], 발달하다

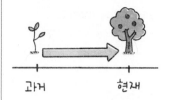

과거　　　　　현재

grow의 기본 뜻은 '자라다'입니다. 그래서 Plants need water to grow.라고 하면 '식물은 성장하기 위해 물이 필요하다.'라는 뜻이고, grow up이라고 하면 '(사람이) 성장하다'를 의미하지요. 또한 home grown이라고 하면 '집에서 기른[재배한]'을 뜻합니다. 그밖에 '자라다'라는 뜻에서 '커지다', '발달하다'라는 의미로 확장하여 해석할 수도 있어요.

1 The tree grew rapidly in just a few weeks.
불과 몇 주 만에 그 나무는 빠르게 자랐다.

2 Mike grew up in the San Francisco area.
Mike는 샌프란시스코 지역에서 성장했다.

Plus + rapidly **부** 빠르게　　　　　area **명** 지역

0260

between

[bɪˈtwiːn]

전 사이에, 중간에

부 그 사이에

between은 주로 위치나 시간, 수량 또는 두 대상 간의 관계를 나타냅니다. 예를 들어, The cat is between the two boxes.라고 하면 '고양이는 두 상자 사이에 있다.'를 뜻하고, choose between the red and blue는 '빨간색과 파란색 중에서 고르다'를 의미합니다. 참고로 between은 between A and B 형태로 많이 쓰여요. 예를 들어, between you and me는 '너와 나 사이에'라는 뜻이지요.

1 The store will be closed between Christmas and New Year's.
그 가게는 크리스마스와 새해 사이에 문을 닫을 것이다.

2 The park is located between two buildings.
공원은 두 건물 사이에 위치해 있다.

Plus + close **동** (일시적으로 상점 등의) 문을 닫다　　　　　locate **동** (특정 위치에) 두다

0261

paper

[ˈpeɪpə(r)]

명 종이, 문서[증서], 서류, 신문, 논문

형 종이의

동 벽지를 바르다

paper의 기본 의미는 '종이'입니다. 그리고 여기서 의미가 확장하여 '문서, 서류, 신문, 논문' 등을 뜻하기도 하지요. 그래서 a piece of paper(종이 한 장)부터 a daily paper(일간지), identification papers(신분증명서) 등 다양한 맥락에서 쓰일 수 있어요. 또한 '종이'라는 의미에서 '종이의', '벽지를 바르다'와 같은 뜻이 나오기도 했습니다.

1 Write your names on this piece of paper.
이 종이에 이름을 쓰십시오.

2 I saw this news in this morning's paper.
나는 오늘 아침 신문에서 이 소식을 보았다.

Plus + write **동** (글자 등을) 쓰다　　　　　news **명** (신문 등에 나오는) 소식, 뉴스

0262

sister

[ˈsɪstə(r)]

몡 여자 형제, 누나[언니], 여동생, 수녀

sister는 '여자 형제'를 뜻해요. 형제 관계에 따라 '누나, 언니'가 될 수도 있고 '여동생'이 될 수도 있지요. 그래서 My sister and I like to play at the park.는 '언니와 나는 공원에서 노는 것을 좋아한다.'를 의미하고, My little sister is studying.은 '내 여동생은 공부 중이다.'를 뜻해요. 그리고 종교적인 맥락에서 sister는 '수녀'를 의미하기도 합니다. 예를 들어, Sister Agnes라고 하면 '수녀 아그네스'를 칭하는 말이 됩니다.

1 Amy and Liz are sisters.
Amy와 Liz는 자매이다.

2 Sister, will you help me understand this Bible story?
수녀님, 성경 이야기를 이해할 수 있게 도와주시겠습니까?

Plus + understand 통 이해하다   Bible 몡 성경, 성서

0263

minute

[ˈmɪnɪt] [maɪˈnuːt]

몡 (시간 단위의) 분, 순간[잠깐]
혱 급조한[속성의], 상세한, 극히 작은
통 회의록을 작성하다

minute은 시간의 단위 중 하나로 '분'을 뜻합니다. 줄여서 min으로 표기하기도 합니다. a minute이라고 하면 '1분'을, 60 minutes는 '1시간'을 의미합니다. 또는 The meeting will start in ten minutes.라고 하면 '회의는 10분 후에 시작될 것이다.'를 의미하지요. 그리고 '분'이라는 시간이 짧다는 점에서 '순간', '급조한' 등의 의미가 파생되기도 했습니다. 그래서 Wait a minute, I'll be back. 이라고 하면 '잠시만 기다려, 금방 올게.'를 뜻해요.

1 We have a five-minute break.
우리에게는 5분의 휴식 시간이 있어.

2 Bacteria are minute creatures.
박테리아는 미세한 생물체이다.

Plus + break 몡 (일 등의) 휴식 시간   creature 몡 생물

0264

since

[sɪns]

젠 ~부터[이후]
젭 ~이므로, ~이래
뷔 그 이후로

유명한 맛집 간판에 since 1964처럼 년도가 적혀있는 걸 본 적 있을 겁니다. '1964년부터' 상점을 열었다는 의미로 since가 '~이래로, ~부터'를 뜻합니다. 예를 들어, We've been friends since childhood.는 '우리는 어린 시절부터 친구다.'를 의미하고, I have known Sam since 2022.는 '나는 2022년부터 Sam을 알고 있다.'를 뜻합니다. 또한 맥락에 따라 since는 이유나 원인을 나타내는데, 이때 since는 because와 비슷하다고 보시면 됩니다.

1 We haven't won a game since last year.
우리는 작년부터 한 경기도 이기지 못했다.

2 Since it's raining, we'll have our picnic indoors.
비가 오기 때문에 실내에서 소풍을 진행할 것이다.

Plus + indoors 뷔 실내에서, 실내

0265

stone

[stoʊn]

명 돌, 석재

형 돌[석조]의

stone은 '돌, 석재'를 뜻합니다. 예를 들면 The stone was heavy.(그 돌은 무거웠다.)부터 I found a shiny stone at the beach.(나는 해변에서 반짝이는 돌을 발견했다.) 등이 있지요. 그리고 보석의 원석을 gemstone 또는 precious stone이라고 부릅니다. 말 그대로 '귀중한 돌'이라는 뜻이죠. 참고로 우리가 즐겨 먹는 '돌솥밥'을 영어로는 Hot Stone Pot Rice라고 부른답니다.

1 The boy threw stones into the pond.

한 소년이 연못에 돌을 던졌다.

2 A pyramid is a stone building.

피라미드는 석조 건축물이다.

Plus + throw 통 던지다   pond 명 연못
building 명 건축물

0266

bit

[bɪt]

명 조금[약간], 부분,
(단위) 비트

bit는 '조금, 약간', '부분'을 의미합니다. 주로 a (little) bit의 형태로 자주 쓰입니다. 예를 들어, I'm feeling a bit tired.라고 하면 '나는 조금 피곤하다.'를 뜻하고, This shirt is a little bit big for me.는 '이 셔츠는 내게 좀 크다.'를 의미합니다. 그리고 bit는 컴퓨터과학 및 정보 이론에서 쓰이는 가장 기본적인 단위로써 이진수 체계에서 정보를 표현할 때 쓰이기도 합니다.

1 Harry ate a bit of fruit for breakfast.

Harry는 아침으로 과일을 조금 먹었다.

2 I feel a little bit blue today.

나는 오늘 기분이 좀 우울하다.

Plus + blue 형 우울한

0267

chapter

[ˈtʃæptə(r)]

명 (책의) 장(章),
(역사상의 중요한) 시기[구획]

우리에게 '챕터'라는 외래어로 익숙한 chapter는 '(책의) 장'을 뜻해요. 그래서 chapter로 구분된 책을 chapter book이라고 부르기도 합니다. 주로 책 전체를 처음부터 읽기 힘든 7~10세 정도의 아이들을 위해 여러 장(chapter)으로 구분하여 만든 책이지요. 그리고 구분된 '장'이라는 뜻에서 '(역사상의 중요한) 시기'라는 뜻이 나오기도 했어요.

1 Read Chapter 10 before class tomorrow.

내일 수업 전에 10장을 읽어 와라.

2 The war is now entering its final chapter.

그 전쟁은 이제 마지막 시기에 접어들었다.

Plus + war 명 전쟁   enter 통 (상황 등에) 접어들다
final 형 마지막의

0268

cry

[kraɪ]

cried - cried

통 울다[울부짖다], 외치다

명 고함[외침], 울부짖는 소리

cry는 '울다, 울부짖다'를 뜻해요. 사람이나 동물이 우는 것을 모두 나타낼 수 있어요. 예를 들어, Babies cry when they are hungry.는 '아기들은 배가 고프면 운다.'를 의미하고, Don't cry for me.는 '나를 위해 울지 말아요.'를 뜻하지요. 그리고 '울부짖다'라는 의미에서 '외치다', '고함, 울부짖는 소리' 등의 뜻이 나오기도 했어요.

1 Tim was crying with his hand stuck in a jar of candy.

Tim은 사탕이 담긴 병에 손이 끼어 울고 있었다.

2 We heard the cry of an animal in the distance.

우리는 저 멀리서 동물이 울부짖는 소리를 들었다.

Plus + stuck 형 (~에 빠져) 움직일 수 없는   in the distance 저 멀리, 먼 곳에서

0269

course

[kɔːrs]

명 과목, 과정, 항로, 흐름

course는 다양한 뜻을 나타내는 단어 중 하나입니다. 주로 '과목, 과정, 항로'를 의미합니다. 예를 들면 take a history course(역사 과목을 수강하다), a winding course(구불구불한 길), be off course(항로를 벗어나다) 등이 있지요. 또한 The hurricane changed its course.(허리케인의 흐름이 바뀌었다.)처럼 course는 어떤 '흐름'을 뜻하기도 합니다.

1 Jane took a French course at university.

Jane은 대학에서 프랑스어 과목을 수강하고 있다.

2 The airplane's course was changed due to the storm.

폭풍으로 인해 비행기의 항로가 바뀌었다.

Plus + take 통 (학교에서 특정 과목을) 수강하다   due to ~때문에
storm 명 폭풍

0270

city

['sɪti]

명 도시, 시

city는 우리가 사는 '도시'를 의미합니다. 그래서 city hall은 '시청'을 뜻하고, a capital city는 '수도'를 의미하지요. 또 '서울시'는 city of Seoul이라고 말할 수 있어요. 참고로 '시민'을 뜻하는 단어는 citizen입니다. city와 함께 연결해서 외워 두시면 좋겠군요.

1 Gyeongju is one of the most beautiful cities in Korea.

경주는 한국에서 가장 멋진 도시 중 하나이다.

2 Jackson works at city hall.

Jackson은 시청에서 일한다.

Plus + beautiful 형 멋진, 훌륭한

우리말에 맞게 빈칸에 알맞은 단어를 쓰세요.　　　　　　(정답은 본문을 확인하세요.)

1　I want to _____ at the playground a little longer.　　나는 좀 더 놀이터에 있고 싶다.

2　Ann's eyes were wide with _____.　　Ann의 눈이 놀라움으로 동그래졌다.

3　I _____ a cold every winter.　　난 해마다 겨울이면 감기에 걸린다.

4　Scientists did some tests using _____.　　과학자들은 쥐를 활용하여 실험을 했다.

5　I _____ strawberry from seven ice cream flavors.　　나는 일곱 가지 맛의 아이스크림 중에서 딸기 맛을 골랐다.

6　Dinner will be ready _____.　　저녁 식사가 곧 준비될 거야.

7　The _____ is wet from today's rain.　　오늘 내린 비로 땅이 젖어 있다.

8　We went to _____ to get some groceries.　　우리는 식료품을 좀 사러 시내에 갔다.

9　Jamie _____ the phone on the table.　　Jamie는 전화기를 탁자 위에 놓았다.

10　Let's _____ board games together!　　우리 함께 보드 게임 놀이를 하자!

11　Mike and I sat on the _____, watching TV.　　Mike와 나는 바닥에 앉아 TV를 보고 있었다.

12　Peter looked back over his _____.　　Peter는 어깨 너머로 돌아보았다.

13　The _____ of waves is so relaxing.　　파도 소리가 너무 편하다.

14　The _____ was long and winding.　　그 도로는 길고 구불구불했다.

15　Alex _____ his hair with a comb.　　Alex는 빗으로 머리에 가르마를 냈다.

16　Listen to the _____ of the leaves in the forest.　　숲속 나뭇잎의 속삭임에 귀를 기울여 봐.

17　He _____ after a long battle with the illness.　　그는 오랜 투병 끝에 세상을 떠났다.

18　Ann and I _____ each other.　　Ann과 나는 서로 사랑한다.

19　The tree _____ rapidly in just a few weeks.　　불과 몇 주 만에 그 나무는 빠르게 자랐다.

20　The park is located _____ two buildings.　　공원은 두 건물 사이에 위치해 있다.

21　Write your names on this piece of _____.　　이 종이에 이름을 쓰십시오.

22　Amy and Liz are _____.　　Amy와 Liz는 자매이다.

23　Bacteria are _____ creatures.　　박테리아는 미세한 생물체이다.

24　We haven't won a game _____ last year.　　우리는 작년부터 한 경기도 이기지 못했다.

25　A pyramid is a _____ building.　　피라미드는 석조 건축물이다.

26　Harry ate a _____ of fruit for breakfast.　　Harry는 아침으로 과일을 조금 먹었다.

27　Read _____ 10 before class tomorrow.　　내일 수업 전에 10장을 읽어 와라.

28　We heard the _____ of an animal in the distance.　　우리는 저 멀리서 동물이 울부짖는 소리를 들었다.

29　Jane took a French _____ at university.　　Jane은 대학에서 프랑스어 과목을 수강하고 있다.

30　Jackson works at _____ hall.　　Jackson은 시청에서 일한다.

Level 10

레벨별 단어 사용 빈도

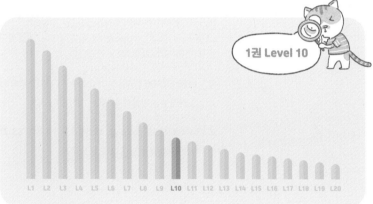

1권 Level 10

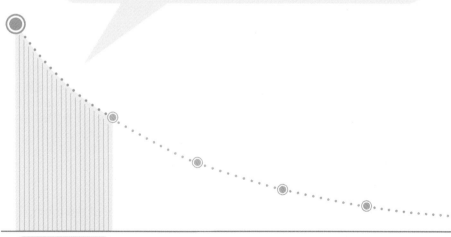

LEVEL 1~20   LEVEL 21~40   LEVEL 41~60   LEVEL 61~80   LEVEL 81~100

0271

fire

[ˈfaɪə(r)]

명 불, 화재, 발사[총격]

동 발사[발포]하다, 해고하다

fire의 기본 뜻은 '불, 화재'입니다. 그래서 firefighter는 '소방관'을 의미하고, put out a fire는 '불을 끄다'를 뜻합니다. 그리고 '불'을 뿜는다는 맥락에서 '발사', '발사[발포]하다'를 의미하기도 합니다. 또한 독특하게 '해고하다'를 뜻하기도 합니다. 이는 아마 과거에 고용 계약을 종료할 때 계약서를 불태우던 행동에서 유래된 뜻으로 추정됩니다.

1 Two people died in a fire last night.

지난밤 화재로 2명이 사망했다.

2 The man fired the gun into the air.

그 남자는 허공에 총을 발사했다.

Plus + gun 명 총   air 명 허공, 공중

0272

street

[striːt]

명 거리, 도로

street는 '거리, 도로'를 뜻합니다. 예를 들어, main street는 '시내 중심가'를 뜻하고, across the street는 '길 건너에'를 의미하지요. 참고로 앞서 배운 road (길)와 street에 차이를 꼽아보자면, street가 주로 도시나 마을 안에 있는 '거리'를 나타낸다면, road는 더 일반적이고 포괄적인 '도로'를 나타내며 도시와 농촌 지역을 모두 포함할 수 있습니다.

1 The street was crowded with people.

그 거리는 사람들로 붐볐다.

2 Look both ways when you cross the street.

길을 건널 때는 양쪽을 모두 살펴라.

Plus + crowded 형 (사람들이) 붐비는   cross 동 (가로질러) 건너다

0273

step

[step]

명 걸음, 보폭, 단계, 계단

동 (발을) 들여놓다[내딛다]

step by step이라는 말 들어보셨나요? '한 걸음 한 걸음'이라는 뜻으로 어떤 작업이나 과정을 하나씩 차례대로 따라가며 진행하는 것을 나타냅니다. 여기서 step이 '걸음, 보폭'을 의미합니다. 그래서 take a step이라고 하면 '걸음을 떼다'를 뜻하죠. 그리고 이런 '걸음'이라는 의미가 확장하여 '단계', '계단'을 뜻하기도 하고, 어딘가에 '(발을) 들여놓다'를 의미하기도 합니다.

1 Ann took one step forward.

Ann은 한 걸음 앞으로 나아갔다.

2 I stepped to the other side of the room.

나는 방의 반대편으로 발걸음을 옮겼다.

Plus + forward 부 (위치가) 앞으로

0274

throw

[θroʊ]

threw - thrown

동 던지다, 투척하다,
내몰다[빠뜨리다]

명 던지기

throw는 '던지다, 내몰다'를 뜻합니다. 물건을 던지는 것부터 누군가를 어떤 상태로 내몰거나 빠뜨리는 것까지 모두 나타냅니다. throw를 활용한 재미있는 표현이 하나 있는데 바로 throw in the towel입니다. '수건을 던지다'라는 뜻으로 복싱 경기에서 상대가 더 이상 경기를 이어갈 의사가 없다고 선언하고 수건을 던지는 모습에서 비롯되었답니다. 주로 어떤 일에 실패했을 때 더 이상 노력하지 않고 포기하는 것을 나타냅니다.

1 Thomas threw a stone at the car.

Thomas는 차에 돌을 던졌다.

2 Don't throw paper in the classroom.

교실에서 종이를 던지지 마라.

Plus + stone 명 돌

0275

brother

[ˈbrʌðə(r)]

명 형제, 형제 같은 사람[동료],
형, 오빠, 남동생

앞서 배운 sister가 '여자 형제'를 뜻한다면 brother는 '형, 오빠'나 '남동생'과 같은 '남자 형제'를 뜻해요. 또는 같은 단체에 속해 있거나 뜻을 함께하는 '형제 같은 사람'을 의미하기도 합니다. 그래서 Let's work together, brothers!라고 하면 '형제들이여, 함께 힘을 합치자!'라는 뜻이 됩니다.

1 Judy has three brothers and a sister.

Judy는 세 명의 오빠와 언니 한 명이 있다.

2 We treat each other like brothers.

우리는 서로를 형제처럼 대한다.

Plus + treat 동 (특정한 태도로) 대하다   like 전 ~처럼

0276

nod

[nɑ:d]

동 (고개를) 끄덕이다,
끄덕하고 인사하다,
(꾸벅꾸벅) 졸다,
흔들리다[나부끼다]

명 끄덕임, 꾸벅임, 흔들림

nod는 주로 '고개를 끄덕이다', '끄덕임'을 뜻합니다. 우리는 언제 고개를 끄덕일까요? 아마 동의나 허락의 표시를 나타낼 때, 인사할 때, 또는 졸릴 때 모두 해당되겠지요. 예를 들면 Sally sits nodding in front of the TV.라고 하면 'Sally는 TV 앞에서 졸면서 앉아 있다.'를 뜻해요. 그밖에 nod는 무언가에 '흔들리는' 것도 나타낼 수 있어요.

1 She nodded and said hello.

그녀는 고개를 끄덕이며 인사했다.

2 Joe nodded off during the class.

Joe는 수업 중에 깜빡 졸았다.

Plus + nod off (의자에 앉아) 깜빡 졸다

0277

kitchen

[ˈkɪtʃɪn]

⑱ 부엌, 주방

⑲ 부엌의

kitchen은 주로 음식을 준비하고 조리하는 공간인 '부엌, 주방'을 뜻합니다. 그래서 kitchen table은 '식탁'을 의미하고, kitchen towel은 '주방용 휴지'를 가리킵니다. 또는 We baked some bread in the kitchen.은 '우리는 부엌에서 빵을 구웠다.'를 뜻합니다.

1 There are many different cooking tools in the kitchen.

주방에는 여러 가지의 조리 도구가 있다.

2 Liz went into the kitchen to make some tea.

Liz는 차를 끓이러 주방으로 들어갔다.

Plus + different ⑲ 여러 가지의, 각각 다른　　　　　tool ⑱ 도구
go into ~에 들어가다

0278

money

[ˈmʌni]

⑱ 돈, 재산

money는 '돈, 재산'을 의미해요. save money(돈을 저축하다), earn money(돈을 벌다), change money(환전하다) 등 '돈'과 관련된 다양한 상황에서 쓰입니다. money를 활용한 속담 중 Money makes the world go round.가 있는데, 이는 쉽게 말해 '돈만 있으면 세상에 못 할 일이 없다.'입니다.

1 I put money in my piggy bank every week.

나는 매주 돼지 저금통에 돈을 넣는다.

2 Some people think that money is everything.

어떤 사람들은 돈이 전부라고 생각한다.

Plus + piggy bank 돼지 저금통　　　　　everything ㉓ 모든 것, 모두

0279

high

[haɪ]

⑲ 높은, 고귀한,
(가격 등이) 비싼

⑱ 최고, 도취감

⑳ 높은 곳에

high의 기본 뜻은 '높은'입니다. 그래서 How high is the mountain?이라고 하면 '그 산은 얼마나 높아?'라는 뜻이 되지요. 그리고 '높은'이라는 뜻이 확장하여 물건의 '(가격 등이) 비싼' 것을 의미하기도 하고, '고귀한' 대상을 나타내거나 '최고'를 뜻하기도 합니다. 예를 들어, a high price는 '비싼 값'을, a man of high birth는 '고귀한 집안 출신'을 의미해요.

1 The colorful kite flew high up in the sky.

알록달록한 연이 하늘 높이 날아올랐다.

2 The hat is so cool, but it was too high for me.

그 모자는 정말 멋졌지만 내게는 너무 비쌌다.

Plus + kite ⑱ 연　　　　　cool ⑲ 멋진, 끝내주는

0280

breath

[breθ]

명 숨[호흡], 한 번의 호흡,
산들거림[가벼운 바람],
기미[티], 입김

breath의 기본 의미는 '숨, 호흡'입니다. 예를 들어, take a deep breath는 '깊게 숨을 들이쉬다'를 의미하고, hold one's breath는 '숨을 참다'를 뜻해요. 그리고 맥락에 따라 '한 번의 호흡', '입김' 등으로 해석되기도 합니다. 또한 I felt a cool breath of wind.(나는 시원한 바람을 느꼈다.)처럼 breath는 '산들거림, 가벼운 바람'을 뜻하기도 해요.

1 I sat still and took a deep breath.

나는 가만히 앉아 숨을 깊게 들이쉬었다.

2 It was so cold outside I could see my breath.

밖이 너무 추워서 입김이 보일 정도였다.

Plus + still 형 정지한, 움직이지 않는   outside 명 (건물 등의) 밖, 바깥

0281

listen

['lɪsn]

동 듣다, 경청하다

명 듣기

listen은 '듣다, 경청하다'를 뜻합니다. 예를 들어, listen to music은 '음악을 듣다'를 뜻하고, Listen to what I'm saying, please.는 '내 말 좀 들어주세요.'를 의미합니다. 참고로 '듣다'를 뜻하는 다른 단어로 hear가 있습니다. hear가 의도하지 않아도 주변에서 발생하는 소리를 인지하거나 듣는 것을 의미한다면, listen은 의도적으로 다른 사람의 말이나 음악, 소리 등을 주의를 기울여 듣는 것을 뜻해요.

1 John listened to what Sally said.

John은 Sally의 말에 귀를 기울였다.

2 I listened to the raindrops hit the window.

나는 창문에 떨어지는 빗방울 소리를 들었다.

Plus + raindrop 명 빗방울

0282

dead

[ded]

형 죽은, 생명이 없는, 무기력한,
더 이상 사용할 수 없는,
케케묵은[인기가 없는]

부 완전히

명 죽은 사람

dead는 기본적으로 '죽은, 생명이 없는'을 뜻해요. a dead bird(죽은 새), dead body(사체)처럼 생물학적인 '죽음'을 나타내기도 하고, dead silence(죽은 듯한 침묵), dead battery(수명이 다한 건전지)처럼 비유적인 의미의 '죽음'을 표현하기도 합니다. 또는 맥락에 따라 '무기력한', '케케묵은'을 의미하기도 하지요.

1 The flowers in the garden are dead.

정원의 꽃들이 죽어버렸다.

2 I think the batteries are dead.

내 생각엔 건전지가 다 된 것 같다.

Plus + garden 명 정원   battery 명 건전지

0283

bird

[bɜːrd]

명 새

영어에는 bird를 활용한 속담이 많습니다. 그 중 하나가 The early bird catches the worm.입니다. '일찍 일어나는 새가 벌레를 잡는다.'라는 뜻으로 일찍 시작하고 빠르게 행동하는 사람이 성공한다는 말이지요. 또한 Kill two birds with one stone.이라는 속담도 있습니다. '한 방에 두 마리의 새를 잡다.'라는 뜻으로 한 가지 행동으로 두 가지 목적을 달성하는 것을 의미합니다.

1 Most birds lay their eggs in the spring.

대부분의 새는 봄에 알을 낳는다.

2 A bird in the hand is worth two in the bush.

손에 있는 새 한마리가 덤불 속 두 마리보다 가치있다.

Plus + lay 동 (새 등이) (알을) 낳다　　　　worth 형 ~의 가치가 있는
bush 명 덤불

0284

idea

[aɪˈdiːə]

명 발상, 생각, 관념, 의견

우리는 흔히 좋은 생각이 떠올랐을 때 '나한테 좋은 아이디어가 있어!'라고 말하곤 합니다. 이렇게 외래어 '아이디어'로 익숙한 idea는 '발상, 생각, 관념, 의견'을 뜻합니다. 한마디로 '어떤 일에 대한 구상'을 나타내지요. 예를 들어, That sounds like a good idea!는 '그거 좋은 생각인 것 같아!'를 뜻하고, The idea was brilliant.는 '그 의견은 정말 훌륭했다.'를 의미해요.

1 "Let's go swimming." — "That's a good idea!"

"수영하러 가자." — "좋은 생각이야!"

2 Let's share our ideas for the school festival.

학교 축제를 위한 의견을 나눠보자.

Plus + share 동 나누다, 공유하다　　　　festival 명 축제

0285

become

[bɪˈkʌm]

became - become

동 ~이 되다,
　~에 어울리다[알맞다]

become은 '~이 되다'라는 뜻입니다. 주로 어떤 상태나 특성, 직업 또는 상황으로 변하거나 전환되는 의미를 나타냅니다. 예를 들면 become a doctor(의사가 되다), dreams become reality(꿈이 현실이 되다) 등이 있습니다. 또한 become은 '~에 어울리다'를 뜻하기도 하는데, Long hair becomes Lily.라고 하면 '긴 머리는 Lily에게 어울린다.'라는 뜻이 됩니다.

1 It became cold, so we went inside the house.

날이 추워져서 우리는 집 안으로 들어갔다.

2 That dress becomes you.

그 드레스는 네게 어울린다.

Plus + inside 부 안으로 전 ~의 안에

0286

wear

[wer]

wore - worn

동 입고[착용하고] 있다,
닳게[해지게] 하다,
(물건이) 오래 가다,
(수염 등을) 기르고 있다

명 착용[입기] , 닳음[마모]

wear의 기본 뜻은 '입고 있다'입니다. wear a dress(드레스를 입다), wear a necklace(목걸이를 하다)처럼 옷이나 액세서리를 착용하는 것을 나타내요. 또한 wear는 '(물건이) 오래 가다'를 뜻하며 물건의 내구성을 표현하기도 합니다. 예를 들어, These shoes wear well after a lot of walking.이라고 하면 '이 신발은 많이 걸어도 잘 닳지 않는다(=오래 간다).'라는 뜻입니다.

1 Kelly wore a simple black dress.

Kelly는 단순한 검정색 드레스를 입었다.

2 The paint on this fence wears well even in bad weather.

이 울타리의 페인트는 궂은 날씨에도 잘 닳지 않는다.

Plus + simple 형 단순한   fence 명 울타리

0287

close

[klouz] [klous]

동 닫다[닫히다],
끝내다[마감되다]

명 끝

형 가까운, 정밀한, 아슬아슬한,
빽빽한, 철저한

부 가까이

close는 다양한 의미를 가진 단어입니다. 우선 '닫다, 끝내다' 또는 '끝'을 의미합니다. 관련 예로 close the door(문을 닫다), The shop will close at 9 p.m.(그 가게는 오후 9시에 문을 닫을 것이다.) 등이 있습니다. 그리고 '가까운, 정밀한, 가까이' 등을 의미하는데, My house is close to the lake.라고 하면 '우리 집은 호수와 가깝다.'라는 뜻이 됩니다. 그밖에 '아슬아슬한, 빽빽한, 철저한' 등 close가 갖는 의미는 참 다양합니다.

1 The restaurant will close in an hour.

식당은 한 시간 후에 문을 닫는다.

2 Jim's birthday is close to Christmas.

Jim의 생일은 크리스마스와 가깝다.

Plus + restaurant 명 식당   hour 명 한 시간

0288

mayor

['meɪər]

명 시장(市長)

'시장'을 뜻하는 mayor는 한 도시의 행정 지도자를 일컫습니다. 주로 도시나 마을의 공공 정책이나 예산, 도시 개발, 안전 등 다양한 부분에 대한 책임을 지는 사람이죠. The mayor helps make our city better.라고 하면 '시장은 더 나은 도시를 만드는 데 도움을 준다.'라는 의미가 됩니다.

1 The mayor addressed the city residents.

시장이 시민들에게 연설했다.

2 The mayor appointed a new police chief.

시장이 새 경찰서장을 지명했다.

Plus + address 동 연설하다   resident 명 (특정 지역) 주민[거주자]
appoint 동 지명[임명]하다   chief 명 (단체의) 최고위자[장]

0289

shout

[ʃaʊt]

동 외치다, 고함치다

명 외침, 큰소리

shout는 '외치다, 고함치다'를 뜻하며 크게 소리를 질러 주의를 끌기 위한 행동 등을 나타냅니다. 주로 긴장, 기쁨, 놀라움 등의 감정을 표현할 때 쓰여요. 예를 들어, Don't shout in the library.는 '도서관에서 소리 지르지 마.'를 뜻하고, I heard someone shouting for help.라고 하면 '나는 누군가 도움을 청하는 외침을 들었다.'를 의미합니다.

1 "Stop!" Jake shouted.

"멈춰!" Jake가 외쳤다.

2 Amy shouted with joy when she saw the hot-air balloons.

Amy는 열기구를 보고 기뻐서 소리쳤다.

Plus + joy 명 (큰) 기쁨   hot-air balloon 열기구

0290

onto

[ˈɑːntu, ˈɔːntu]

전 ~의 위로, ~위에,
    ~을 알고[알아채고]

onto는 '~의 위로, ~위에'라는 뜻으로 주로 무언가 다른 대상의 표면 위로 이동하거나 올라가는 것을 나타냅니다. 예를 들어, The cat jumped onto the bed.라고 하면 '고양이가 침대 위로 뛰어 올랐다.'라는 뜻이 되고, John placed the books onto the shelf.는 'John은 책들을 책장 위에 놓았다.'라는 의미가 됩니다. 그밖에 맥락에 따라 '~을 알고, 알아채고'라는 뜻으로 쓰이기도 합니다.

1 I walked onto the stage.

나는 무대 위로 걸어 올라갔다.

2 They stepped onto the bus.

그들은 버스 위에 올라탔다.

Plus + stage 명 무대   step 통 (발을) 들여놓다, 내딛다

0291

best

[best]

형 최상의, 최고의, 최적의

부 가장 잘

명 최고[최상], 최대치

best seller, best dresser 등 우리는 평소에 best가 들어간 말을 많이 씁니다. 이때 best는 '최상의, 최고의, 최적의' 등을 뜻해요. 그래서 best seller는 '가장 잘 팔리는 상품'을 의미합니다. 요즘은 주로 '제일 잘 팔리는 책'을 뜻하는 경우도 많습니다. 그리고 best dresser는 '최고로 옷을 잘 입은 사람'을 말하지요. 이제 best의 의미가 와닿으시죠?

1 This is the best cake I've ever tasted!

이것은 내가 지금까지 먹어본 최고의 케이크야!

2 Ice cream is the best snack on a hot summer day.

아이스크림은 더운 여름날 최고의 간식이다.

Plus + taste 명 먹다   snack 명 간식

0292

full

[fʊl]

- 형 가득한, 완전한, 최대한의, 배부른
- 부 정통으로, 대단히
- 명 절정, 전부

full은 기본적으로 '가득한'을 뜻합니다. 그래서 The glass is full of water.라고 하면 '유리잔에 물이 가득 찼다.'를 뜻하지요. 그리고 '가득한'이라는 뜻이 확장하여 '완전한, 최대한의, 배부른' 등의 의미가 나오기도 했습니다. 예를 들어, the full happiness는 '완전한 행복'을, I'm full.이라고 하면 '나는 배불러.'를 의미합니다.

1 The basket was full of apples.
바구니에는 사과가 가득했다.

2 After the big meal, I felt full.
푸짐하게 먹고 나니 배가 불렀다.

Plus + basket 명 바구니   meal 명 식사

0293

pass

[pæs]

- 동 통과하다, 건네주다, 양도되다, 합격시키다
- 명 합격, 출입증, 통과

"나 운 좋게 그 시험 패스했어!"라고 할 때 pass는 '통과하다, 건네주다, 합격시키다' 등을 뜻합니다. 예를 들어, pass the salt는 '소금을 건네주다'를 뜻하고, pass the exam은 '시험에 합격하다'를 의미하지요. 생각해 보면 '비밀번호'를 뜻하는 password도 결국 어떤 장소 등을 통과하는데 필요한 키워드인 셈이군요.

1 She quickly passed me by.
그녀는 빠르게 나를 지나갔다.

2 The guard checked our passes.
경비 요원이 우리의 출입증을 확인했다.

Plus + quickly 부 빠르게   pass by (~을) 지나가다
guard 명 경비 요원   check 동 확인하다

0294

along

[əˈlɔːŋ]

- 전 ~을 따라, ~의 도중에
- 부 따라서, 앞으로, ~와 함께

along은 주로 '~을 따라, ~의 도중에'를 뜻합니다. 예를 들어, walk along the beach는 '해변을 따라 걷다'를 의미하고, along the way back은 '돌아오는 도중에'를 뜻해요. 그리고 상황에 따라 '따라서, 앞으로, ~와 함께'를 의미하기도 합니다. 예를 들어, flowers along by the fence는 '울타리를 따라 있는 꽃들'을 뜻하고, come along이라고 하면 '함께 오다'를 의미합니다.

1 I was driving along the road.
나는 길을 따라 운전하고 있었다.

2 Sarah walked along the street with her dog.
Sarah는 개와 함께 길을 걷고 있었다.

Plus + drive 동 운전하다

0295

dog

[dɔːg]

명 개

동 끈질기게 따라다니다,
(오랫동안) 괴롭히다

dog는 우리에게 친숙한 동물인 '개'를 뜻해요. 그래서 The dog played in the backyard.라고 하면 '개가 뒷마당에서 놀고 있다.'를 뜻합니다. 그리고 요즘에는 guide dog(안내견), sheep dog(양치기 개)처럼 다양한 목적으로 활동하는 '개'들을 나타내기도 합니다. 그밖에 상황에 따라 dog는 무언가를 '끈질기게 따라다니다, (오랫동안) 괴롭히다'를 의미하기도 해요.

1 David took the dog for a walk.
David는 개를 데리고 산책하러 갔다.

2 Jennifer dogged me for information.
Jennifer는 내게 정보를 달라고 끈질기게 따라다녔다.

Plus + take for a walk ~를 산책하러 데리고 가다   information 명 정보

0296

send

[send]

sent - sent

동 보내다, 발송하다

send는 '보내다, 발송하다'를 뜻합니다. 어떤 물건을 한 장소에서 다른 장소로 이동시키는 것부터 메시지나 정보를 전달하는 것을 모두 나타낼 수 있어요. 예를 들어, send a postcard라고 하면 '엽서를 보내다'를 뜻하고, send data quickly는 '데이터를 빠르게 전송하다'를 의미해요.

1 I need to send a package to Seattle.
나는 시애틀로 소포를 보내야 한다.

2 Paul sent her flowers.
Paul은 그녀에게 꽃을 보냈다.

Plus + need 동 ~해야 하다   package 명 소포

0297

kill

[kɪl]

동 죽이다, 망치다, 끝장내다

명 죽이기, 사냥한 동물

kill은 '죽이다'를 뜻하며 주로 전쟁, 범죄, 사고, 혹은 사냥과 관련된 맥락에서 쓰입니다. 예를 들어, We should not kill animals.는 '우리는 동물을 죽이지 말아야 한다.'를 뜻하고, The accident killed two people.은 '그 사고로 두 명이 죽었다.'를 의미합니다. 그밖에 kill은 '사냥한 동물' 자체를 나타내기도 해요.

1 The pirate killed the giant sea monster.
해적이 거대한 바다 괴물을 죽였다.

2 The tiger seized its kill and ate it.
호랑이가 사냥감을 잡아먹었다.

Plus + pirate 명 해적   giant 형 거대한
seize 동 움켜잡다

0298

carry

['kæri]

carried - carried

동 나르다, 전하다,
휴대하다[지니다], 지탱하다,
통과시키다

carry는 무언가를 들고 다니거나 다른 곳으로 운반하는 것을 나타냅니다. 예를 들어, I carried heavy boxes.라고 하면 '나는 무거운 상자들을 날랐다.'를 뜻하지요. 또는 '지탱하다, 통과시키다'라는 의미로 무언가를 지지하거나 운반하는 동작을 나타내기도 합니다. 가령 carry the weight of the building이라고 하면 '건물의 무게를 지탱하다'를 의미합니다.

1 I carried the heavy backpack all by myself.
나는 무거운 배낭을 혼자서 메고 다녔다.

2 Jane always carries a water bottle.
Jane은 항상 물병을 지니고 다닌다.

Plus + (all) by oneself (다른 사람 없이) 혼자   bottle 명 병

0299

second

['sekənd]

형 제2의, 두 번째의, 다른 하나의

부 다음으로, 둘째로

명 제2, 후원자[지지자],
(시간 단위인) 초,
(아주) 잠깐[순간]

동 후원[지지]하다

second house라는 말 들어보셨나요? 주로 생활하는 집 이외에 두 번째 집, 즉 '별장' 정도를 말하는 표현으로 여기서 second가 '제2의, 두 번째의' 등을 뜻합니다. 예를 들면 the second chapter(제2장), the second of March(3월 2일) 등이 있지요. 또는 시간 단위의 '초'를 뜻하기도 해서 for several seconds라고 하면 '몇 초 동안'을 의미해요. 그리고 '초'에서 의미가 확장하여 '잠깐, 순간'을 의미하기도 하고, 맥락에 따라 무언가를 '후원하다'를 뜻하기도 합니다.

1 She came in second in the race.
그녀는 경주에서 2위를 차지했다.

2 The ice cream was gone in a second.
아이스크림은 순식간에 사라졌다.

Plus + come in (경주에서 몇 위로) 들어오다   in a second 순식간에, 금세

0300

lose

[luːz]

lost - lost

동 잃다, 분실하다, 패하다

lose는 '잃다, 분실하다' 또는 '패하다'를 뜻합니다. 주로 더 이상 어떤 물건을 가지고 있지 않거나, 어떤 목표를 이루지 못하는 상황에 쓰여요. 예를 들어, I always lose my keys.는 '나는 항상 열쇠를 잃어버린다.'를 뜻하고, Our team didn't want to lose the match.는 '우리 팀은 그 경기에서 패배하고 싶지 않았다.'를 의미합니다.

1 I've lost my ticket.
난 입장권을 잃어버렸다.

2 The team lost in the finals.
그 팀은 결승전에서 패했다.

Plus + ticket 명 입장권, 표   finals 명 결승전

우리말에 맞게 빈칸에 알맞은 단어를 쓰세요.

(정답은 본문을 확인하세요.)

1 Two people died in a _____ last night.　지난밤 화재로 2명이 사망했다.

2 Look both ways when you cross the _____.　길을 건널 때는 양쪽을 모두 살펴라.

3 Ann took one _____ forward.　Ann은 한 걸음 앞으로 나아갔다.

4 Thomas _____ a stone at the car.　Thomas는 차에 돌을 던졌다.

5 We treat each other like _____.　우리는 서로를 형제처럼 대한다.

6 She _____ and said hello.　그녀는 고개를 끄덕이며 인사했다.

7 Liz went into the _____ to make some tea.　Liz는 차를 끓이러 주방으로 들어갔다.

8 I put _____ in my piggy bank every week.　나는 매주 돼지 저금통에 돈을 넣는다.

9 The colorful kite flew _____ up in the sky.　알록달록한 연이 하늘 높이 날아올랐다.

10 It was so cold outside I could see my _____.　밖이 너무 추워서 입김이 보일 정도였다.

11 John _____ to what Sally said.　John은 Sally의 말에 귀를 기울였다.

12 The flowers in the garden are _____.　정원의 꽃들이 죽어버렸다.

13 Most _____ lay their eggs in the spring.　대부분의 새는 봄에 알을 낳는다.

14 Let's share our _____ for the school festival.　학교 축제를 위한 의견을 나눠보자.

15 It _____ cold, so we went inside the house.　날이 추워져서 우리는 집 안으로 들어갔다.

16 Kelly _____ a simple black dress.　Kelly는 단순한 검정색 드레스를 입었다.

17 The restaurant will _____ in an hour.　식당은 한 시간 후에 문을 닫는다.

18 The _____ appointed a new police chief.　시장이 새 경찰서장을 지명했다.

19 "Stop!" Jake _____.　"멈춰!" Jake가 외쳤다.

20 I walked _____ the stage.　나는 무대 위로 걸어 올라갔다.

21 Ice cream is the _____ snack on a hot summer day.　아이스크림은 더운 여름날 최고의 간식이다.

22 After the big meal, I felt _____.　푸짐하게 먹고 나니 배가 불렀다.

23 She quickly _____ me by.　그녀는 빠르게 나를 지나갔다.

24 I was driving _____ the road.　나는 길을 따라 운전하고 있었다.

25 David took the _____ for a walk.　David는 개를 데리고 산책하러 갔다.

26 I need to _____ a package to Seattle.　나는 시애틀로 소포를 보내야 한다.

27 The pirate _____ the giant sea monster.　해적이 거대한 바다 괴물을 죽였다.

28 Jane always _____ a water bottle.　Jane은 항상 물병을 지니고 다닌다.

29 The ice cream was gone in a _____.　아이스크림은 순식간에 사라졌다.

30 I've _____ my ticket.　난 입장권을 잃어버렸다.

레벨별 단어 사용 빈도

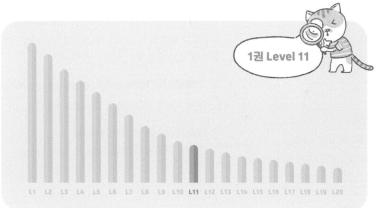

1권 Level 11

L1 L2 L3 L4 L5 L6 L7 L8 L9 L10 **L11** L12 L13 L14 L15 L16 L17 L18 L19 L20

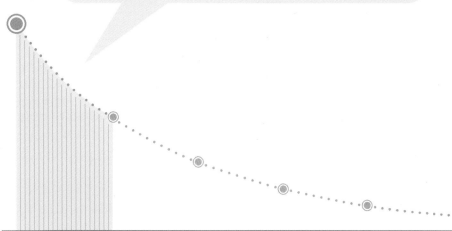

LEVEL 1~20   LEVEL 21~40   LEVEL 41~60   LEVEL 61~80   LEVEL 81~100

0301

point

[pɔint]

- 명 (뾰족한) 끝, 점(點), 점수, 요점, 의견[주장], (의도하는) 의미
- 동 뾰족하게 하다, 가리키다, 향하다

point의 기본 뜻은 '(뾰족한) 끝'입니다. 그리고 이렇게 '(뾰족한) 끝'으로 콕 집어 가리키는 모습에서 '요점, 점수, 의견', '뾰족하게 하다, 가리키다' 등의 다양한 뜻이 나왔습니다. 예를 들어, the point of the story는 '그 이야기의 요점'을 의미하고, The exam is out of 100 points.는 '그 시험은 100점 만점이다.'를 뜻해요. 또는 I pointed the house.라고 하면 '나는 그 집을 가리켰다.'를 뜻하지요.

1 I see your point, but I don't agree.

네 말의 요점은 알겠지만 난 동의하지 않아.

2 Sean pointed silently into the air.

Sean은 조용히 허공을 가리켰다.

Plus + agree 동 동의하다   silently 부 조용히

0302

also

[ˈɔːlsoʊ]

- 부 또한, 게다가

also는 문장에서 추가 정보를 제공하거나 이전에 언급된 내용을 강조하는 데 쓰입니다. 서로 관련된 두 가지 이상의 사항을 동시에 언급 할 때 유용합니다. 비슷한 뜻의 단어로는 too가 있습니다. also는 주로 추가 정보나 강조를 위해 사용되고 문장의 어느 위치에나 쓰일 수 있지만, too는 주로 동일한 상태나 행동을 나타내고 주로 문장 끝에 위치합니다.

1 I like chicken, and I also enjoy pizza.

나는 치킨을 좋아하고, 또한 피자도 즐긴다.

2 We are also new here.

우리도 여기가 처음이야.

Plus + enjoy 동 즐기다   here 부 여기에[에서]

0303

food

[fuːd]

- 명 음식, 식량, (특정한) 식품

food는 과일, 야채, 고기, 해산물 등 먹을 수 있는 '식품'을 포함하여 식사, 영양, 음식 문화 등 다양한 관련 주제에서도 쓰일 수 있어요. '음식'이나 '식량'을 의미할 때는 셀 수 없는 명사이지만 종류나 특정한 '식품'을 나타낼 때는 셀 수 있는 명사로 취급하여 frozen foods(냉동 식품), health foods(건강 식품)와 같이 복수형으로도 쓸 수 있습니다.

1 Harry can't handle spicy food.

Harry는 매운 음식을 잘 먹지 못한다.

2 I'm hungry. Let's go get some food.

배고파. 밥 먹으러 가자.

Plus + handle 동 다루다, 통제하다   spicy 형 매운

0304

wrong

[rɔːŋ]

- 형 잘못된, 틀린, 부적절한
- 부 틀리게, 잘못하여
- 명 잘못, 나쁜 행동
- 동 부당하게 취급하다

wrong은 '옳지 않은, 틀린, 잘못된' 상태를 나타냅니다. 주로 옳은 것과 반대되는 의미로 사용되는데, 예를 들면 wrong reply(잘못된 답변), wrong direction(잘못된 방향), wrong information(잘못된 정보) 등이 있어요. 또한 도덕적인 측면에서도 '잘못된' 것을 나타낼 수 있습니다.

1 That answer is wrong.
그 답은 틀렸다.

2 I'm sorry, but you have the wrong number.
죄송하지만, 전화 잘못 거셨습니다.

Plus+ answer 명 답, 해답   have the wrong number 전화를 잘못 걸다

0305

red

[red]

- 형 빨간, 붉은
- 명 빨강, 적색

영화제나 시상식 등에서 깔리는 '빨간색 카펫'을 red carpet이라고 하죠. 여기서 red가 '빨간', '빨간색' 을 의미합니다. red는 주로 '열정, 사랑, 위험' 등과 연결되어 있다고 알려져 있습니다. 그래서 빨간 장미는 '사랑과 열정'을 상징하고, 빨간 깃발은 주의가 필요한 상황을 알릴 때 쓰입니다. 이 외에도 red는 여러 문화권에서 다양한 의미를 나타냅니다. 중국에서는 '행운과 번영'을 상징하고, 서양에서는 '기쁨과 축제'를 의미합니다.

1 The leaves turn red in the fall.
가을이 되면 나뭇잎이 붉게 물든다.

2 The stop sign is red.
정지 신호는 빨간색이다.

Plus+ turn 동 ~되다, (~한 상태로) 변하다   sign 명 신호

0306

box

[bɑːks]

- 명 상자, 갑[함],
  (칸막이 된) 특별석
- 동 상자에 넣다[채우다],
  (좁은 곳에) 가두다

box는 주로 사물을 담거나 보호하기 위해 사용되는 용기를 말합니다. 일반적으로 선물 상자, 신발 상자, 음식 포장용 상자 등 다양한 종류와 용도로 쓰입니다. 예를 들어, I need a box to pack my things.라고 하면 '나는 물건을 싸기 위해 상자가 필요하다.'를 뜻하고, an empty box in the attic이라고 하면 '다락방에 있는 빈 상자'를 뜻해요. 그리고 상황에 따라 box는 물건을 꾸리거나 싸는 행위를 나타내기도 합니다.

1 Andy put his old toys in a box.
Andy는 오래된 장난감을 상자에 넣었다.

2 I box up my winter clothes every summer.
나는 여름마다 겨울옷을 상자에 넣는다.

Plus+ put 동 (특정한 장소·위치에) 넣다   box up 상자에 넣다[채우다]

0307

week

[wiːk]

명 주(週), 주중

week는 월요일에서 일요일까지 7일간의 '한 주'를 의미합니다. 그래서 일정 계획이나 휴가 등 일상생활과 관련된 맥락에서 자주 쓰입니다. 예를 들어, I have a busy schedule this week.는 '나는 이번 주에 바쁜 일정이 있다.'를 뜻하고, take two weeks off는 '2주간 쉬다'를 의미해요. 또한 week는 상황에 따라 주말을 제외한 평일을 나타내기도 합니다.

1　Let's have lunch together next week.

다음 주에 같이 점심을 먹자.

2　I exercise three times a week.

나는 일주일에 세 번 운동한다.

Plus +　have 동 먹다　　　　　　　　　　　　　　exercise 동 운동하다
　　　　　times 명 ~번 (횟수 시 time에 -s를 붙여서 표현)

0308

yet

[jet]

부 아직, 이미, 현재까지로는

접 그럼에도 불구하고, 하지만

yet은 어떤 행동이나 사건이 아직 발생하지 않았거나 끝나지 않았음을 나타냅니다. 주로 부정문이나 의문문에서 쓰이지요. 예를 들어, I haven't finished my homework yet.은 '나는 아직 숙제를 끝내지 않았다.'를 뜻해요. 또한 yet은 '그럼에도 불구하고'와 같이 대조나 반대의 관계를 나타내기도 하는데, I was tired, yet I went to for a run.는 '나는 피곤했음에도 달리기를 하러 나섰다.' 라는 의미입니다.

1　"Are you ready?" — "No, I'm not ready yet."

"준비 됐니?" — "아니, 아직 준비되지 않았어."

2　Steve failed the test, yet he didn't give up.

Steve는 시험에 떨어졌지만 포기하지 않았다.

Plus +　fail 동 (시험에) 떨어지다　　　　　　　give up 포기하다

0309

sometimes

['sʌmtaɪmz]

부 때때로, 가끔, 이따금

sometimes는 '때때로, 가끔' 등을 뜻하며 어떤 동작이나 사건이 자주 일어나지 않고 이따금씩 발생하는 것을 나타냅니다. 예를 들어, I sometimes go for a walk to relieve stress.라고 하면 '나는 가끔 스트레스를 풀기 위해 산책을 한다.'를 뜻해요. 이 외에도 Sometimes I feel happy for no reason.(가끔 나는 이유 없이 행복한 기분이 들어요.)처럼 주관적인 경험을 설명할 수도 있습니다.

1　Joe sometimes eats ice cream after dinner.

Joe는 가끔 저녁 식사 후에 아이스크림을 먹는다.

2　Sometimes it rains on sunny days.

가끔 화창한 날에도 비가 올 때가 있다.

Plus +　sunny 형 화창한

0310

body

[ˈbɑːdi]

명 몸, 신체, 본체

body는 일반적으로 인간이나 동물의 '신체'를 가리키지만 때로는 사물의 구조나 형태를 나타내기도 합니다. 그래서 Exercise is good for the body.는 '운동은 몸에 좋다.'를 뜻하고, Sean couldn't hide his big body.는 'Sean은 그의 큰 몸을 숨기지 못했다.'를 의미해요. 참고로 body는 somebody(누군가), everybody(모두)와 같은 대명사로 쓰이기도 하니 함께 알아 두세요!

1 **Our body has five senses.**
우리 몸은 다섯 가지 감각이 있다.

2 **The body of the car was painted blue.**
그 차의 외관은 파랑색으로 도색되었다.

Plus + sense 명 (오감 중의 하나인) 감각　　　　paint 동 페인트를 칠하다

0311

noise

[nɔɪz]

명 소음, 잡음

noise는 주로 불필요하거나 불쾌한 소리를 나타냅니다. 그래서 자동차 경적 소리, 건물 공사 소음, 불쾌한 소리, 떠들썩한 소리, 혼란스러운 소리 등을 모두 noise라고 할 수 있습니다. 참고로 '소리'와 관련된 다른 단어에는 sound와 voice가 있습니다. sound는 일반적인 '소리' 자체를 뜻하고, voice는 사람의 음성, 즉 '목소리'를 의미합니다.

1 **The noise woke me up.**
소음 때문에 잠에서 깼다.

2 **Mr. Wilson makes a lot of noise in the cafe.**
Wilson씨는 카페에서 시끄럽게 떠들고 있다.

Plus + make a noise 소란을 피우다

0312

rest

[rest]

명 휴식, 나머지

동 휴식을 취하다,
그대로[그냥] 있다,
(어떤 것에) 받치다, 기대다

rest의 기본 뜻은 '휴식'입니다. 예를 들어, I need some rest.라고 하면 '나는 휴식이 필요해.'라는 뜻이죠. 그밖에 rest는 남은 부분이나 잔여물을 의미하기도 합니다. The rest is yours.라고 하면 '남은 것은 네 것이야.'라는 뜻입니다. 또는 '기대다'를 의미하기도 해요. 가령 Leah rested her head on my shoulder.는 'Leah는 내 어깨에 머리를 기댔다.'는 뜻이지요.

1 **Jerry is resting in a hammock.**
Jerry가 해먹에서 쉬고 있다.

2 **I'll keep two, you keep the rest.**
내가 두 개를 가질 테니 나머지는 네가 가지렴.

Plus + hammock 명 해먹(나무 등에 달아매는 그물·천 등으로 된 침대)
keep 동 자기 것으로 갖다, 차지하다

0313

suppose
[sə'poʊz]

동 추정[추측]하다, 가정하다,
생각하다

suppose는 주로 어떤 상황이나 사건을 마음 속에서 상상해보는 것을 나타냅니다. 예를 들어, I suppose it's going to rain.이라고 하면 '내 생각엔 비가 올 것 같다.'를 뜻해요. 또한 '아마도 ~하는'이라는 추정의 의미로, 무엇인가 잘 모르지만 대략적으로 추측하는 의미로도 사용됩니다.

1 Tim didn't answer the phone, so I suppose he's busy right now.
Tim이 전화를 받지 않는 걸 보니 지금 바쁜 것 같다.

2 Suppose you won the lottery. What would you do?
복권에 당첨되었다고 가정해 봐. 뭐 할 거야?

Plus + answer the phone 전화를 받다　　　　lottery 명 복권

0314

hour
['aʊə(r)]

명 (한) 시간, 시각

hour는 시간의 단위로 60분, 즉 '(한) 시간'을 의미해요. 우리의 하루는 24 hours로 구성되어 있죠. 출퇴근 혼잡 시간대를 rush hour라고 하듯이 hour는 특정한 용도로 정해진 시간을 말하기도 합니다. 또한 hour는 중요한 시간이나 결정적인 순간을 의미하기도 해요. 그래서 This is our finest hour.라고 하면 '이 순간이 우리의 가장 빛나는 시간이야.'라는 의미이고, in one's hour of need는 '정말 필요한 때에'를 뜻합니다.

1 Peter and Wendy will meet in two hours.
Peter와 Wendy는 두 시간 후에 만날 것이다.

2 The hour is late, we should go home.
시각이 늦었으니 우리는 집에 가야 한다.

Plus + in 전 (시간의 경과를 나타내어) ~후에　　　should 조 ~해야 한다

0315

line
[laɪn]

명 선[줄], 경계, 구분, 계통

동 줄을 서다, 선을 긋다,
~에 안감을 대다

동화 《헨젤과 그레텔 Hansel and Gretel》에서, 헨젤은 자신들이 어디로 가야 하는지 알기 위해 길을 따라 빵 부스러기로 '선(line)'을 만들죠. 이렇게 line은 기본적으로 물리적인 선이나 사람이나 물체가 일렬로 줄을 서 있는 것을 의미합니다. 예를 들어, Stand in line.이라고 하면 하면 '줄을 서시오.'라는 의미입니다. 이 외에도 line은 '경계'나 '구분선'을 가리키거나 상품이나 제품 그룹 가계도처럼 특정 '계통'을 뜻하기도 합니다.

1 The ducklings followed their mother in a line.
새끼 오리들이 줄을 지어 엄마 오리를 따라갔다.

2 The kid lined the paper with a pen.
그 아이는 펜으로 종이에 줄을 그었다.

Plus + duckling 명 오리 새끼　　　　follow 동 따라가다

0316

car

[kɑ:(r)]

명 자동차

car는 '자동차'를 지칭하는 용어로 가장 흔하게 사용되는 단어입니다. 보통 개인용 승용차나 승객 수가 적은 작은 크기의 차량을 나타내지요. 픽사 애니메이션 스튜디오의 영화 〈카Cars〉는 자동차들이 살아 숨쉬는 개성적인 캐릭터로 등장하여 놀라운 모험을 펼치는 시리즈로 유명합니다.

1 Max bought a new red car.

Max는 새 빨간색 자동차를 샀다.

2 I drive my car to work every day.

나는 매일 차를 운전해서 출근한다.

Plus + buy 동 사다   drive to (a place) 차를 몰고 ~에 가다

0317

river

['rɪvə(r)]

명 강, 하천

'강'을 뜻하는 river는 우리의 일상과 역사, 문화에 깊숙이 뿌리내려 있습니다. 인간 문명의 주요 발전은 river 주변에서 일어났죠. 예를 들어, 고대 이집트 문명은 the Nile River(나일 강) 주변에서 성장했는데 이것은 나일 강의 홍수로 인해 풍부한 토양이 생겨난 덕분이라고 해요. 이처럼 '강'은 문명을 키우는 생명력의 원천이었고 여전히 그런 역할을 하고 있습니다. 앞으로 river를 볼 때마다 이런 의미와 함께 역사를 떠올려 보세요.

1 The river shines in the sun.

강물이 햇빛에 반짝이고 있다.

2 The boy threw a stone into the river.

소년은 강에 돌을 던졌다.

Plus + shine 동 반짝이다   throw 동 던지다

0318

push

[pʊʃ]

동 밀다, 강요하다, 추진하다
명 밀기, 누르기, 공격

건물을 나가려고 할 때 문에 push라고 표시되어 있는 것을 본 경험이 있을 겁니다. push는 주로 물체를 힘으로 밀거나 밀어내는 행위를 나타냅니다. push는 비유적인 의미를 나타낼 수도 있습니다. 예를 들어, push your limits는 '자신의 한계를 넘어가려는 의지'를 나타내고, push for change는 '변화를 촉구하는 것'을 의미해요. 이렇게 push는 인지적, 감정적 또는 사회적 상황에서의 움직임과 노력을 나타내는 다양한 상황에서도 쓰일 수 있습니다.

1 Alice pushed a button and found a hidden room.

Alice는 버튼을 누르고 숨겨진 방을 발견했다.

2 He gave the box a strong push.

그는 상자를 강하게 밀었다.

Plus + hidden 형 숨겨진   give a push ~를 밀다

0319

fly

[flaɪ]

flew - flown

동 날다, 비행하다,
(비행기로) 운송하다

명 파리

〈Fly Me to the Moon〉이라는 노래를 들어본 적 있죠? 해석하면 '나를 달로 데려가줘.' 또는 '나를 달로 날아가게 해줘.' 인데, 여기서 fly가 바로 '날다, 비행하다'를 의미합니다. 또는 맥락에 따라 비행기로 사람이나 물건을 다른 장소로 '운송하는' 것을 나타내기도 하지요. 그리고 독특하게 fly는 명사로 곤충인 '파리'를 뜻하기도 합니다.

1 **I was flying with Jenny in my dream.**
나는 꿈속에서 Jenny와 함께 날고 있었다.

2 **A fly is buzzing around.**
파리 한 마리가 윙윙거리고 있다.

Plus + buzz 동 윙윙거리다

0320

learn

[lɜːrn]

learned/learnt -
learned/learnt

동 배우다, 깨닫다, 익히다

영어에는 It's never too late to learn.이라는 속담이 있습니다. '배움에 늦은 나이란 없다.'라는 뜻으로 사는 동안 계속해서 새로운 것을 배울 수 있는 기회가 있다는 말이지요. 여기서 learn은 새로운 지식이나 기술을 습득하는 과정을 나타냅니다. 그래서 일상적인 학습이나 학교 교육에도 쓰일 수 있고, 개인적인 자기 학습이나 경험을 통한 학습에도 쓰일 수 있어요. 또한 learn은 새로운 언어, 악기, 스포츠, 과학, 역사 등 다양한 분야에서의 학습을 나타낼 수 있습니다.

1 **I'm ready to learn.**
나는 배울 준비가 되었다.

2 **We learn from our mistakes.**
우리는 실수로부터 배운다.

Plus + ready 형 (사람이) 준비가 (다) 된   mistake 명 실수

0321

fall

[fɔːl]

fell - fallen

동 떨어지다, 쓰러지다,
넘어지다, 무너지다

명 폭포, 낙하[추락], 가을

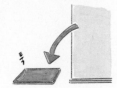

fall은 주로 의도하지 않게 떨어지거나 내려오는 것을 의미합니다. 예를 들어, He slipped and fell on the ice.는 '그는 미끄러져서 얼음 위에 넘어졌다.'를 뜻하지요. 그밖에 '추락'처럼 강하게 떨어지는 상황을 나타내기도 하는데, the fall of Rome은 '로마의 멸망'을 의미합니다. fall은 또한 '폭포'를 뜻하기도 해서 '나이아가라 폭포'를 Niagara Falls라고 부르지요. 참고로 나뭇잎이 떨어지는 계절인 '가을'을 의미하기도 합니다.

1 **The frame fell off the wall.**
액자가 벽에서 떨어졌다.

2 **Jenny loves the fall.**
Jenny는 가을을 좋아한다.

Plus + frame 명 (나무 등으로 된) 액자   wall 명 벽

0322

drop

[drɑːp]

- 동 떨어지다[떨어뜨리다], 쓰러지다, 탈락[중퇴]하다, 버리다
- 명 방울, 소량[조금], 하락

drop은 어떤 물체가 높은 곳에서 떨어지는 것을 의미합니다. 그리고 '(물)방울'을 뜻하기도 합니다. 예를 들어, a drop of water는 '한 방울의 물'을 뜻해요. 참고로 drop은 다양한 전치사와 함께 쓰여 drop in(방문하다), drop out(중퇴하다), drop off(내리다, 잠들다) 등의 표현을 만들기도 합니다.

1 Cinderella dropped her glass slipper at the castle.

신데렐라는 성에서 유리 구두를 떨어뜨렸다.

2 A drop of water fell into the pond.

물방울 하나가 연못에 떨어졌다.

Plus + glass 명 유리   castle 명 성
fall into ~에 빠지다   pond 명 연못

0323

question

[ˈkwestʃən]

- 명 질문, 의문
- 동 질문하다

question은 질문을 하는 행위나 질문 자체를 의미하며, 무언가에 대한 의심이나 불확실성을 나타낼 때도 사용됩니다. 예를 들어, a challenging question은 '난이도 있는 질문'을 뜻하고, repeat a question은 '질문을 반복하다'를 의미해요.

1 Alice asked the rabbit a question.

Alice가 토끼에게 질문했다.

2 The reporter questioned Tom about his new book.

기자는 Tom에게 그의 새 책에 관해 질문했다.

Plus + ask 동 묻다   rabbit 명 토끼
reporter 명 기자

0324

lean

[liːn]

leaned/leant - leaned/leant

- 동 기울다[기울이다], 의지하다, 기대어 세우다
- 명 기울기[경사], 살코기
- 형 여윈[마른], (고기가) 지방이 적은, 결핍된[수확이 적은]

lean은 어떤 것에 기대거나 또는 어떤 방향으로 '기울다'라는 의미를 가지고 있습니다. 〈Lean on me〉라는 제목의 팝송이 있는데 여기서 Lean on me는 '나를 믿고 의지해라'라는 의미입니다. lean은 또한 추상적인 맥락에서 어떤 것을 선호하거나 특정 방향으로 경향을 가진다는 뜻을 나타낼 수도 있어요. 또한 맥락에 따라 '마른' 또는 '지방이 적은'이라는 의미를 나타내기도 합니다.

1 The tired rabbit leaned against the tree.

지친 토끼는 나무에 기댔다.

2 This is a lean meat.

이것은 지방이 적은 고기다.

Plus + tired 형 지친, 피곤한   lean against ~에 기대다
meat 명 고기

0325

land

[lænd]

- 명 육지[땅], 국토
- 동 착륙하다[시키다], 도착하다, 획득하다, 끌어올리다

land는 주로 건물, 농장, 숲 등을 포함하는 '지표면'이나 '국가, 지역'을 의미합니다. 〈라라랜드La La Land〉라는 유명한 뮤지컬 영화가 있는데, 여기서 land는 '지역' 또는 '도착지'라는 의미로 볼 수 있어요. 영화의 제목은 미국의 도시인 로스엔젤레스를 상징적으로 묘사하는데, 그 곳에서 꿈을 이루기 위한 '도착지', '목표'를 뜻한다고 보시면 됩니다. 이 밖에도 land는 '착륙하다, 도착하다, 얻다' 등을 의미하기도 해요.

1 The king ruled the land.
왕이 그 땅을 지배했다.

2 The plane landed safely at the airport.
비행기가 공항에 안전하게 착륙했다.

Plus + rule 동 지배하다   safely 부 안전하게

0326

change

[tʃeɪndʒ]

- 동 변하다, 바꾸다
- 명 변화, 잔돈

change는 기본적으로 상태, 모양, 속성 등이 변화하는 것을 나타냅니다. 예를 들어, Change your thoughts and you change your world.는 '당신의 생각을 바꾸면 당신의 세상이 변합니다.'라는 뜻으로 우리의 사고방식과 태도가 세상을 변화시킬 수 있다는 것을 강조하는 말입니다. 또한 change는 맥락에 따라 '잔돈'을 의미하기도 합니다.

1 Frog changed into a prince with a kiss.
개구리가 키스로 왕자로 변했다.

2 I put all my change in a piggy bank.
나는 잔돈을 모두 돼지 저금통에 넣었다.

Plus + change into ~으로 변하다   piggy bank 돼지 저금통

0327

glass

[glæs]

- 명 유리, 유리 제품[그릇], 안경, 한 컵[잔], 거울
- 형 유리 같은
- 동 유리를 끼우다

glass는 창문이나 거울, 컵, 그릇 등을 만드는 데 사용되는 '유리'를 뜻하기도 하고, 유리창, 유리컵, 유리병 등과 같이 유리 재료로 만들어진 물건 자체를 나타내기도 합니다. 참고로 glass가 '안경'을 의미할 때는 복수형인 glasses로 쓰입니다. 또한 glass는 액체나 음료의 양을 표현하는 용도로 쓰이기도 하는데, a glass of orange juice는 '오렌지 주스 한 잔'이라는 의미입니다.

1 The glass slipper sparkled under the moonlight.
유리 구두가 달빛 아래에서 반짝였다.

2 I wear glasses for reading.
나는 독서를 위해 안경을 착용한다.

Plus + sparkle 동 반짝이다   moonlight 명 달빛
reading 명 독서

0328

break

[breɪk]

broke - broken

동 깨다, 부수다, 고장나다[내다], 휴식하다, 알려지다[터지다]

명 휴식[휴가], 중단

break는 무언가를 깨거나 부수는 것을 의미합니다. 예를 들어, break the ice 라고 하면 처음에 서로 어색한 분위기를 깨고 사람들이 편하게 소통을 이루는 것을 의미합니다. 또한 break는 업무나 학교 등의 활동을 멈추고 휴식을 취하거나, 프로세스 등이 일시적으로 멈추거나 중단되는 것을 나타내기도 해요. 참고로 break는 다른 단어와 결합하여 다양한 표현을 만들기도 합니다. 예를 들면 breakthrough(돌파구), breakdown(고장), break in(침입하다) 등이 있어요.

1 James accidentally broke his favorite toy.

James는 실수로 가장 좋아하는 장난감을 깨뜨렸다.

2 The meeting is on break.

회의가 잠시 중단되었다.

Plus + accidentally 부 실수로, 뜻하지 않게

0329

probably

['prɑːbəbli]

부 아마도, 대체로

probably는 '아마, 대체로'를 뜻하며 주로 확률이나 가능성을 나타내거나 추측이나 예상을 표현합니다. 어떤 일이나 상황이 아마도 사실일 가능성이 크다는 것을 나타내지요. 예를 들어, I will probably go to the party tonight.이라고 하면 '나는 아마도 오늘 밤 파티에 갈 것이다.'라는 뜻입니다. 이 경우, 확실하지는 않지만 파티에 갈 가능성이 높다는 의미를 전달합니다.

1 It will probably rain tomorrow.

내일 비가 올 것 같다.

2 I'll probably order pizza for dinner tonight.

오늘 저녁에는 아마도 피자를 주문할 것 같다.

Plus + order 동 주문하다

0330

sleep

[sliːp]

slept - slept

동 (잠을) 자다, 활동하지 않다

명 수면, 활동 중지

sleep은 주로 '(잠을) 자다' 또는 '수면' 등을 의미합니다. 보통 우리가 잘 때는 움직이지 않죠? 그래서 sleep은 '활동하지 않다', '활동 중지'를 의미하기도 합니다. 참고로 '잠'과 관련된 다른 표현으로 go to bed와 asleep이 있습니다. go to bed는 '자러가다'를 뜻하고, asleep은 '잠이 든' 상태를 나타냅니다.

1 He is sleeping deeply.

그는 깊이 잠들어 있다.

2 Doctors recommend eight hours of sleep per night.

의사들은 하루 8시간 수면을 권장한다.

Plus + deeply 부 깊게   recommend 동 권장하다
per 전 각[매], ~에 대한

우리말에 맞게 빈칸에 알맞은 단어를 쓰세요.

(정답은 본문을 확인하세요.)

1 I see your _____, but I don't agree.

네 말의 요점은 알겠지만 난 동의하지 않아.

2 I like chicken, and I _____ enjoy pizza.

나는 치킨을 좋아하고, 또한 피자도 즐긴다.

3 Harry can't handle spicy _____.

Harry는 매운 음식을 잘 먹지 못한다.

4 That answer is _____.

그 답은 틀렸다.

5 The leaves turn _____ in the fall.

가을이 되면 나뭇잎이 붉게 물든다.

6 Andy put his old toys in a _____.

Andy는 오래된 장난감들을 상자에 넣었다.

7 Let's have lunch together next _____.

다음 주에 같이 점심을 먹자.

8 Steve failed the test, _____ he didn't give up.

Steve는 시험에 떨어졌지만 포기하지 않았다.

9 _____ it rains on sunny days.

가끔 화창한 날에도 비가 올 때가 있다.

10 Our _____ has five senses.

우리 몸은 다섯 가지 감각이 있다.

11 The _____ woke me up.

소음 때문에 잠에서 깼다.

12 Jerry is _____ in a hammock.

Jerry가 해먹에서 쉬고 있다.

13 _____ you won the lottery. What would you do?

복권에 당첨되었다고 가정해 봐. 뭐 할 거야?

14 Peter and Wendy will meet in two _____.

Peter와 Wendy는 두 시간 후에 만날 것이다.

15 The ducklings followed their mother in a _____.

새끼 오리들이 줄을 지어 엄마 오리를 따라갔다.

16 I drive my _____ to work every day.

나는 매일 차를 운전해서 출근한다.

17 The _____ shines in the sun.

강물이 햇빛에 반짝이고 있다.

18 Alice _____ a button and found a hidden room.

Alice는 버튼을 누르고 숨겨진 방을 발견했다.

19 I was _____ with Jenny in my dream.

나는 꿈속에서 Jenny와 함께 날고 있었다.

20 I'm ready to _____.

나는 배울 준비가 되었다.

21 The frame _____ off the wall.

액자가 벽에서 떨어졌다.

22 A _____ of water fell into the pond.

물방울 하나가 연못에 떨어졌다.

23 Alice asked the rabbit a _____.

Alice가 토끼에게 질문했다.

24 The tired rabbit _____ against the tree.

지친 토끼는 나무에 기댔다.

25 The king ruled the _____.

왕이 그 땅을 지배했다.

26 Frog _____ into a prince with a kiss.

개구리가 키스로 왕자로 변했다.

27 I wear _____ for reading.

나는 독서를 위해 안경을 착용한다.

28 The meeting is on _____.

회의가 잠시 중단되었다.

29 It will _____ rain tomorrow.

내일 비가 올 것 같다.

30 He is _____ deeply.

그는 깊이 잠들어 있다.

Level
12

레벨별 단어 사용 빈도

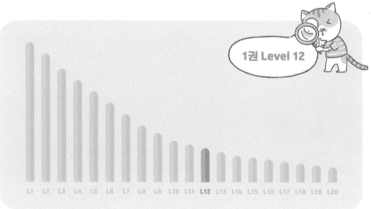

1권 Level 12

L1 L2 L3 L4 L5 L6 L7 L8 L9 L10 L11 **L12** L13 L14 L15 L16 L17 L18 L19 L20

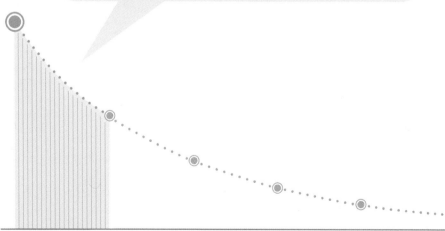

LEVEL 1~20   LEVEL 21~40   LEVEL 41~60   LEVEL 61~80   LEVEL 81~100

0331 ☐☐

piece
[pi:s]

圐 (한) 조각, 부분, (작품) 한 점

piece는 '조각'이나 '부분'을 의미합니다. 예를 들어, a piece of cake는 '케이크 한 조각'을 뜻해요. 그리고 어떤 물체의 구성 요소나 작품의 한 부분을 나타낼 수도 있습니다. 참고로 예술 분야에서 훌륭하게 완성된 그림이나 조각, 음악 작품, 문학 작품 등을 masterpiece라고 부릅니다. master는 '숙련된'을, piece는 '작품'을 의미합니다. 말 그대로 '숙련된 사람이 만든 탁월한 작품'이라는 뜻이지요.

1 Please cut the cake into small pieces.

케이크를 작은 조각으로 잘라 주십시오.

2 Josh played a beautiful piano piece.

Josh는 아름다운 피아노 곡을 연주했다.

Plus + cut into ~을 (칼로) 자르다　　　play 图 (악기 등을) 연주하다

0332 ☐☐

instead
[ɪnˈsted]

圐 대신에, 그보다는

instead는 어떤 행동이나 사건, 또는 선택 대신에 다른 것을 택하겠다는 것을 나타냅니다. 보통 문장 처음이나 문장 끝에 옵니다. 예를 들어, I was going to go out, but I stayed home instead.라고 하면 '나는 외출하려고 했지만, 대신 집에 머물렀다.'라는 뜻이 되지요. 참고로 instead of도 '대신에'를 뜻하지만, instead of는 전치사구로써 뒤에 명사, 대명사, 또는 동명사(V-ing)가 온다는 점이 instead와 다릅니다.

1 Let's meet tomorrow instead.

대신에 내일 만나자.

2 Jim picked the blue toy car instead of the red one.

Jim은 빨간색 장난감 자동차 대신에 파란색 장난감 자동차를 골랐다.

Plus + pick 图 고르다, 선택하다

0333 ☐☐

bag
[bæg]

圐 가방[포대], 봉투[봉지]

图 (가방 등에) 넣다,
　　(사냥감을) 죽이다

bag은 '가방'이나 '봉지'를 가리킵니다. 일상 생활에서 쓰는 shopping bag(쇼핑백), trash bag(쓰레기 봉투), backpack(배낭) 등을 떠올려 보세요. 또한 자동차의 airbag(에어백)처럼 전문적인 용어로도 쓰일 수 있습니다. 한편 '(가방 등에) 넣다, (사냥감을) 죽이다'를 뜻하기도 하는데, 사냥에서 bag a deer라고 하면 '사슴을 잡다'를 의미합니다.

1 The frog prince hid a crown in his bag.

개구리 왕자는 그의 가방 안에 왕관을 숨겼다.

2 I'll bag this for you.

이걸 봉투에 담아 줄게.

Plus + hide 图 숨기다　　　crown 圐 왕관

0334

realize

[ˈriːəlaɪz]

통 깨닫다, 이해하다,
실현[달성]하다,
(특정한 금액에) 팔리다

realize는 주로 '깨닫다, 이해하다'를 뜻합니다. 특히 무언가를 마음속에서 이해하거나, 어떤 대상이 정말로 실체화되거나 변화되는 것을 나타냅니다. 예를 들어, I realize I'm in love.라고 하면 단순히 사랑에 빠졌다는 사실을 알아차렸다는 것 이상으로 감정의 중요성을 깨닫는 깊은 이해와 변화를 의미합니다. 또한 realize는 어떤 계획이나 목표, 꿈 등이 현실화되거나 실현되는 것을 뜻하기도 합니다.

1 Elsa realized her mistake.

　Elsa는 자신의 실수를 깨달았다.

2 After 30 years, we realized our dream.

　30년 후에 우리는 꿈을 실현했다.

Plus + mistake 명 실수　　　　　dream 명 (희망을 담은) 꿈

0335

god

[ɡɑːd]

명 신, 신격화된 사람[것],
창조[조물]주

god은 가장 높은 존재로 간주되는 '신'이나 '초월적인 존재'를 나타냅니다. 다양한 종교와 신화 체계에서 쓰이고, 문화에 따라 다양한 개념과 신성한 특성을 지녀요. 특히 관사 없이 대문자로 쓰이면 기독교·이슬람교·유대교의 '하느님, 하나님, 창조주'를 뜻합니다. 또한 다른 단어와 함께 쓰여 특정 신이나 신성한 존재를 지칭하기도 합니다.

1 Snow White prayed to God for help.

　백설공주는 신에게 도움을 청하기 위해 기도했다.

2 He is the god of wisdom and knowledge.

　그는 지혜와 지식의 신이다.

Plus + pray 동 기도하다　　　　　wisdom 명 지혜
knowledge 명 지식

0336

top

[tɑːp]

형 맨 위의, 최고의

명 꼭대기, 위[윗면], 최고, 뚜껑

동 더 높다, 위에 놓다, 능가하다

top은 '맨 위의', '최고의'라는 의미입니다. 보통 뛰어남과 우수함을 강조할 때 쓰여요. 또한 어떤 대상의 '가장 높은 지점'이나 '높은 위치'를 나타냅니다. 그밖에 '뚜껑'을 의미하기도 합니다. 예를 들어 kettle top은 '주전자 뚜껑'을 말합니다. 참고로 top은 무언가를 지배하거나 우위에 설 때, 시험 경기 등에서 최고 점수를 받는 상황도 나타낼 수 있어요.

1 Helen received the top score on her test.

　Helen은 시험에서 최고 점수를 받았다.

2 I put my favorite toy on the top shelf.

　나는 가장 좋아하는 장난감을 맨 위 선반에 올려놨다.

Plus + receive 동 받다　　　　　score 명 점수

0337

fill

[fɪl]

- 동 채우다[메우다], 충족시키다, 가득 차다
- 명 원하는 만큼의 양, 가득 찬 양

fill은 주로 빈 공간을 채우는 것을 의미합니다. 빈 용기나 공간에 다른 물건이나 물질을 넣어 가득 채우는 동작이나 무언가 부족한 부분이나 빈칸을 채우는 것 등을 나타낼 수 있어요. fill을 활용한 표현 중 fill in은 '보충하다, 작성하다, 대신하다'를 의미하고, fill up은 '가득 채우다'를 뜻합니다. 특히 자동차 등의 기름을 넣을 때 운전자가 주유소 직원에게 말하는 요청에서 자주 쓰이는 표현입니다.

1 Bill filled the car at the gas station.
   Bill은 주유소에 가서 차에 기름을 넣었다.

2 Please fill in your name on the form.
   양식에 이름을 적어주십시오.

Plus + gas station 주유소　　　　　form 명 (문서의) 양식, 서식

0338

suddenly

[ˈsʌdənli]

- 부 갑자기, 급작스럽게, 돌연히

suddenly는 주로 어떤 상황이나 사건이 갑작스럽고 예상치 못하게 일어나는 것을 나타냅니다. 예를 들면 공원에서 놀고 있는데 비가 내린다거나, 갑자기 방 불이 꺼진 상황 등에서 쓰일 수 있어요. 특히 상황의 갑작스러움이나 예상치 못한 변화를 강조하고, 문장에서 감정적인 요소나 긴장감을 더할 수 있게 돕습니다.

1 The phone rang suddenly.
   전화벨이 갑자기 울렸다.

2 Sean suddenly changed his mind.
   Sean은 갑자기 마음을 바꿨다.

Plus + ring 동 울리다　　　　　mind 명 마음

0339

raise

[reɪz]

- 동 일으키다, 올리다, 모으다, 키우다[기르다]

raise는 물건을 위로 들거나 손이나 머리를 위로 올리는 동작을 나타냅니다. 또는 어떤 대상의 금액이나 수익, 가격, 기대치, 인식 등을 높이는 것을 의미하기도 합니다. 또한 어떤 대상을 성장시키고 보살피는 것을 표현하기도 하는데, 주로 자녀나 애완동물, 식물 등을 관리하고 보살피며 성장시키는 것을 의미한다고 보시면 됩니다.

1 Peter raised the trophy in victory.
   Peter는 승리를 거두고 트로피를 들었다.

2 Jennifer raised the little puppy with love.
   Jennifer는 작은 강아지를 사랑으로 키웠다.

Plus + victory 명 승리, 우승　　　　　puppy 명 강아지

0340

bear

[ber]

bore - borne

명 곰

동 참다[견디다],
(책임 등을) 떠맡다, 지탱하다,
(아이를) 낳다

곰 모양 인형으로 유명한 상표 'Teddy Bear'나 우리나라 프로야구팀 중에 곰이 상징인 '두산 베어스'에 대해서 들어보셨을 겁니다. 이렇게 bear는 '곰'을 뜻합니다. 그리고 '곰' 외에 '참다, 견디다'를 의미하며 어려운 상황이나 고통을 참고 견뎌내는 것을 나타내기도 합니다. bear는 또한 '아이를 낳다, 열매를 맺다'를 의미할 수 있어요.

1 They saw a big bear at the park.

그들은 공원에서 큰 곰을 보았다.

2 I can't bear the hot weather.

나는 더운 날씨를 견딜 수 없다.

Plus + hot **형** (날씨·기온·온도가) 더운, 뜨거운   weather **명** 날씨

0341

sun

[sʌn]

명 태양, 햇빛

동 햇볕에 쬐다[말리다]

해마다 새해 첫날이 되면 많은 사람이 '일출'을 보러 갑니다. 이때 '일출'을 영어로는 sunrise라고 하는데, sun(태양)과 rise(떠오르다)라는 두 단어가 결합한 단어입니다. 이렇게 sun은 '태양, 햇빛'이라는 의미를 나타내거나 sunrise처럼 복합어나 숙어에 포함되어 쓰입니다. 예를 들면 sunshine(햇빛), sunburn(햇볕에 타다), sundial(태양시계) 등이 있습니다. 또한 sun은 '햇볕에 쬐다, 말리다, 일광욕하다'를 뜻하기도 합니다.

1 The sun is rising.

태양이 떠오르고 있다.

2 I sunned myself at the beach.

나는 해변에서 일광욕을 했다.

Plus + rise **동** (해·달이) 뜨다[솟다]   sun oneself 일광욕을 하다

0342

different

[ˈdɪfrənt]

형 다른, 차이가 나는, 각색의

different는 본질이나 성격 등 두 대상이 서로 일치하지 않거나 공통된 특성을 공유하지 않음을 나타냅니다. 예를 들어, have different interests라고 하면 '다른 관심사를 가지다'를 뜻하고, use different ways는 '다른 방법을 쓰다'를 의미해요. 참고로 광고에서 different는 흔히 제품이나 서비스가 경쟁 상품과 무엇이 다르며 독특한지 강조하는 데 쓰이기도 합니다.

1 They look different from each other.

그들은 서로 다른 모습을 하고 있었다.

2 His opinion is different from mine.

그의 의견은 내 의견과 다르다.

Plus + each other 서로   opinion **명** 의견

0343

deep

[di:p]

형 깊은

부 깊게

deep은 주로 바다나 호수, 구멍 등의 깊이처럼 물리적인 깊이나 감정이나 사람의 생각이 깊은 정도의 정서적인 강도, 또는 이해가 깊은 정도의 추상적인 개념까지 나타낼 수 있습니다. 예를 들면 a deep river(깊은 강), deep anger(깊은 분노) 등이 있습니다. 또한 어떤 행동이나 상태가 얼마나 심각하고 강하게, 또는 완전히 일어나는지를 나타내기도 해요.

1 The lake is very deep.

그 호수는 매우 깊다.

2 They had a deep conversation.

그들은 깊은 대화를 나누었다.

Plus + lake 명 호수   conversation 명 대화

0344

leg

[leg]

명 다리, (옷의) 다리 부분

leg는 사람이나 동물의 몸의 일부분인 '다리'를 가리킵니다. leg은 다양한 관용구에서 쓰입니다. 예를 들어, pull someone's leg는 '누군가를 놀리거나 장난치는 것'을 의미합니다. 또는 "Are you pulling my leg?"라고 말하면 "장난치는 거야?" 또는 "나를 속이려고 그러는 거야?"로 해석할 수 있어요. 또한 바지나 청바지 등의 하의에서 '각 다리를 덮는 부분'을 leg라고 부릅니다.

1 The mule hurt his leg and is in pain.

노새는 다리를 다쳐 아파하고 있다.

2 These pants have wide legs.

이 바지는 다리 부분이 넓다.

Plus + mule 명 노새   pain 명 (육체적) 아픔, 고통
wide 형 넓은

0345

meet

[mi:t]

met - met

동 만나다, (조건을) 충족시키다

meet은 주로 두 가지 기본적인 의미를 가지고 있습니다. 먼저 '만나다'라는 의미인데 주로 한 사람이 다른 사람과 접촉하거나, 어떤 장소에서 다른 사람을 만나는 것을 나타내요. 또 다른 의미는 '충족하다, 만족시키다'입니다. 어떤 기준, 요구, 기대 등을 충족하거나 만족시키는 것을 뜻하지요. 참고로 '만남'이나 '모임'을 뜻하는 단어 meeting이 바로 동사 meet의 명사형이니 함께 알아 두세요!

1 They met and greeted each other.

그들은 서로 만나 인사를 나누었다.

2 This plan meets our needs.

이 계획은 우리 요구를 충족시킨다.

Plus + greet 동 ~에게 인사하다   need 명 (주로 복수로) 요구

0346

ear

[ɪr]

📖 귀, 청각[청력], 경청,
귀 모양의 것

'귀'를 의미하는 ear는 다양한 표현에 쓰입니다. 예를 들어, lend an ear는 '귀를 기울이다' 라는 뜻이고, have an ear for는 '무엇에 대한 감각이나 능력을 가지다'라는 의미지요. 또한 have an ear for music이라고 하면 '음악에 대한 뛰어난 감각이나 흥미를 가지고 있다'는 의미입니다. 참고로 The walls have ears.이라는 말이 있습니다. '벽에도 귀가 있다.'라는 뜻인데, 우리나라 속담 '밤말은 쥐가 듣고 낮말은 새가 듣는다.'와 같다고 할 수 있어요.

1 **Peter Rabbit has floppy ears.**
피터 래빗은 늘어진 귀를 가지고 있다.

2 **My sister has great ears for music.**
내 여동생은 음악을 듣는 감각이 뛰어나다.

Plus + floppy 📖 늘어진, 헐렁한

0347

such

[sʌtʃ]

📖 ~와 같은, 이러한[그러한],
~할 만큼[정도]의,
그[이] 정도의

📖 그러한 사람[것],
위에서 말한 사물

such는 영어에서 다양한 용도로 쓰이는 단어 중 하나입니다. 형용사로서 such는 주로 명사 앞에 위치하여, 그 명사가 나타내는 사람이나 사물의 특징이나 상태를 강조합니다. 예를 들어 such a nice day는 '정말 좋은 날'이라는 뜻이지요. 대명사로서 such는 주로 '그러한 사람'이나 '그러한 것'과 같은 표현에서 쓰입니다. 또한 such는 비교나 예를 드는 상황에서 쓰일 수도 있습니다. 예를 들어, such as는 '예를 들면'이라는 뜻입니다.

1 **It was such a beautiful day.**
정말 아름다운 날이었다.

2 **Such is the power of love.**
그러한 것이 사랑의 힘이다.

Plus + power 📖 힘

0348

return

[rɪˈtɜːrn]

📖 돌아오다[가다], 돌려주다,
되돌아가다, 보답하다
📖 귀환, 돌려줌, 반환

J.R.R. Tolkein이 쓴 소설 《반지의 제왕: 왕의 귀환 *The Lord of the Rings: Return of the King*》을 들어보셨을 텐데, 여기서 return은 '돌아오다, 돌려주다' 또는 '귀환, 돌려줌' 등을 의미합니다. 다른 예시로는 return from work(직장에서 돌아오다), return books(책을 돌려주다), return address(반송 주소) 등이 있어요.

1 **The princess returned the magic ring to the fairy.**
공주는 요정에게 마법 반지를 돌려주었다.

2 **Peter Pan promised a quick return to Neverland.**
피터팬은 네버랜드로의 빠른 귀환을 약속했다.

Plus + fairy 📖 요정   promise 📖 약속하다
quick 📖 빠른

0349

hole

[houl]

명 구멍, 공백[빈자리], 결점[허점], (짐승의) 굴

동 구멍을 내다

hole은 일반적으로 '구멍'이라는 의미를 나타내지만 맥락에 따라 다양한 의미를 나타낼 수 있습니다. 예를 들어, 골프에서는 공을 넣는 목표 지점을 hole이라고 부릅니다. 그래서 hole in one은 골프에서 한 번의 스트로크로 공을 골프홀에 넣는 것을 의미하지요. 또한 hole이 은유적으로 사용될 때, 물리적인 구멍이 아닌 어떤 것이 부족하거나 빠져있는 상태를 나타내기도 합니다.

1 I found a hole in my sock.

나는 양말에 구멍이 난 걸 발견했다.

2 They holed the can with a drill.

그들은 드릴로 깡통에 구멍을 뚫었다.

Plus + sock 명 양말 can 명 깡통

0350

horse

[hɔːrs]

명 (동물) 말

형 말의

동 말을 타다

우리에게 '말'로 익숙한 horse는 다양한 표현에서 쓰이는 단어 중 하나입니다. 예를 들어, dark horse는 원래는 경마에서 별로 기대되지 않던 말이 예상치 못하게 우승하는 경우를 가리켰으나, 시간이 지나면서 어떤 경쟁에서 그 전까지는 주목 받지 못하다가 갑자기 우승하는 사람이나 팀을 가리키게 되었습니다. 또한 그리스 신화에서 유래한 Trojan Horse(트로이 목마)는 '속임수, 속임수에 의한 공격' 등을 의미합니다.

1 The fairy turned a mouse into a horse.

요정은 쥐를 말로 바꾸었다.

2 The girl learned how to ride horses.

소녀는 말을 타는 법을 배웠다.

Plus + turn into ~으로 바뀌다[되다, 변하다] learn 동 배우다

0351

understand

[ʌndərˈstænd]

understood - understood

동 이해하다, 알다

understand는 주로 '이해하다, 파악하다, 알아차리다' 등을 의미합니다. 다른 사람의 말이나 글, 어떤 상황 또는 개념 등을 정확하게 알아차리고 그 의미를 파악하는 것을 나타내죠. 그래서 understand the meaning은 '의미를 이해하다'를 뜻하고, understand the importance는 '중요성을 알다'를 의미합니다.

1 I don't understand this math problem.

나는 이 수학 문제를 이해하지 못하겠다.

2 Do you understand German?

너는 독일어를 이해하니?

Plus + math 명 수학 German 명 독일어

0352

wish

[wɪʃ]

동 바라다, 기원하다

명 소망[바람], 소원

흔히 생일 케이크의 초를 불어 끄기 전에 "Make a wish!"라고 말합니다. 이는 '소원을 빌어!'라는 뜻으로 wish는 이렇게 '소망'이나 '강한 바람'을 의미합니다. 또한 '강하게 바라다' 또는 '소망하다'를 뜻하기도 하지요. 참고로 우리의 귀에 익숙한 월트 디즈니의 대표 로고송이자 애니메이션 〈피노키오Pinocchio〉의 주제가 제목이 바로 'When You Wish Upon a Star(별에게 소원을 빌 때)'랍니다.

1 They wish for peace.

그들은 평화를 기원한다.

2 Pinocchio's wish is to become a real boy.

피노키오의 소원은 진짜 소년이 되는 것이다.

Plus + peace 명 평화　　　　　　　real 형 진짜의, 실제

0353

picture

[ˈpɪktʃə(r)]

명 그림, 사진, 화면,
(사실적인) 묘사, 심상

동 그리다, 상상하다

picture는 기본적으로 '그림, 사진, 화면'을 뜻합니다. 예를 들면 draw a picture (그리다), take a picture(사진을 찍다), a picture of sunset(일몰의 사진) 등이 있지요. 또한 picture는 그림을 그리는 것뿐만 아니라 우리의 머릿속에서 상상력을 활용하여 이미지를 그려내는 것도 나타낼 수 있어요.

1 Bell saw a picture on the wall.

Bell은 벽에 걸린 그림을 보았다.

2 Linda pictured her future self.

Linda는 미래의 자기 모습을 상상했다.

Plus + future 명 미래　　　　　　　self 명 자신

0354

lay

[leɪ]

laid - laid

동 살며시 놓다[깔다],
(알을) 낳다, 눕히다, 쌓다,
제시[제출]하다

lay는 쉽게 헷갈릴 수 있는 동사 중 하나입니다. lay의 현재형이 lie의 과거형과 같은 형태이기 때문이죠. 따라서 이 둘을 구분하려면 각 단어가 쓰이는 방식과 문맥을 이해하는 것이 중요합니다. lay는 주로 '놓다, 낳다, 눕히다'를 의미하기 때문에 뒤에 목적어가 와야합니다. 반면에 lie는 주로 '눕다' 또는 '위치하다'를 의미하기 때문에 따로 목적어 없이도 쓸 수 있습니다. 이 차이점을 기억하면 lay와 lie를 쉽게 구분할 수 있을 겁니다.

1 Lay the book on the table.

책을 탁자 위에 놓아라.

2 The goose lays golden eggs.

그 거위는 황금알을 낳는다.

Plus + goose 명 거위　　　　　　　golden 형 금의

0355

letter

[ˈletə(r)]

📙 편지, 글자[문자]

📗 글자를 찍다[넣다]

letter는 크게 두 가지 주요 의미가 있습니다. 먼저 알파벳의 각 '글자'를 지칭합니다. 예를 들면 'a', 'b', 'c' 등은 모두 letters라고 할 수 있지요. 또한 우리가 잘 알고 있는 '편지'를 의미하기도 합니다. 겨울이면 생각나는 유명한 일본 영화 〈러브 레터Love Letters〉가 있죠. 또한 letter는 '글자를 쓰다' 또는 '문자를 찍다' 등을 뜻하여 종종 글자나 문자를 물체에 새기는 행위를 나타냅니다.

1 I couldn't give Tom a birthday letter.

나는 Tom에게 생일 축하 편지를 주지 못했다.

2 'A' is the first letter of the alphabet.

'A'는 알파벳의 첫 번째 글자다.

Plus + give 📗 (건네) 주다   first 📙 첫 번째의, 맨 처음의

0356

wood

[wʊd]

📙 나무, 목재, 숲[삼림]

📗 장작[목재]을 비축하다, 나무를 심다

wood는 일반적으로 '나무' 또는 '목재'를 의미합니다. 나무 그 자체를 의미할 수도 있고, 나무에서 얻은 재료를 의미할 수도 있는 셈이죠. wood는 또한 '숲'을 의미하기도 하는데, 이때는 주로 복수형 woods로 쓰입니다. wood를 활용한 관용구 중 knock on wood는 '나쁜 일이 일어나지 않기를 바라며'라는 의미로 부정적인 결과를 피하기 위한 미신적인 행동을 나타냅니다.

1 Jim chopped the wood with an axe.

Jim은 도끼로 나무를 쪼갰다.

2 The woods are beautiful in the summer.

그 숲은 여름에 아름답다.

Plus + chop 📗 (장작 같은 것을) 패다   axe 📙 도끼

0357

matter

[ˈmætə(r)]

📙 문제[사안], 상황, 관건, 물질

📗 중요하다

matter는 맥락에 따라 다양한 의미를 나타냅니다. 우선 '문제'나 '상황'을 뜻합니다. 예를 들어, What's the matter?라고 하면 '무슨 일이야?'를 뜻해요. 그리고 '물질'을 의미하기도 하는데, waste matter는 '폐기물'을 뜻하고 a new kind of matter는 '새로운 종류의 물질'을 의미해요. 이 밖에도 matter는 '중요하다'를 뜻해서 You matter to me.라고 하면 '너는 내게 중요해.'라는 의미가 됩니다.

1 It's a matter of time.

그것은 시간 문제야.

2 Scientists studied a new kind of matter.

과학자들이 새로운 종류의 물질을 연구했다.

Plus + study 📗 연구하다   kind 📙 종류, 유형

0358

rock

[rɑ:k]

명 바위, 암석, (음악) 록

동 크게 동요시키다

rock은 '바위, 암석' 또는 음악의 한 장르인 '록'을 지칭하는 단어로 널리 알려져 있습니다. rock은 또한 평가나 칭찬의 표현으로도 쓰이기도 해요. 예를 들어, "You rock!"이라고 하면 "너 정말 대단해!"라는 의미입니다. 또한 rock은 '흔들리다, 요동치다'를 뜻하기도 하고 물체의 모양이나 형태를 설명할 수도 있어요. 이를테면 '흔들의자'를 rocking chair라고 하고, 흔들리는 말 모양의 장난감을 rocking horse라고 부르지요.

1 Jack found a beautiful rock on the beach.

Jack은 해변에서 아름다운 바위를 발견했다.

2 She rocked the cradle gently.

그녀는 부드럽게 요람을 흔들었다.

Plus + cradle 명 요람　　　　　　　gently 부 부드럽게

0359

true

[tru:]

형 사실의, 진짜의, 참된, 충실한

부 정확하게

true는 어떤 정보나 사실이 정확하거나 사실임을 냅니다. 그래서 The story is true.라고 하면 그 이야기가 사실임을 의미하지요. 또한 어떤 것이 '진짜'이거나 '진정하다'라는 의미를 나타내기도 하는데, 가령 He is a true friend.라고 하면 그가 진정한 친구임을 뜻합니다. 그밖에 true는 동사 come과 함께 쓰여 '꿈이 이루어지다' 등을 의미하기도 합니다. 예를 들어, His dream came true.라고 하면 그의 꿈이 현실이 되었음을 나타냅니다.

1 The rumor is not true.

그 소문은 사실이 아니다.

2 Lisa is a true leader.

Lisa는 진정한 지도자이다.

Plus + rumor 명 소문　　　　　　　leader 명 지도자

0360

war

[wɔ:(r)]

명 전쟁

형 전쟁의

war는 기본적으로 '전쟁'을 뜻하며 국가, 집단, 지역 사이의 무력 충돌을 나타냅니다. '충돌, 싸움'을 의미하는 단어로 battle이 있지만 war와는 차이가 있습니다. war는 일반적으로 큰 규모의 충돌을 의미하며, 종종 수년에 걸쳐 여러 전투가 벌어지는 긴 기간의 충돌을 나타내는 반면, battle은 보통 한정된 시간과 공간 내에서 벌어지는 더 작고 구체적인 충돌을 나타냅니다.

1 War brings pain.

전쟁은 고통을 가져온다.

2 Robert studies war history.

Robert는 전쟁사를 공부한다.

Plus + bring 동 가져오다　　　　　　　history 명 역사

우리말에 맞게 빈칸에 알맞은 단어를 쓰세요.　　　　　　　　(정답은 본문을 확인하세요.)

1　Please cut the cake into small _____.　　　케이크를 작은 조각으로 잘라 주십시오.

2　Let's meet tomorrow _____.　　　대신에 내일 만나자.

3　The frog prince hid a crown in his _____.　　　개구리 왕자는 그의 가방 안에 왕관을 숨겼다.

4　Elsa _____ her mistake.　　　Elsa는 자신의 실수를 깨달았다.

5　Snow White prayed to _____ for help.　　　백설공주는 신에게 도움을 청하기 위해 기도했다.

6　Helen received the _____ score on her test.　　　Helen은 시험에서 최고 점수를 받았다.

7　Bill _____ the car at the gas station.　　　Bill은 주유소에 가서 차에 기름을 넣었다.

8　The phone rang _____.　　　전화벨이 갑자기 울렸다.

9　Peter _____ the trophy in victory.　　　Peter는 승리를 거두고 트로피를 들었다.

10　They saw a big _____ at the park.　　　그들은 공원에서 큰 곰을 보았다.

11　The _____ is rising.　　　태양이 떠오르고 있다.

12　His opinion is _____ from mine.　　　그의 의견은 내 의견과 다르다.

13　The lake is very _____.　　　그 호수는 매우 깊다.

14　The mule hurt his _____ and is in pain.　　　노새는 다리를 다쳐 아파하고 있다.

15　They _____ and greeted each other.　　　그들은 서로 만나 인사를 나누었다.

16　My sister has great _____ for music.　　　내 여동생은 음악을 듣는 감각이 뛰어나다.

17　_____ is the power of love.　　　그러한 것이 사랑의 힘이다.

18　The princess _____ the magic ring to the fairy.　　　공주는 요정에게 마법 반지를 돌려주었다.

19　I found a _____ in my sock.　　　나는 양말에 구멍이 난 걸 발견했다.

20　The fairy turned a mouse into a _____.　　　요정은 쥐를 말로 바꾸었다.

21　I don't _____ this math problem.　　　나는 이 수학 문제를 이해하지 못하겠다.

22　They _____ for peace.　　　그들은 평화를 기원한다.

23　Bell saw a _____ on the wall.　　　Bell은 벽에 걸린 그림을 보았다.

24　The goose _____ golden eggs.　　　그 거위는 황금알을 낳는다.

25　I couldn't give Tom a birthday _____.　　　나는 Tom에게 생일 축하 편지를 주지 못했다.

26　Jim chopped the _____ with an axe.　　　Jim은 도끼로 나무를 쪼갰다.

27　It's a _____ of time.　　　그것은 시간 문제야.

28　Jack found a beautiful _____ on the beach.　　　Jack은 해변에서 아름다운 바위를 발견했다.

29　The rumor is not _____.　　　그 소문은 사실이 아니다.

30　_____ brings pain.　　　전쟁은 고통을 가져온다.

Level 13

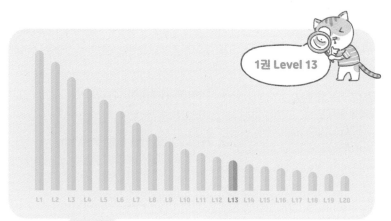

1권 Level 13

L1 L2 L3 L4 L5 L6 L7 L8 L9 L10 L11 L12 **L13** L14 L15 L16 L17 L18 L19 L20

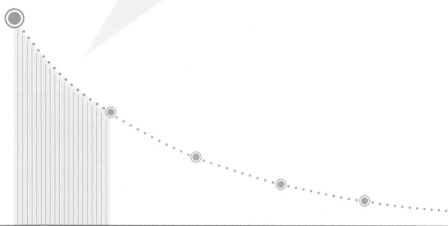

LEVEL 1~20 LEVEL 21~40 LEVEL 41~60 LEVEL 61~80 LEVEL 81~100

mountain

['maʊntn]

명 산, 산더미 같은 것

mountain은 Mount Everest(에베레스트 산)이나 Rocky Mountains(로키 산맥)처럼 구체적인 '산'을 지칭하거나 더 일반적인 개념에서 '산'을 설명할 때 쓰입니다. 또한 비유적인 맥락에서 과장된 표현으로 '산더미 같이 많은 양'을 나타내기도 해요. 가령 move mountains는 말 그대로 '산을 움직이다'라는 뜻으로 어떤 것이든 가능하다, 즉 대단히 어려운 일을 해내거나 큰 변화를 이루는 것을 의미합니다.

1 Aladdin saw a mysterious light on the mountain.
Aladdin은 산에서 신비로운 빛을 보았다.

2 Emma read a mountain of books over the summer.
Emma는 여름 동안 산더미처럼 많은 책을 읽었다.

Plus + mysterious 형 신비로운   light 명 빛

---

forward

['fɔːrwərd]

부 앞으로, 미래로, 더 일찍

형 앞으로 가는[향한],
앞쪽에 위치한

동 전달하다, 진척시키다

forward를 살짝 쪼개서 살펴볼까요? fore-는 '앞, 앞으로'를 의미하고, -ward는 '방향, ~쪽으로'를 뜻합니다. 그래서 forward는 '앞으로, 앞쪽 방향'을 의미합니다. 주로 물리적인 방향을 나타내거나 시간적인 맥락에서는 미래를 나타내기도 하지요. 또한 긍정적인 발전이나 진행을 나타내는 경우에도 forward를 쓸 수 있습니다.

1 I went straight forward.
나는 곧장 앞으로 갔다.

2 He kicked the ball forward.
그는 앞으로 공을 찼다.

Plus + straight 부 곧장   kick 동 (발로) 차다

---

forget

[fər'get]

forgot - forgotten

동 잊다, 망각하다, 잊고 안 하다,
게을리하다

영화 〈나 홀로 집에Home Alone〉에서 보면 비행기에서 엄마가 Kevin을 집에 두고 온 사실을 깨닫는 순간 "We forgot Kevin!"이라고 말합니다. 여기서 forget은 '잊다'라는 의미로 무언가를 기억하지 못하게 된 것을 나타냅니다. 가령 사람의 이름을 잊어버렸을 때, "I forget your name."라고 말할 수 있지요. 또는 중요한 일정 등을 잊어버렸거나 무언가를 (깜빡) 잊고 두고 온 상황도 나타낼 수 있습니다.

1 Alice forgot her adventures in Wonderland.
Alice는 원더랜드에서의 모험을 잊었다.

2 Paul forgets his wallet.
Paul은 그의 지갑을 잊고 안 가져왔다.

Plus + adventure 명 모험   wallet 명 지갑

0364

lift

[lɪft]

- 동 들어 올리다, 인상하다, 향상시키다, 훔치다, 표절[도용]하다
- 명 오르기, 고무됨, 승강기

lift는 단순히 물체를 아래에서 위로 높이 올리는 것부터 사람이나 물건을 한 장소에서 다른 장소로 옮기는 것을 모두 나타낼 수 있습니다. 예를 들어, lift heavy boxes는 '무거운 상자들을 들다'를 뜻하고, lift off는 '이륙하다'를 의미합니다. 또한 lift는 영국 영어에서 층간 이동을 돕는 기계, 즉 '승강기'를 뜻하기도 합니다. 아무래도 사람들을 위아래로 옮기는 기계라서 그런 것 같습니다.

1 **Can you lift this?**
이것 좀 들어 줄래?

2 **The news lifted my mood.**
그 소식이 나의 기분을 좋게 만들었다.

Plus + news 명 소식　　　　mood 명 기분

0365

climb

[klaɪm]

- 동 오르다[올라가다], 등산을 가다[하다], (노력하여) 지위가 오르다, 상승하다
- 명 등산[등반], 오름, 상승

climb은 주로 사물이나 경사진 곳, 높은 곳 등을 오르는 행동을 나타냅니다. 그리고 이러한 물리적인 오르기나 등반의 의미뿐만 아니라, 추상적인 맥락에서 '성장, 진전, 발전' 등을 나타내기도 해요. 참고로 종종 up, down, into, out of 등의 전치사와 함께 쓰이는데, 이때는 의미가 조금씩 달라질 수 있습니다. 예를 들어, climb up은 '위로 오르다'를, climb out of는 '(차 등에서) 내리다'를 의미합니다.

1 **Climbing a tree is fun and adventurous.**
나무에 오르는 것은 즐겁고 모험적이다.

2 **We will climb the mountain tomorrow.**
우리는 내일 산을 오를 예정이다.

Plus + adventurous 형 모험적인

0366

hill

[hɪl]

- 명 언덕, 비탈, 경사로

hill은 '언덕, 비탈'처럼 대체로 산보다는 낮고 부드러운 경사를 가진 높은 지형을 나타냅니다. 또는 도로나 길에 올라가는 부분을 의미하기도 합니다. hill을 활용한 재미난 표현으로 make a mountain out of a molehill이 있습니다. '작은 문제를 과장하여 큰 문제로 만든다'라는 뜻이지요. molehill은 '두더지 언덕'을 의미하고, 이것이 mountain(산)으로 변한다는 과장의 의미를 나타냅니다.

1 **There is a hill near the town.**
마을 근처에 언덕이 있다.

2 **The hill on this road is steep.**
이 도로의 경사로는 가파르다.

Plus + town 명 마을　　　　steep 형 가파른

0367

rise

[raɪz]

rose - risen

동 오르다, 뜨다, 일어나다, 고조되다

명 증가[상승], 오르막, 발원, 부활

rise는 높이가 올라가거나 위치가 높아지는 것을 표현합니다. 그래서 대상에 따라 물리적인 높이나 수치가 늘어나는 것 또는 비유적인 상황을 나타낼 수 있습니다. 예를 들어, a rising star는 '샛별'이라는 의미로, 어떤 분야에서 빠르게 성장하고 있는 사람을 지칭합니다. 또한 Rise and shine!이라고 하면 '일어나서 활기를 띠어라!'라는 의미로, 주로 아침에 누군가를 깨우거나 기분 좋게 하루를 시작하도록 격려하는 표현입니다.

1 The sun will rise soon.

곧 해가 뜰 것이다.

2 There was a rise in our company's sales.

우리 회사의 매출액이 상승했다.

Plus + company 명 회사　　　　　　　　sales 명 매출액

0368

happy

['hæpi]

형 행복한, 기쁜, 마음에 드는

우리가 잘 알고 있듯이 happy는 '행복한, 기쁜' 등을 뜻하며 긍정적인 감정이나 기분을 나타냅니다. happy는 일상 대화에서 자주 쓰이는 만큼 다양한 표현에서 쓰일 수 있어요. 예를 들어, happy holidays는 휴일 기간 동안의 행복을 바라는 인사를 뜻하고 happy hour는 식당이나 바에서 음료 가격을 할인하는 시간 등을 의미합니다.

1 I'm very happy at this moment.

나는 지금 이 순간 매우 행복하다.

2 They were happy with the good news.

그들은 좋은 소식에 기뻤다.

Plus + moment 명 (정확한 시점을 나타내는) 순간

0369

notice

['noʊtɪs]

명 통지[통보], 주목[알아챔], 안내문, 예고[경고]

동 주목하다, 알아채다, 언급[논평]하다

notice는 기본적으로 '주목하다, 알아채다'를 뜻합니다. 예를 들어, notice the changes in the weather라고 하면 '날씨의 변화에 주목하다'를 뜻하지요. 그리고 이러한 기본 뜻이 확장하여 '통지, 주목, 안내문' 등의 의미가 나왔습니다. 모두 무언가를 주목하거나 알아채는 것과 관련이 있다고 보시면 됩니다.

1 Please read the notice.

공지를 읽어 주십시오.

2 I didn't notice the change in Sam.

나는 Sam의 변화를 알아채지 못했다.

Plus + change 명 변화

0370

ready

['redi]

readied - readied

- 형 준비가 된, 막 ~하려고 하는, 재빠른
- 동 준비[대비]시키다
- 부 이미 ~되어 있는

ready는 무언가를 시작하거나 진행하기에 앞서 필요한 준비가 모두 끝났음을 나타냅니다. 그 준비가 물리적인 준비일 수도 있지만 정신적인 준비일 수도 있어요. 또는 준비를 요구하는 여러 상황을 나타내기도 합니다. 예를 들어, Ready, set, go!는 경주나 대회에서 시작 신호를 주는 상황을 나타내는데, 여기서 ready 가 참가자들에게 경기 시작 준비를 하라는 지시를 나타냅니다.

1 The food is ready.

음식이 준비되었다.

2 The coach readied the team for the finals.

코치는 결승전에 대비하여 팀을 준비시켰다.

Plus + finals 명 결승전

0371

gold

[gould]

- 명 금, 금화[금붙이], 황금색
- 형 금으로 만든, 금빛의

gold는 주로 화려하고 귀중한 금속인 '금'과 관련된 뜻을 나타냅니다. 그리고 이런 의미는 맥락에 따라 확장될 수 있어요. 예를 들어, a heart of gold는 매우 친절하고 관대한 사람을 나타냅니다. 이 표현은 사람의 선함과 도덕성을 '금'에 비유한 것으로 보시면 됩니다. 직역하면 '금 같은 마음'인데 '마음이 따뜻한', '선한 마음을 가진'으로도 해석할 수 있어요.

1 Gold is a precious metal.

금은 값비싼 금속이다.

2 Judy bought a gold necklace.

Judy는 금 목걸이를 샀다.

Plus + precious 형 값비싼, 귀중한   metal 명 금속
necklace 명 목걸이

0372

today

[tə'deɪ]

- 부 오늘날에
- 명 오늘

today는 '~에'를 뜻하는 to와 '날, 당일'을 의미하는 day가 합쳐진 단어입니다. 그래서 말하는 시점의 해당하는 날, 즉 '오늘'을 뜻하게 되었습니다. 하지만 때로는 좀 더 넓은 범위에서 '현재의 시대', '오늘날'을 의미하기도 합니다. 이때는 단순한 '하루'를 가리키는 것이 아니라 현재의 문화, 사회, 기술 등을 일컫는 개념을 나타낼 수 있어요.

1 Today is a beautiful day.

오늘은 아름다운 날이다.

2 I have a lot of work to do today.

나는 오늘 할 일이 많다.

Plus + a lot of 많은   work 명 일

0373

person

[ˈpɜːrsn]

명 사람, 개인

person은 원래 '마스크' 또는 '역할'을 의미하는 라틴어 *persona*에서 유래했습니다. *persona*는 고대 로마에서 연극 배우들이 무대에서 캐릭터를 연기할 때 사용하는 마스크를 가리켰는데, 시간이 지나면서 연극에서의 역할을 나타내는 것에서 벗어나 실제 인간, 즉 '개인'을 의미하게 되었습니다. 그래서 오늘날에는 a kind person(친절한 사람), an important person(중요한 인물)처럼 '사람, 개인'을 뜻하게 되었습니다.

1 Lily is a curious person.

   Lily는 호기심이 많은 사람이다.

2 A certain person is always late.

   어떤 사람은 항상 늦는다.

Plus + curious 형 호기심이 많은 　　certain 형 (상세히 말하지 않고) 어떤

0374

fine

[faɪn]

형 좋은, 괜찮은, 고운[섬세한], 미세한

부 괜찮게

명 벌금

동 벌금을 부과하다

fine은 상황과 문맥에 따라 다양한 의미를 갖는 단어 중 하나입니다. 그래서 해석에 주의해야 하지요. 우선 '좋은, 괜찮은' 등을 뜻할 수 있습니다. 예를 들면 fine wines(좋은 포도주), fine examples(괜찮은 예시들) 등이 있어요. 그리고 독특하게 '벌금', '벌금을 부과하다'를 뜻하기도 해요. 그래서 a parking fine이라고 하면 '주차 위반 벌금'을, be fined for speeding은 '과속으로 벌금을 부과받다'를 의미합니다.

1 Mary is a fine musician.

   Mary는 훌륭한 음악가다.

2 I got a parking fine.

   나는 주차 벌금을 부과받았다.

Plus + get 동 (처벌을) 받다 　　parking 명 주차

0375

dark

[dɑːrk]

형 어두운, 암울한, 검은, 알 수 없는[비밀스러운]

명 어둠, 암흑

dark는 빛이 없거나 부족한 상태를 나타냅니다. 또한 슬픔이나, 비극, 불행 등의 부정적인 상황을 의미하기도 합니다. 예를 들어, get dark는 '어두워지다'를 의미하고, dark days는 '불운의 시대'를 뜻해요. dark를 활용한 속담으로 The darkest hour is that before the dawn.이 있는데, 이는 '가장 어두운 시간은 동트기 직전이다.'라는 뜻입니다. 어떤 어려운 상황 등이 지나면 희망과 긍정적인 변화가 찾아온다는 말입니다.

1 It's too dark outside.

   밖은 너무 어둡다.

2 The news made Jane's heart feel dark.

   그 소식은 Jane의 마음을 암울하게 했다.

Plus + heart 명 마음

0376

ball

[bɔːl]

- 명 공, 공 모양의 것, 무도회
- 동 (공같이) 동그랗게 만들다

ball의 유래를 한 번 살펴볼까요? ball은 원래 '둥근 물체'를 뜻하던 중세 영어 bal 또는 balle에서 비롯되었습니다. 그러다 시간이 지나면서 지금의 '공', '공 모양의 것' 등을 의미하게 되었지요. 이 밖에도 ball은 a masked ball(가면 무도회)처럼 맥락에 따라서 '무도회'를 뜻하기도 합니다.

1 They played with a ball.

그들은 공놀이를 하며 놀았다.

2 Alice made a mask to go to the ball.

Alice는 무도회에 가기 위해 가면을 만들었다.

Plus + mask 명 가면

0377

corner

['kɔːrnə(r)]

- 명 구석, 모퉁이, 곤경[궁지]
- 동 (궁지에) 몰아넣다, (구석에) 가두다, 매점[매석]하다
- 형 모퉁이에 있는

corner는 '구석' 또는 '모퉁이'를 의미합니다. 그래서 어떤 경로를 설명하는 상황에서 around the corner라고 하면 '모퉁이를 돌면'을 의미하지요. 또는 시간상으로 어떤 시점이 곧 다가올 때도 just around the corner라고 표현할 수 있어요. '~이 코앞으로 다가왔다'라는 뜻이지요. 그밖에 corner는 비유적으로 굉장히 어려운 부분이나 진행 중인 일의 중요한 부분을 나타내기도 합니다. 이 때는 '구석에 몰다, 구석에 가두다'라는 의미로 해석할 수 있어요.

1 The bookstore is just around the corner.

그 서점은 모퉁이를 돌면 바로 있다.

2 The police cornered the thief.

경찰은 도둑을 구석에 몰았다.

Plus + bookstore 명 서점   thief 명 도둑

0378

grab

[græb]

- 동 붙잡다[움켜잡다], 마음을 사로잡다, 가로채다
- 명 잡아채기, 약탈[강탈]

grab은 '잡다' 또는 '붙잡다'를 뜻하며 손으로 무언가를 빠르고 강하게 쥐는 행동을 의미합니다. 또한, '기회를 잡다'라는 비유적인 의미로도 쓰여 빠르게 기회를 이용하거나 장점을 활용하는 행동을 나타내기도 하지요. 그밖에 간편하게 무언가를 먹는 상황에서도 쓰일 수 있어요. 이때는 주로 grab a bite 또는 grab something to eat와 같이 표현되는 경우가 많습니다.

1 Lisa grabbed her bag and left in a hurry.

Lisa는 가방을 집어 들고 급히 떠났다.

2 I can grab the ball and throw it to you.

나는 공을 잡아서 네게 던질 수 있어.

Plus + leave 동 떠나다   in a hurry 급히, 서둘러

0379

guess
[ges]

⑧ 추측[추정]하다,
　어림짐작하다

⑨ 추측, 짐작

guess는 어떤 것을 추측하거나 무언가를 맞히려고 시도하는 상황을 나타냅니다. 주로 '나는 ~라고 추측한다[생각한다].'라는 의미의 I guess ~라는 표현으로 쓰여요. 또한 Guess my age!라고 하면 '내 나이를 맞혀봐!'를 의미합니다. 이 밖에도 guess는 대화에서 부드럽게 의견을 제시할 때도 쓰입니다. 예를 들어, I guess you're right.이라고 하면 '네가 맞는 것 같아.'라는 의미이지요.

1 I guess Linda is a liar.
나는 Linda가 거짓말쟁이인 것 같다.

2 Her guess was wrong.
그녀의 추측은 틀렸다.

Plus + liar **⑨** 거짓말쟁이　　　　　　　wrong **⑱** 틀린

0380

lead
[liːd] [led]
led - led

⑧ 안내하다[이끌다],
　~에 이르다, 하게 되다,
　선두를 달리다, 지휘하다

⑨ 선두, 실마리, 납

lead의 가장 일반적인 의미는 '안내하다, 이끌다' 또는 '지휘하다'입니다. 그래서 집단이나 조직을 이끄는 사람을 leader라고 하죠. lead의 또 다른 의미는 '~에 이르다, 하게 되다'입니다. 특정 결과나 상황을 초래하는 원인이나 요소를 설명하지요. 이 밖에도 lead는 '선두, 실마리' 또는 '납'이라는 금속 원소를 가리키기도 합니다. 참고로 '납'을 의미할 때는 발음이 [led]로 달라지는 점을 주의해야 합니다.

1 Jamie led the team to victory.
Jamie는 팀을 승리로 이끌었다.

2 The guide will lead us around the city.
가이드가 도시의 이곳저곳을 우리에게 안내할 것이다.

Plus + guide **⑨** (여행) 가이드[안내인]　　　around **⑭** 여기저기, 이리저리

0381

large
[lɑːrdʒ]

⑱ 큰, 대형의, 많은

large는 크기, 수량, 범위 등에서 어떤 것이 평균보다 더 크거나 넓거나, 또는 더 많은 경우에 쓰입니다. 일반적으로 옷, 음식, 물건 등의 크기를 설명할 때 자주 쓰이지요. 또한 물리적인 크기뿐만 아니라 추상적인 개념을 설명할 수도 있어요. 예를 들어, large amount는 '많은 양'을 뜻하고 large scale은 '대규모'를 의미합니다. 참고로 비슷한 의미의 big(큰)은 부피나 덩어리, 무게 등을 나타낼 때 쓰이니 함께 알아 두세요!

1 They live in a large house.
그들은 큰 집에 산다.

2 The concert attracted a large crowd.
그 콘서트는 많은 관객을 끌어 모았다.

Plus + attract **⑧** (어디로) 끌어 모으다　　　crowd **⑨** 관객

0382

quiet

[ˈkwaɪət]

- 형 조용한[고요한], 한가한[한산한], 차분한
- 명 고요, 한적[정적]
- 동 조용하게 하다, 진정시키다

quiet은 소리가 거의 없거나 전혀 없는 상태를 나타내며 일반적으로 환경, 사람 또는 행동에 적용됩니다. 예를 들어, quiet room은 '소리가 없거나 매우 작은 방'을 의미하고, quiet person은 '말이 별로 없는 사람'을 의미합니다. Be quiet!이라고 하면 '조용히 해!' 또는 '소음을 줄여!'라는 의미를 나타내요. 또한 quiet은 차분하게 행동하는 것을 나타내기도 합니다. Sarah is quiet.라고 하면, Sarah가 말이 많지 않고 차분하게 행동한다는 의미가 됩니다.

1 The library is a quiet place.
도서관은 조용한 곳이다.

2 The teacher quieted the class.
선생님은 반을 조용하게 했다.

Plus + library 명 도서관　　　　place 명 곳, 장소

0383

finish

[ˈfɪnɪʃ]

- 동 끝내다, 완료[완성]하다, 다 먹어[마셔] 버리다
- 명 끝[마지막], 끝손질[마무리]

finish는 '끝내다, 완료하다'를 의미하며 어떤 일이나 활동이 완전히 끝나고, 그 결과를 볼 수 있는 상태에 이르렀음을 나타냅니다. 특정 행동이나 활동을 완료하는 것을 나타내며 종종 '마지막 부분'이나 '결과물'을 뜻하기도 해요. 또한, 산업 분야에서는 주로 '마무리 작업'이나 '표면 처리'를 뜻하기도 합니다.

1 I finished work at 5 p.m.
나는 오후 5시에 일을 끝냈다.

2 The table has a glossy finish.
테이블은 광택이 나는 마감처리가 되어있다.

Plus + glossy 형 광[윤]이 나는

0384

lip

[lɪp]

- 명 입술, (그릇 등의) 가장자리 [테두리], 주제넘은 [뻔뻔스러운] 말
- 동 ~에 입술을 대다
- 형 입술의, 말만의

lip은 기본적으로 '입술'을 뜻합니다. 영어에는 lip을 활용한 다양한 표현이 있습니다. 예를 들어, Read my lips.라고 말하면 '내 입술을 읽어라.', 즉 '내 말을 확실히 이해하라.'라는 의미를 나타냅니다. 또는 bite one's lip은 신경질적이거나 긴장된 상태를 표현합니다. 우리도 흔히 화가 나면 입술을 깨물죠? 이 밖에도 lip은 컵의 입 부분과 같이 '(그릇 등의) 가장자리'를 뜻하기도 합니다.

1 The princess gently kissed the frog's lips.
공주는 개구리의 입술에 부드럽게 키스했다.

2 The lip of this cup is cracked.
그 컵의 가장자리에 금이 가 있다.

Plus + gently 부 부드럽게　　　　crack 동 금이 가다, 갈라지다

0385

lie

[laɪ]

lied/lay - lied/lain

동 누워 있다[눕다],
(어떤 상태로) 있다,
(~에) 위치하다, 거짓말하다

명 거짓말

lie는 의미에 따라 과거형의 형태가 달라지기 때문에 주의해야 합니다. 주로 '눕다', '(어떤 상태로) 있다', '(~에) 위치하다' 등을 뜻할 때 lie의 과거형은 lay입니다. 하지만 '거짓말하다'를 뜻할 때 lie의 과거형은 lied입니다. 그래서 Jack lay on the bed.는 'Jack은 침대에 누웠다.'를 뜻하지만, Jack lied to me about his job.은 'Jack은 자신의 직업에 대해 내게 거짓말했다.'라는 의미가 됩니다.

1 I'm going to lie down until I feel better.
나는 (상태가) 나아질 때까지 누워 있을 거야.

2 It's not nice to lie. We should always tell the truth.
거짓말하는 것은 좋지 않다. 우리는 항상 진실을 말해야 한다.

Plus + lie down (자거나 쉬려고) 누워 있다　　　　truth 명 진실

0386

alone

[əˈloʊn]

형 혼자, 단독으로, 외로운

부 혼자서

alone은 주로 '혼자'라는 상태를 강조합니다. 그래서 Leave me alone!이라고 하면 '나를 혼자 내버려둬!'를 뜻하고, spend time alone은 '혼자서 시간을 보내다'를 의미해요. 또한 때때로 only와 비슷한 의미로 사용되어 '오직 ~만이'라는 강조의 의미를 나타내기도 합니다.

1 I feel scared when I'm alone in my room.
나는 방에 혼자 있으면 무서워.

2 I enjoy spending time alone.
나는 혼자 시간을 보내는 걸 즐긴다.

Plus + scared 형 무서워하는　　　　enjoy 동 즐기다
spend 동 (시간을) 보내다

0387

cover

[ˈkʌvə(r)]

명 덮개, 표지, 엄호

동 덮다, 씌우다,
(어떤 범위에) 걸치다

cover는 원래 '무언가를 완전히 덮다'를 의미했습니다. 그러다 시간이 지나면서 자연스럽게 지금의 '덮다'를 뜻하게 되었지요. 그리고 이러한 기본 뜻을 바탕으로 다양한 의미가 파생되었습니다. 예를 들어, cover a topic이라고 하면 '어떤 주제를 다루다'를 뜻하고, cover a shift는 '누군가의 업무를 대신하다'를 뜻합니다.

1 The chef quickly put a cover on the pot.
요리사는 빠르게 냄비에 뚜껑을 덮었다.

2 This book covers the history of the Roman Empire.
이 책은 로마 제국의 역사를 다룬다.

Plus + quickly 부 빠르게　　　　pot 명 냄비
empire 명 제국

0388

hit

[hɪt]

hit - hit

동 때리다[치다], 맞히다,
닿다[이르다], 봉착하다

명 타격[강타], 인기 작품

hit의 가장 기본적인 뜻은 물리적으로 무언가를 때리거나 공격하는 것입니다. 또는 어떤 목표나 대상에 도달하거나 닿았음을 나타내기도 해요. 예를 들어, hit the target이라고 하면 '목표를 맞추다'를 의미합니다. 또한 hit은 어떤 곳을 방문하는 것을 의미하기도 해요. 예를 들어, Let's hit the beach.는 '우리 해변에 가자.'를 뜻해요. 이 밖에도 hit은 인기가 많은 노래, 영화 등을 가리키기도 합니다.

1 The player hit the ball with the bat.

그 선수는 방망이로 공을 쳤다.

2 That song became a hit.

그 노래는 인기곡이 되었다.

Plus + bat 명 방망이, 배트   become 동 ~이 되다

0389

lady

['leɪdi]

명 숙녀, (정중한 표현으로) 여성,
아가씨[부인]

lady는 '숙녀' 또는 '부인' 등을 뜻하며 공손하게 여성을 지칭하는 단어입니다. 주로 영부인이나 주(州)지사의 부인, 또는 각국 수상의 부인을 first lady라고 하죠. 또한 특정 상황에서 Lady first라는 표현을 쓰면 다른 사람들이 여성을 먼저 통과하게 하거나 자리 등을 여성에게 먼저 양보하는 행동을 하는 것을 나타냅니다.

1 The lady smiled at me.

그 아가씨는 내게 미소를 지었다.

2 The kind lady helped Jack.

친절한 여성이 Jack을 도와주었다.

Plus + smile at ~을 보고 미소짓다

0390

near

[nɪr]

형 가까운, 비슷한[근사한]

부 가까이, 거의

동 ~에 접근하다

near는 주로 위치나 거리가 가깝거나 근처에 있는 상태를 나타냅니다. 예를 들어, The project is near completion.에서 near는 프로젝트가 거의 완료되었다는 것을 의미합니다. 이 외에도 near는 '~에 접근하다, 가까워지다'를 뜻합니다. 예를 들어, We are nearing the destination.이라고 하면 '우리는 목적지에 가까워지고 있다.'는 것을 의미합니다.

1 The department store is near the park.

백화점은 공원 근처에 있다.

2 My cousin lives near my house.

나의 사촌은 우리 집 근처에 살고 있다.

Plus + department store 백화점   cousin 명 사촌

우리말에 맞게 빈칸에 알맞은 단어를 쓰세요.　　　　(정답은 본문을 확인하세요.)

1　Aladdin saw a mysterious light on the ＿＿＿＿＿＿＿.　　　　Aladdin은 산에서 신비로운 빛을 보았다.

2　I went straight ＿＿＿＿＿＿＿.　　　　나는 곧장 앞으로 갔다.

3　Alice ＿＿＿＿＿＿＿ her adventures in Wonderland.　　　　Alice는 원더랜드에서의 모험을 잊었다.

4　Can you ＿＿＿＿＿＿＿ this?　　　　이것 좀 들어 줄래?

5　We will ＿＿＿＿＿＿＿ the mountain tomorrow.　　　　우리는 내일 산을 오를 예정이다.

6　There is a ＿＿＿＿＿＿＿ near the town.　　　　마을 근처에 언덕이 있다.

7　The sun will ＿＿＿＿＿＿＿ soon.　　　　곧 해가 뜰 것이다.

8　I'm very ＿＿＿＿＿＿＿ at this moment.　　　　나는 지금 이 순간 매우 행복하다.

9　Please read the ＿＿＿＿＿＿＿.　　　　공지를 읽어 주십시오.

10　The food is ＿＿＿＿＿＿＿.　　　　음식이 준비되었다.

11　＿＿＿＿＿＿＿ is a precious metal.　　　　금은 값비싼 금속이다.

12　＿＿＿＿＿＿＿ is a beautiful day.　　　　오늘은 아름다운 날이다.

13　Lily is a curious ＿＿＿＿＿＿＿.　　　　Lily는 호기심이 많은 사람이다.

14　Mary is a ＿＿＿＿＿＿＿ musician.　　　　Mary는 훌륭한 음악가다.

15　It's too ＿＿＿＿＿＿＿ outside.　　　　밖은 너무 어둡다.

16　They played with a ＿＿＿＿＿＿＿.　　　　그들은 공놀이를 하며 놀았다.

17　The bookstore is just around the ＿＿＿＿＿＿＿.　　　　그 서점은 모퉁이를 돌면 바로 있다.

18　Lisa ＿＿＿＿＿＿＿ her bag and left in a hurry.　　　　Lisa는 가방을 집어 들고 급히 떠났다.

19　I ＿＿＿＿＿＿＿ Linda is a liar.　　　　나는 Linda가 거짓말쟁이인 것 같다.

20　Jamie ＿＿＿＿＿＿＿ the team to victory.　　　　Jamie는 팀을 승리로 이끌었다.

21　They live in a ＿＿＿＿＿＿＿ house.　　　　그들은 큰 집에 산다.

22　The library is a ＿＿＿＿＿＿＿ place.　　　　도서관은 조용한 곳이다.

23　The table has a glossy ＿＿＿＿＿＿＿.　　　　테이블은 광택이 나는 마감처리가 되어있다.

24　The princess gently kissed the frog's ＿＿＿＿＿＿＿.　　　　공주는 개구리의 입술에 부드럽게 키스했다.

25　I'm going to ＿＿＿＿＿＿＿ down until I feel better.　　　　나는 (상태가) 나아질 때까지 누워 있을 거야.

26　I enjoy spending time ＿＿＿＿＿＿＿.　　　　나는 혼자 시간을 보내는 걸 즐긴다.

27　The chef quickly put a ＿＿＿＿＿＿＿ on the pot.　　　　요리사는 빠르게 냄비에 뚜껑을 덮었다.

28　The player ＿＿＿＿＿＿＿ the ball with the bat.　　　　그 선수는 방망이로 공을 쳤다.

29　The ＿＿＿＿＿＿＿ smiled at me.　　　　그 아가씨는 내게 미소를 지었다.

30　The department store is ＿＿＿＿＿＿＿ the park.　　　　백화점은 공원 근처에 있다.

Level
14

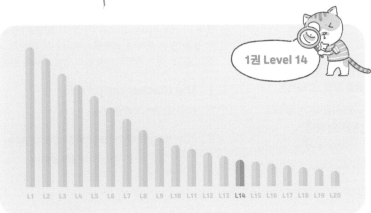

1권 Level 14

L1 L2 L3 L4 L5 L6 L7 L8 L9 L10 L11 L12 L13 **L14** L15 L16 L17 L18 L19 L20

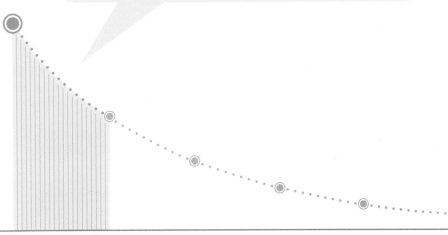

LEVEL 1~20 LEVEL 21~40 LEVEL 41~60 LEVEL 61~80 LEVEL 81~100

0391

chair

[tʃer]

명 의자, 의장

동 의장직을 맡다

chair는 단순한 나무 의자부터 회전 의자, 안락 의자 등 모든 형태의 의자를 나타냅니다. 하지만 chair는 맥락에 따라 '의자' 외에 다른 뜻을 나타내기도 합니다. 회의나 토론 등에서 주재하는 사람을 나타내거나 대학이나 대학원의 학과나 연구 부서의 팀장을 의미하기도 해요. 이때는 주로 '의장', '의장직을 맡다' 등의 뜻을 나타냅니다.

1 I need a new chair for my desk.
  나는 책상용 새 의자가 필요하다.

2 Helen is the chair of the English department.
  Helen은 영어과의 학과장이다.

Plus + department 명 (대학 등과 같은 조직의 한) 학과

0392

roll

[roʊl]

명 두루마리, 명부[명단], 돌돌 말린 것, 굴리기

동 구르다[굴리다], 뒹굴다, (둥글게) 말다

roll은 원래 '작은 바퀴'나 '스크롤'을 의미했는데 시간이 지나면서 '굴리다', '뒹굴다' 등을 뜻하게 되었습니다. 그래서 roll in the mud는 '진흙 속에서 뒹굴다'를 뜻하고, roll down the hill은 '언덕 밑으로 굴러가다'를 의미합니다. 또한 roll은 돌돌 말린 물체나 목록을 나타내기도 하는데, a roll of paper라고 하면 '한 롤의 종이', 즉 두루마리처럼 말려 있는 종이를 뜻합니다.

1 The teacher called roll.
  선생님은 출석부를 불렀다.

2 The dog loves to roll in the grass.
  그 개는 풀밭에서 구르는 것을 좋아한다.

Plus + call 동 부르다   grass 명 풀밭

0393

answer

[ˈænsə(r)]

동 대답[대응]하다

명 대답, 대응, 해결책

answer는 '대답하다, 대응하다' 등을 뜻하며 주로 어떤 질문이나 문제에 대한 응답 또는 해답을 나타냅니다. 예를 들어, answer the question은 '질문에 답하다'를 의미하고, answer the door라고 하면 초인종 소리 등을 듣고 '문을 열러 나가다'를 뜻합니다.

1 Can you answer my question, please?
  제 질문에 답변해 주시겠습니까?

2 I don't know the answer to this riddle.
  나는 이 수수께끼의 정답을 모르겠다.

Plus + question 명 질문   riddle 명 수수께끼

0394

above

[əˈbʌv]

- 전 ~보다 위에[위로],
  ~보다 많은, ~을 넘는[넘어],
  ~을 초월하여
- 부 위에[위로], ~이상으로
- 형 위의[앞에 말한]

above는 기본적으로 '높은 위치에' 또는 '상위에'를 의미합니다. 물리적 위치를 나타내어 한 물체가 다른 물체보다 높은 곳에 위치하는 것을 나타내지요. above는 또한 무언가 더 많거나 더 중요함을 의미하기도 해요. 비슷한 의미의 단어로 over가 있습니다. above가 직접 접촉하지 않고 바로 위 또는 수직적으로 위치가 높은 것을 나타내는 반면, over는 직접 접촉되어 있거나 그 위쪽 전반을 나타냅니다.

1 The plane is flying above the clouds.

비행기가 구름 위를 날고 있다.

2 Look at the stars above.

위에 있는 별들을 봐.

Plus + plane 명 비행기　　　　　　cloud 명 구름

0395

draw

[drɔː]

drew - drawn

- 동 그리다, 끌다,
  (결론 등을) 도출해 내다,
  뽑다[추첨하다],
  비기다, (돈을) 인출하다
- 명 추첨[뽑기], 무승부

draw의 가장 기본적인 의미는 '그리다'입니다. 연필, 붓, 크레용 등 다양한 도구를 활용하여 그림을 그리는 것을 나타내지요. 또한 draw는 '끌다'를 뜻하여 서랍에서 양말 등을 꺼내거나 카드를 뽑는 것 등을 나타내기도 해요. 그래서 '참가자들 사이에서 무작위로 당첨자를 선택하는 이벤트'를 Lucky Draw라고 합니다. 또한 draw는 경기나 대결이 무승부로 끝났음을 의미하기도 합니다.

1 Tom likes to draw with colored pencils.

Tom은 색연필로 그리는 것을 좋아한다.

2 The game ended in a draw.

게임은 무승부로 끝났다.

Plus + colored 형 색깔이 있는　　　　end in a draw 무승부로 끝나다

0396

hall

[hɔːl]

- 명 현관, 회관[회당], 복도

hall은 주로 건물 입구 안쪽에 위치한 '현관'을 나타냅니다. 그래서 the front hall(바깥 현관), the back hall(뒷쪽 현관) 등으로 쓰일 수 있습니다. 또한 특정 목적을 위한 공공 건물을 의미하기도 합니다. 예를 들어, city hall은 '시청'을 의미하고, dining hall은 '식당'이나 '식사 공간'을 의미합니다. 그밖에 hall은 건물 안의 '복도'나 '통로'를 의미하기도 해요.

1 We had a party in the big hall.

우리는 큰 회관에서 파티를 했다.

2 The princess walked down the long hall.

공주는 긴 복도를 따라 걸어갔다.

Plus + have a party 파티를 열다　　　　walk 동 걷다

0397

touch

[tʌtʃ]

동 만지다[건드리다], 가볍게 누르다[치다], 접촉하다, 감동시키다, 필적하다, 도달하다

명 촉각, 촉감, 만지기, 손질

touch는 '만지다, 닿다, 접촉하다' 등을 뜻하여 물리적인 접촉을 나타냅니다. 그래서 우리가 흔히 사용하는 touch screen은 화면을 손가락 등으로 직접 접촉해서 조작할 수 있는 화면을 말하죠. touch는 또한 '감동시키다' 등의 추상적인 의미를 나타내기도 합니다. 특히 긍정적이거나 감동적인 반응을 일으키는 것을 가리키지요. 예를 들어, The movie was so touching.이라고 하면, '그 영화는 너무 감동적이었다.'라는 의미랍니다.

1 His speech really touched me.

그의 연설은 나에게 큰 감동을 주었다.

2 The touch of the fabric was soft.

그 천의 촉감은 부드러웠다.

Plus + speech 명 연설   fabric 명 천

0398

green

[gri:n]

형 녹색[초록빛]의, 푸릇푸릇한, 활기 있는, (과일 따위가) 익지 않은

명 녹색[초록빛]

동 녹색으로 하다[칠하다]

green은 '초록빛 색상'을 나타냅니다. 그래서 자연이나 환경과 관련된 의미로도 자주 쓰이지요. 특히 친환경적인 또는 지속 가능한 것들을 나타냅니다. 예를 들어, green energy는 '재생 가능 에너지'를 의미합니다. 또한 green은 때때로 '생명력'이나 '활력'을 상징하기도 합니다. He's in his eighties, but he's still green.라고 하면 '그는 80대이지만 아직도 생기가 넘친다.'라는 뜻입니다.

1 In spring, the leaves turn green.

봄이 되면 잎들은 푸릇푸릇해진다.

2 The green light means you can go.

녹색 불은 가도 된다라는 의미이다.

Plus + turn 동 (~한 상태로) 되다, 변하다   mean 동 ~라는 의미이다

0399

outside

[aʊtˈsaɪd] [ˈaʊtsaɪd]

명 바깥쪽, 외관, 외부

형 외부의, 바깥쪽의

부 밖에, 밖에서

outside는 out(밖으로, 밖에)과 side(측면, 방향)가 합쳐진 단어입니다. 그래서 말 그대로 어떤 장소나 공간의 '바깥쪽'을 의미합니다. 예를 들어, go outside and play는 '밖에 나가서 놀다'를 의미하고, the outside of the building은 '건물의 외벽'을 뜻해요.

1 I like to take a walk outside.

나는 밖에서 산책하는 것을 좋아한다.

2 It was snowing outside, so I built a snowman.

밖에 눈이 와서 나는 눈사람을 만들었다.

Plus + take a walk 산책하다   snow 동 눈이 오다
build 동 만들어 내다

0400

able

[ˈeɪbl]

형 ~할 수 있는, 능력 있는

able은 '~할 수 있는, 능력 있는'이라는 뜻으로 주로 능력이나 가능성을 설명합니다. 예를 들어, I am able to swim.에서 able은 나에게 수영을 할 수 있는 능력이 있다는 것을 나타냅니다. 또한, able은 종종 -able 또는 -ible의 형태로 다른 단어와 함께 쓰이기도 합니다. 예를 들어, readable는 '읽을 수 있는' 것을 의미하고, edible은 '먹을 수 있는' 것을 의미합니다.

1 I am now able to tie my shoes.
나는 이제 내 신발 끈을 묶을 수 있다.

2 The mouse was not able to get the cheese.
쥐는 치즈를 얻을 수 없었다.

Plus + tie 동 묶다   get 동 얻다

0401

boat

[boʊt]

명 (작은) 배

동 배로 가다, 배에 태우다

'배'를 뜻하는 단어로 ship과 boat가 있습니다. ship이 대형 화물이나 많은 승객을 수용할 수 있는 크기가 큰 '선박'을 의미한다면, boat는 그보다는 크기가 작아 강이나 호수, 작은 해역에서 쓰이는 '배'를 뜻합니다. 참고로 특정 목적으로 쓰이는 boat를 설명할 때는 그 종류를 특정 짓는 형용사와 함께 쓰입니다. 예를 들면 sailboat(항해용 배), fishing boat(낚싯배) 등이 있어요.

1 Tom has a small fishing boat.
Tom은 작은 낚싯배를 가지고 있다.

2 Jane boated across the lake.
Jane은 호수를 가로질러 배를 탔다.

Plus + across 부 가로질러   lake 명 호수

0402

decide

[dɪˈsaɪd]

동 결정하다, 판결을 내리다, 해결하다

decide는 주로 어떤 상황에서 자신의 의지대로 두 가지 이상의 선택지 중 하나를 고르거나 결정하는 것을 나타냅니다. 예를 들어, decide to accept the offer는 '제안을 수락하기로 결정하다'를 의미하고, The case was decided.라고 하면 '그 사건에 판결이 내려졌다.'를 뜻합니다.

1 I decided to leave.
나는 떠나기로 결정했다.

2 The jury will decide the verdict.
배심원단이 평결을 내릴 것이다.

Plus + leave 동 떠나다   jury 명 배심원단
verdict 명 평결

0403

trouble

[ˈtrʌbl]

- 명 문제, 곤경, 분쟁
- 동 괴롭히다, 귀찮게 하다, 애를 먹이다

trouble은 주로 '문제, 고민, 곤란' 등의 의미를 나타내며, 어떤 상황이나 일이 잘 진행되지 않을 때나 원치 않는 결과가 발생했을 때 쓰입니다. 예를 들어, '문제를 일으키는 사람'을 trouble maker라고 하죠. 또는 in trouble은 '어려움에 처하다, 곤란한 상황에 있다'를 의미합니다. 그밖에 trouble은 '~에게 곤란을 일으키다, ~을 귀찮게 하다' 등을 뜻하기도 해요.

1 I don't want to cause any trouble.

나는 어떤 문제도 일으키고 싶지 않다.

2 The loud noise troubles me.

큰 소음이 나를 괴롭게 한다.

Plus + cause 동 일으키다, 초래하다   loud 형 (소리가) 큰
noise 명 소음

0404

explain

[ɪkˈspleɪn]

- 동 설명하다, 해명하다

explain은 '설명하다, 해명하다'를 뜻하며 누군가에게 정보를 제공하거나 개념, 아이디어, 사건, 상황 등을 명확히 하기 위해 필요한 세부 사항 등을 전달하는 것을 나타냅니다. 그래서 explain the rule(규칙을 설명하다), explain the math problem(수학 문제를 설명하다), explain oneself(자기 입장을 해명하다) 등 다양한 상황에서 쓰일 수 있어요.

1 He explained the way to the supermarket.

그는 슈퍼마켓에 가는 길을 설명해 주었다.

2 Jake should explain his actions.

Jake는 자신의 행동을 해명해야 한다.

Plus + way 명 (어떤 곳에 이르는) 길   action 명 행동

0405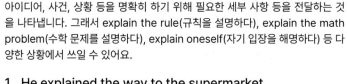

bomb

[bɑːm]

- 명 폭탄, 폭발물, (흥행 등의) 대실패
- 동 폭파하다, 폭격하다, 크게 실패하다

bomb은 주로 '폭탄, 폭발물' 또는 '폭파하다' 등을 뜻합니다. 그래서 an atomic bomb은 '원자 폭탄'을 뜻하고, bomb a city는 '도시를 폭파하다'를 의미해요. 또는 time bomb이라고 해서 '시간이 지나면 터지는 폭탄', 즉 미래에 큰 문제를 일으킬 수 있는 상황이나 문제를 나타내기도 합니다. 그밖에 폭탄이 터지면 모든 게 엉망이 된다는 흐름에서 bomb은 흥행 등이 '크게 실패하는' 것을 의미하기도 해요.

1 My boss often gives me time bombs.

나의 상사는 종종 시한폭탄처럼 어려운 일을 내게 맡긴다.

2 The plane bombed the enemy's base.

비행기가 적의 기지를 폭격했다.

Plus + enemy 명 (전쟁에서의) 적   base 명 (군사) 기지

0406

cold

[kould]

형 추운, 차가운, 냉담한, 무관심한

명 추위, 감기

부 무턱대고

cold는 물체나 환경의 온도가 낮은 것 외에도 사람이 냉담하고 무관심한 상황을 나타내기도 합니다. 예를 들어, a cold shoulder는 누군가를 무시하거나 경시하는 행동을 뜻해요. 또는 in cold blood라고 하면 냉정하게 무언가를 실행하는 것을 의미하지요. cold는 또한 '감기'를 뜻하기도 하는데, I have a cold라고 하면 '나는 감기에 걸렸다.'를 의미합니다.

1 Emily gave me a cold stare.
Emily는 나에게 차가운 눈빛을 보냈다.

2 He is shivering in the cold.
그는 추위에 떨고 있다.

Plus+ stare 명 빤히 쳐다보기, 응시   shiver 동 (추위 등으로) (몸을) 떨다

0407

hide

[haɪd]

hid - hidden

동 감추다[숨기다], 숨다[잠복하다]

명 (새·동물을 관찰할 수 있는) 은신처

hide는 물리적으로 어떤 물건이나 사람이 보이지 않게 숨는 것을 의미합니다. 그래서 '숨바꼭질'을 영어로 hide and seek이라고 하죠. 또한 비밀 등을 감추거나 숨기는 것을 나타내기도 합니다. 예를 들어, hide the truth는 '사실을 숨기다'라는 의미로, 무언가를 은폐하거나 사실을 왜곡하려고 하는 것을 나타냅니다. 그밖에 hide는 숨어서 새나 동물을 관찰할 수 있는 '은신처'를 뜻하기도 해요.

1 I hide my diary under the bed.
나는 침대 밑에 일기장을 숨겨둔다.

2 Alex hid the truth from his parents.
Alex는 부모님에게 진실을 숨겼다.

Plus+ diary 명 일기   truth 명 진실

0408

perhaps

[pər'hæps]

부 아마, 어쩌면, 혹시나

명 우연한 일, 불확실성

perhaps는 주로 '아마, 어쩌면, 혹시나' 등을 뜻하며 어떤 일이 100% 확정적이지 않을 때 그 가능성을 나타내기 위해 쓰입니다. 예를 들어, Perhaps we'll go out for dinner tonight.이라고 하면 '아마 우리는 오늘 저녁에 외식할지도 모르겠어.'를 뜻해요. 또한 맥락에 따라 '우연한 일' 또는 '불확실성'을 의미하기도 합니다.

1 Perhaps it will rain tomorrow.
아마 내일 비가 올지도 몰라.

2 The future holds many perhaps.
미래는 많은 불확실성을 보유한다.

Plus+ hold 동 보유하다, 소유하다

0409

pocket

['pɑːkɪt]

- 명 주머니, 호주머니, 소지금[금전]
- 동 호주머니에 넣다
- 형 휴대용의, 소형의

pocket은 보통 작은 주머니 같은 것을 의미합니다. 그리고 이런 pocket을 활용한 재미난 표현들이 있습니다. pickpocket은 pick(훔치다)과 pocket(주머니)가 합쳐진 단어로 '주머니 도둑', 즉 '소매치기'를 뜻합니다. 그리고 pocket money라고 하면 주로 어린이나 청소년이 부모님께 받는 '용돈'을 의미합니다. 그밖에 pocket은 맥락에 따라 '호주머니에 넣다' 또는 '휴대용의, 소형의'를 의미하기도 해요. 모두 '주머니'라는 기본 뜻에서 나온 것으로 보시면 됩니다.

1 His pocket is empty.

그의 주머니는 비어 있다.

2 Mary pocketed the change.

Mary는 거스름돈을 주머니에 넣었다.

Plus + empty 형 비어 있는　　　　　　　change 명 거스름돈

0410

wake

[weɪk]

woke - woken

- 동 깨다[일어나다], 깨우다, 각성하다[깨닫다], 활기를 띠다, 일깨우다

wake는 기본적으로 '깨다, 깨우다'를 의미하지만 보다 넓은 의미로 '각성하다' 또는 '깨닫다'를 뜻하기도 합니다. 이는 특히 비유적인 문맥이나 정신적, 정서적 각성을 나타내는 상황에서 주로 적용됩니다. 예를 들어, wake up and smell the coffee는 '일어나서 커피 냄새를 맡다'를 의미하지만, 실제로는 '정신 차리고 현실을 깨닫다'라는 뜻입니다. 또는 누군가 상황을 인식하지 못하거나 부정하고 있을 때, 현실을 깨달으라고 경고하는 표현이지요.

1 He wakes up at the sound of the alarm.

그는 자명종 소리에 잠에서 깼다.

2 Wake up and see the truth!

깨어나서 진실을 봐!

Plus + sound 명 소리　　　　　　　see 동 보다, 겪다

0411

save

[seɪv]

- 동 구하다[구조하다], 저축하다, 모으다, 절약하다, 저장하다, (나중에 쓰기 위해) 남겨 두다
- 명 (축구) 선방

save는 중요한 것을 보호하거나 잃어버리지 않게 하는 것을 의미합니다. 주로 컴퓨터 등을 활용하여 작업한 파일을 저장하거나 돈이나 시간, 에너지 등을 아끼는 상황을 나타내기도 해요. 예를 들어, save for a rainy day라고 하면 불황이나 어려운 시기를 대비해 돈이나 자원을 저축하는 것을 뜻하지요. 그밖에 save는 특정한 양이나 부분을 다른 목적이나 시간을 위해 남겨두는 것을 의미하기도 합니다.

1 Jimmy saved the girl from the fire.

Jimmy는 불 속에서 그 소녀를 구했다.

2 I am saving up for a trip to Europe.

나는 유럽 여행을 위해 돈을 모으는 중이다.

Plus + trip 명 여행

0412

sing

[sɪŋ]

sang - sung

동 노래하다, 지저귀다

명 노래 부르기

sing은 사람이 노래를 부르거나 새 등이 지저귀거나 소리를 내는 것을 모두 나타낼 수 있습니다. 흔히 콘서트에서 팬들이 가수의 노래를 함께 따라 부르는 것을 sing along이라고 표현하지요. 참고로 sing은 '노래하다'를 뜻하던 고대영어 singan에서 비롯되었습니다. 마치 우리가 오래 전부터 노래를 부르며 서로의 이야기를 전해왔던 것처럼, sing도 오랜 시간 동안 그 의미를 유지하며 여러 세대에 전달되었다고 볼 수 있습니다.

1 Helen loves to sing in the shower.

Helen은 샤워를 하면서 노래 부르는 것을 좋아한다.

2 The birds sing every morning.

새들이 아침마다 지저귄다.

Plus + love 동 대단히 좋아하다, 즐기다

0413

free

[friː]

형 자유로운, 구속 당하지 않는, 무료의, ~이 없는

부 무료로, 벗어나

동 풀어 주다, 석방하다

free는 어떠한 제약이나 한계 없이 '자유로운' 상태 또는 무언가에 갇히지 않은 상황, 돈을 지불하지 않아도 되는 상태 등을 뜻합니다. 또는 -free 형태로 다른 단어와 함께 쓰여 '~이 없는'을 의미하기도 해요. 예를 들어, sugar free는 '설탕이 없는'을, fat free는 '지방이 없는'을 뜻하지요. 그밖에 누군가를 자유롭게 '풀어 주다, 석방하다'를 의미하기도 합니다.

1 I feel free on weekends.

나는 주말에는 한가하다.

2 The coffee is free with breakfast.

커피는 아침 식사와 함께 무료이다.

Plus + weekend 명 주말

0414

blood

[blʌd]

명 혈액, 피, 혈통

blood는 몸 속에 흐르는 '피'를 의미합니다. 그래서 We are blood. 또는 He is my blood.라고 하면 '혈통' 또는 '가족 관계'에 있다는 뜻이 되기도 합니다. 또한 blood는 다양한 관용구나 표현에서도 자주 쓰입니다. 예를 들어, Blood is thicker than water.는 '피는 물보다 진하다.'라는 뜻으로 가족 간의 관계가 다른 관계보다 강하다는 것을 뜻해요.

1 The prince saw blood on the rose.

왕자는 장미에 묻은 피를 보았다.

2 Kate has royal blood.

Kate는 왕족의 혈통을 가지고 있다.

Plus + rose 명 장미   royal 형 왕의, 왕실의

0415

hang

[hæŋ]

hung/hanged - hung/hanged

동 매달다, 걸다, 매달리다, 늘어지다[늘어뜨리다], 교수형에 처하다 [교수형을 당하다]

hang은 주로 물건을 걸거나 매달리는 동작을 의미합니다. 흔히 우리가 옷을 걸어 두기 위한 도구를 hanger라고 부르기도 하지요. hang은 또한 '교수형에 처하다'를 의미하기도 합니다. 참고로 hang이 '매달다, 걸다' 등을 의미할 때는 과거와 과거 분사형이 hung인 반면에, '교수형에 처하다'를 의미할 때는 hanged라는 점 함께 구분해서 기억해 두세요.

1 The spider hangs from its web.
거미가 거미줄에 매달려 있다.

2 The seven dwarfs hung their hats by the door.
일곱 난쟁이는 문 옆에 모자를 걸어 놓았다.

Plus + web 명 거미줄   dwarf 명 (신화 속의) 난쟁이
by 전 ~옆에

0416

except

[ɪkˈsept]

전 제외하고는

접 다만, (~라는 것을) 제외하고

동 제외하다, 이의를 제기하다

except는 원래 '밖으로 잡다', '빼내다'를 뜻했습니다. 그러다 시간이 지나면서 지금의 '밖에 놓다', '제외하다'라는 의미로 변화하게 되었습니다. 주로 어떤 상황에서 무언가 예외나 제외되는 것을 나타냅니다. 예를 들어, I like all fruits except bananas.라고 하면 '나는 바나나를 제외한 모든 과일을 좋아한다.'를 의미합니다. 또는 except foreigners라고 하면 '외국인은 제외하다'를 뜻합니다. 참고로 except가 동사로 쓰이는 경우는 공식적인 문맥일 때가 많습니다.

1 Everyone laughed except Tom.
Tom을 제외하고 모두가 웃었다.

2 He would play, except it's cold.
추운 날만 아니라면 그는 놀았을 거야.

Plus + laugh 동 웃다

0417

drive

[draɪv]

drove - driven

동 운전하다, 동력을 공급하다, (행동을 하도록) 만들다

명 주행, 충동[욕구], 투지

drive의 기본 의미는 '운전하다'로, 자동차나 다른 차량을 조종하는 행위를 나타냅니다. 또한, 무언가를 강하게 밀어서 움직이게 하거나 특정 방향이나 목적으로 이끌다를 뜻하기도 합니다. 또한 자동차로 떠나는 짧은 여행이나 특정 목적지까지의 주행, 충동이나 투지를 나타내기도 합니다.

1 Sally drove carefully.
Sally는 조심스럽게 운전했다.

2 Curiosity drives new discovery.
호기심이 새로운 발견을 이끈다.

Plus + curiosity 명 호기심   discovery 명 발견

0418

expect

[ɪkˈspekt]

동 예상하다, 기대하다, 추측하다

expect는 과거에는 '밖으로 보다'를 의미하는 단어와 같은 계열이었습니다. 그러다 시간이 지나면서 이러한 의미를 바탕으로 무언가 밖으로 보여지거나 나타나기를 기다리는 것을 의미하게 되었습니다. 미래에 발생할 사건에 대해 기대하고 있는 것은 마치 그 사건이 우리 앞에 나타나는 것처럼 느껴지죠. 따라서 expect는 미래에 일어날 일에 대한 기대나 예상을 표현하기도 합니다.

1 They expect a lot of people at the event.
그들은 행사에 많은 사람이 올 것으로 예상한다.

2 Dorothy expected the wizard's help.
Dorothy는 마법사의 도움을 기대했다.

Plus + event 명 행사　　　　　　wizard 명 마법사

0419

lord

[lɔːrd]

명 주인[우두머리],
지주[집주인],
(중세 유럽의) 영주,
군주[임금]

동 (마구) 뽐내다, 으스대다

lord의 가장 일반적인 의미는 '지배자' 또는 '주인'입니다. 특히 중세 유럽의 '귀족'이나 '왕족'을 지칭할 때 사용되는 경우가 많아요. J.R.R. 톨킨의 소설을 원작으로 한 유명한 영화 시리즈 〈반지의 제왕The Lord of the Rings〉에 lord가 '제왕'이라는 의미로 쓰이기도 했습니다.

1 The lord's castle is big and old.
그 영주의 성은 크고 오래되었다.

2 Sue always lords it over her colleagues.
Sue는 항상 동료들에게 으스댄다.

Plus + castle 명 성　　　　　　lord it over ~에게 으스대다
colleague 명 동료

0420

tiny

[ˈtaɪni]

형 아주 작은[적은], 조그마한

tiny는 '작은, 아주 작은'이라는 뜻으로 크기가 매우 작거나 작아 보이는 것을 표현합니다. 예를 들어, a tiny puppy는 '아주 작은 강아지'를 나타냅니다. 또한 tiny는 크기를 강조하기도 합니다. 매우 작거나 미세한 것을 표현할 때 자주 쓰입니다. 예를 들어, a tiny crack in the wall은 '벽에 있는 아주 작은 균열'을 뜻하지요. 이 외에도 tiny는 특히 작은 크기에 대해 감탄하거나 귀엽다고 느끼는 것을 나타내기도 합니다.

1 The tiny fairy waved her magic wand.
작은 요정이 마법 지팡이를 휘둘렀다.

2 The tiny birds sang a sweet melody.
작은 새들이 달콤한 멜로디를 노래했다.

Plus + wave 동 휘두르다　　　　　　wand 명 (마술사의) 지팡이

우리말에 맞게 빈칸에 알맞은 단어를 쓰세요.   (정답은 본문을 확인하세요.)

1 I need a new _____ for my desk.   나는 책상용 새 의자가 필요하다.

2 The teacher called _____.   선생님은 출석부를 불렀다.

3 Can you _____ my question, please?   제 질문에 답변해 주시겠습니까?

4 The plane is flying _____ the clouds.   비행기가 구름 위를 날고 있다.

5 The game ended in a _____.   게임은 무승부로 끝났다.

6 We had a party in the big _____.   우리는 큰 회관에서 파티를 했다.

7 The _____ of the fabric was soft.   그 천의 촉감은 부드러웠다.

8 The _____ light means you can go.   녹색 불은 가도 된다라는 의미이다.

9 I like to take a walk _____.   나는 밖에서 산책하는 것을 좋아한다.

10 The mouse was not _____ to get the cheese.   쥐는 치즈를 얻을 수 없었다.

11 Tom has a small fishing _____.   Tom은 작은 낚싯배를 가지고 있다.

12 I _____ to leave.   나는 떠나기로 결정했다.

13 I don't want to cause any _____.   나는 어떤 문제도 일으키고 싶지 않다.

14 He _____ the way to the supermarket.   그는 슈퍼마켓에 가는 길을 설명해 주었다.

15 My boss often gives me time _____.   나의 상사는 종종 시한폭탄처럼 어려운 일을 내게 맡긴다.

16 Emily gave me a _____ stare.   Emily는 나에게 차가운 눈빛을 보냈다.

17 I _____ my diary under the bed.   나는 침대 밑에 일기장을 숨겨둔다.

18 The future holds many _____.   미래는 많은 불확실성을 보유한다.

19 His _____ is empty.   그의 주머니는 비어 있다.

20 _____ up and see the truth!   깨어나서 진실을 봐!

21 Jimmy _____ the girl from the fire.   Jimmy는 불 속에서 그 소녀를 구했다.

22 Helen loves to _____ in the shower.   Helen은 샤워를 하면서 노래 부르는 것을 좋아한다.

23 I feel _____ on weekends.   나는 주말에는 한가하다.

24 The prince saw _____ on the rose.   왕자는 장미에 묻은 피를 보았다.

25 The spider _____ from its web.   거미가 거미줄에 매달려 있다.

26 Everyone laughed _____ Tom.   Tom을 제외하고 모두가 웃었다.

27 Curiosity _____ new discovery.   호기심이 새로운 발견을 이끈다.

28 They _____ a lot of people at the event.   그들은 행사에 많은 사람이 올 것으로 예상한다.

29 The _____'s castle is big and old.   그 영주의 성은 크고 오래되었다.

30 The _____ fairy waved her magic wand.   작은 요정이 마법 지팡이를 휘둘렀다.

Level 15

레벨별 단어 사용 빈도

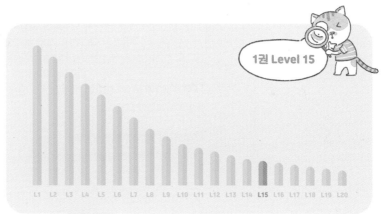

1권 Level 15

L1 L2 L3 L4 L5 L6 L7 L8 L9 L10 L11 L12 L13 L14 **L15** L16 L17 L18 L19 L20

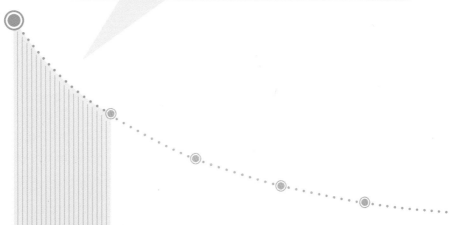

LEVEL 1~20　　LEVEL 21~40　　LEVEL 41~60　　LEVEL 61~80　　LEVEL 81~100

0421

cut

[kʌt]

cut - cut

동 자르다, 베다, 절개하다,
중단하다, 줄이다[삭감하다]

명 상처, 삭감, 절단

cut은 일반적으로 어떤 대상을 칼이나 날카로운 도구로 끊거나 잘라내는 것을 나타내요. 예를 들어, cut a slice of cheese라고 하면 '치즈 한 조각을 잘라내다'를 뜻하고, cuts on the face는 '얼굴의 긁힌 상처들'을 의미해요. 또한 비용 등을 줄이는 것을 의미하기도 합니다. 이를테면 cut taxes는 '세금을 삭감하다'를 의미합니다.

1 People cut down the trees.
사람들이 나무를 베었다.

2 I have a cut on my finger.
나는 손가락에 상처가 났다.

Plus + cut down 쓰러뜨리다, 넘어뜨리다　　　　finger 명 손가락

0422

quite

[kwaɪt]

부 꽤, 상당히, 아주, 전적으로

quite는 기본적으로 '꽤, 상당히'를 뜻하는데 very보다는 강조의 강도는 약한 편입니다. 또한 '아주, 완전히, 전적으로'를 의미하기도 하여 The room is quite clean.이라고 하면 '방이 완전히 깨끗하다.'라는 뜻입니다. quite가 부정문에 쓰이면 '완전히[전부] ~하지는 않다'라는 부분 부정의 뜻을 나타내기도 해요. 참고로 quite를 quiet(조용한)와 철자를 헷갈리지 않게 주의하세요!

1 The movie was quite interesting.
그 영화는 꽤 흥미로웠다.

2 The story is quite true.
그 이야기는 전적으로 사실이다.

Plus + interesting 형 흥미로운　　　　true 형 사실의

0423

death

[deθ]

명 죽음, 사망, 종말

death는 '죽음, 사망'을 의미해요. 생명체의 생명 활동이 완전히 중단되는 물리적 죽음을 의미합니다. 예를 들어, the fear of death는 '죽음에 대한 두려움'을 뜻하고, the sudden death는 '갑작스러운 죽음'을 뜻하지요. 또한 the death of dream(꿈의 종말)처럼 어떤 아이디어나 희망, 감정 등이 더 이상 존재하지 않는 '종말'을 의미하기도 합니다.

1 Doctor Smith is playing a game of tug-of-war with the god of death.
Smith 박사는 죽음의 신과 줄다리기 게임을 하고 있다.

2 Death comes to all.
모든 이에게 죽음은 찾아온다.

Plus + tug-of-war 줄다리기　　　　god 명 신

0424

may

[meɪ]

might

조 ~일지[할지] 모른다,
(허락을 나타내어) ~해도 되다
[좋다], (바람 소망을 나타내어)
~이기를 (빌다)

may는 다양한 문맥에서 쓰이는 단어 중 하나입니다. 주로 허락이나 요청을 나타내기도 하고, 미래의 가능성이나 불확실성을 표현할 수도 있어요. 참고로 may의 과거형인 might는 과거의 가능성이나 추측을 나타냅니다. 그밖에 may는 예측이나 추측을 나타내기도 하고, 공손하게 바람이나 소망을 표현하는 상황에서 쓰일 수도 있어요. 이렇게 문맥에 따라 다양한 의미를 나타낼 수 있으니 may를 해석할 때는 주의해야 합니다.

1 It may rain tomorrow, so take your umbrella.

내일 비가 올지도 모르니 우산을 가져가.

2 May I borrow your pen?

펜 빌려도 될까?

Plus + take 통 (어떤 것을 한 곳에서 다른 곳으로) 가지고 가다   borrow 통 빌리다

0425

spend

[spend]

spent - spent

통 (돈을) 쓰다, (시간을) 보내다

명 비용

spend는 주로 돈을 쓰거나 시간을 보내는 것을 나타냅니다. 어떤 상품이나 서비스에 돈을 지불하거나 무언가를 하면서 시간을 보내는 모든 상황에서 쓰일 수 있지요. 그러므로 개인의 경제적인 활동이나 일상생활에서 시간을 어떻게 관리하는지와 관련된 문맥에서 자주 등장합니다.

1 They spent time together playing games.

그들은 게임을 하면서 함께 시간을 보냈다.

2 I spend my pocket money on books.

나는 용돈을 책에 쓴다.

Plus + pocket money 용돈

0426

imagine

[ɪˈmædʒɪn]

통 상상하다, 마음에 그리다

세계적인 가수 John Lennon(존 레논)이 부른 〈Imagine〉이라는 노래를 들어본 적 있을 겁니다. 전 세계의 평화와 국가 간의 경계가 없는 세상, 종교나 재산의 구분 없이 사람들이 함께 살아가는 모습을 상상하는 내용을 담은 노래이죠. 이렇게 imagine은 마음의 눈으로 어떤 것을 상상하거나 그리는 것을 의미합니다. 주로 감정이나 아이디어, 물건 등을 마음속에 그리며 생각해 보는 것을 나타냅니다.

1 I imagined my own end.

나는 내 자신의 마지막을 상상해 보았다.

2 Let's imagine a green forest.

푸른 숲을 마음에 그려봐.

Plus + own 형 자신의   end 명 (시간·사건·활동·이야기의) 끝

0427

stick

[stɪk]

stuck - stuck

명 막대기, 나뭇가지

동 붙다[붙이다], 고수하다, 찌르다[박다]

stick은 '막대기'나 '나뭇가지'를 가리킵니다. 그래서 walking stick이라고 하면 '지팡이'를 말하지요. 또는 sticker(스티커)처럼 붙이거나 달라붙는 상태를 나타내거나, 무언가를 고수하고 지켜가는 것을 의미하기도 합니다. 광고에서 종종 Stick with the best!라는 표현을 볼 수 있는데, 이는 '최고를 고수하세요!'라는 뜻으로 소비자에게 그 브랜드의 제품을 계속 선택하도록 권장하는 메시지를 전달합니다.

1 Harry found a stick in the park.

Harry는 공원에서 막대기를 찾았다.

2 Can you stick this poster on the wall?

이 포스터를 벽에 붙여 줄 수 있니?

Plus + poster 명 (안내·홍보용) 포스터, 벽보　　　　wall 명 벽

0428

chest

[tʃest]

명 가슴[흉부], 상자[궤], (공공 단체의) 금고[자금]

chest는 우리 몸의 '가슴' 부분, 특히 목 아래부터 배 위까지의 부분을 의미합니다. 그래서 chest pains는 '가슴의 통증'을 의미하고, a hairy chest는 '털이 많이 난 가슴'을 뜻하지요. 참고로 chest는 패션 분야에서는 가슴 둘레 측정과 관련하여 쓰이고, 운동에서는 가슴 근육을 키우는 운동과 관련하여 자주 쓰입니다. 그밖에 chest는 맥락에 따라 물건이나 옷, 문서 등을 보관하는 '금고'를 뜻하기도 합니다.

1 I did chest exercises at the gym.

나는 헬스장에서 가슴 운동을 했다.

2 Jim opened the treasure chest.

Jim은 그 보물 상자를 열었다.

Plus + gym 명 체육관　　　　treasure 명 보물

0429

desk

[desk]

명 책상, 프런트[접수처], (신문사의) 편집부

형 탁상용의

desk는 우리가 잘 알고 있듯이 '책상'을 뜻합니다. 사람들은 주로 책상에서 공부를 하거나 글쓰기, 컴퓨터 작업처럼 개인적인 작업을 하지요. 이런 흐름에서 의미가 확장하여 desk는 '프런트' 또는 '편집부'와 같이 특정 기능이나 업무를 가리키기도 합니다. 예를 들어, help desk라고 하면 '고객 지원 서비스'를 뜻합니다.

1 The cat jumped onto the desk.

고양이가 책상 위로 뛰어올랐다.

2 Amy works at the foreign news desk.

Amy는 외국 뉴스 편집부에서 일한다.

Plus + jump onto ~위로 뛰어오르다　　　　foreign 형 외국의

church

[tʃɜːrtʃ]

명 교회, 예배

church는 주로 '교회'와 같은 기독교의 예배 건물을 뜻합니다. 하지만 맥락에 따라 church는 단순한 건물을 넘어, 그 안에서의 공동체나 종교적 활동, 또는 그 것을 중심으로 한 신앙 공동체를 나타내기도 해요. 예를 들어, I go to church every Sunday.는 '나는 일요일마다 예배에 참석한다.'를 의미합니다. 때로는 기독교의 교리나 교훈, 전반적인 체계나 조직을 뜻하기도 합니다.

1 Sally sings in the church choir.

Sally는 교회 합창단에서 노래를 부른다.

2 The church bells ring at noon.

교회의 종은 정오에 울린다.

Plus + choir 명 합창단, 성가대   bell 명 종
ring 동 울리다   noon 명 정오, 낮 12시

---

dust

[dʌst]

명 먼지, 티끌, 가루[분말]

동 먼지를 털다[닦아내다],
(가루 따위를) 뿌리다

dust는 주로 공기 중에 떠다니거나 표면에 쌓이는 미세한 입자나 물질을 의미합니다. 예를 들어, '황사'를 yellow dust라고 하고 '미세 먼지'를 fine dust라고 하지요. 또한 dust는 물건의 표면에서 먼지를 닦아내는 행동을 나타내기도 해요. 예를 들면 dust the shelves는 '선반의 먼지를 닦다'를 의미합니다. 참고로 Ashes to ashes, dust to dust.(재는 재로, 티끌은 티끌로 (돌아가다))처럼 죽어서 육체가 사라지는 의미의 표현에서 쓰이기도 합니다.

1 The room was full of old books and dust.

그 방은 오래된 책들과 먼지로 가득 차 있었다.

2 Stella dusted off the old photo album.

Stella는 오래된 사진 앨범의 먼지를 털어냈다.

Plus + full 형 (~이) 가득한   dust off ~에서 먼지를 털다

---

pay

[peɪ]

paid - paid

동 지불하다, 납부하다,
수익을 내다

명 급료[보수]

pay는 주로 무언가를 살 때 돈을 지불하거나 어떤 서비스나 상품에 대한 대가로 무언가를 제공하는 행위를 의미합니다. 또한 '급여'나 '임금'을 의미하기도 하는데, I received my pay today.라고 하면 '나는 오늘 급여를 받았다.'라는 의미입니다. 그밖에 pay를 활용한 표현으로는 pay off(성공하다, 보상받다), payback(보복, 대가), paycheck(급여 명세서) 등이 있습니다.

1 I paid for the flowers.

내가 꽃값을 지불했다.

2 My job is hard, but the pay is good.

나의 업무는 어렵지만 급여가 괜찮다.

Plus + hard 형 (~하거나 이해하기) 어려운

0433

round

[raʊnd]

- 형 둥근[원형의], 대략의, 솔직한[있는 그대로의]
- 부 사방에서, 둥글게
- 전 ~을 돌아[둘러]
- 명 회[라운드], 한 차례
- 동 반올림[반내림]하다, 둥글게 만들다[되다]

round는 '둥근' 등을 의미하거나 '회, 한 차례'와 같이 한 번의 순서나 단계, 또는 경기 등을 뜻하기도 합니다. 예를 들어, a round of applause는 '한 차례의 박수'를 뜻합니다. 또한 round는 둥글게 만들거나 굴곡지게 하는 행위를 나타낼 수도 있어요. 가령 round off the edges라고 하면 '모서리를 둥글게 만들다'라는 의미이고, round up은 '~을 모으다'를 의미합니다.

1 The moon looked especially round and bright tonight.
오늘 밤 달이 특히 둥글고 밝게 보였다.

2 He won the first round but lost the second.
그는 첫 번째 라운드에서 이겼지만 두 번째에서 졌다.

Plus + especially 부 특히　　　　　　　　bright 형 밝은
lose 동 (시합 등에서) 지다

0434

low

[loʊ]

- 형 낮은, 아랫부분의, 저조한
- 부 낮게, 아래로
- 명 최저치, 아주 괴로운 시기, 저기압

low는 기본적으로 위치나 수준, 질, 강도 등이 낮은 것을 나타냅니다. 예를 들어, low shelf는 '낮은 선반'을 의미하고, low temperature라고 하면 '낮은 기온'을 뜻합니다. 또는 speaking low라고 하면 '낮은 소리로 말하다'를 의미하지요. 그리고 low는 무언가 부족하거나 감소된 상태나 '최저치'와 같은 가장 낮은 부분을 나타내기도 합니다. 예를 들면 low supply는 '부족한 공급'을 뜻하지요.

1 Tim's voice was low and kind.
Tim의 목소리는 낮고 친절했다.

2 The price is low.
가격이 저렴하다.

Plus + price 명 가격, 값

0435

press

[pres]

- 명 언론, 보도, 신문, 인쇄기, 출판사
- 동 (납작하게) 누르다, 꾹 밀어 넣다

press는 기본적으로 '누르다, 압박하다'라는 의미로 무언가를 누르거나 압박하는 행위를 나타냅니다. 흔히 press a button(버튼을 누르다), press the lid (뚜껑을 눌러 닫다) 등으로 쓰일 수 있지요. 또한 기계나 장치, 특히 '인쇄 기계'나 옷을 다릴 때 사용하는 기계를 나타낼 수 있습니다. 더 나아가, press는 '뉴스 매체'나 '언론, 출판사'를 의미하는 경우도 있습니다.

1 The rabbit pressed the button out of curiosity.
토끼는 호기심에 단추를 눌렀다.

2 Celebrities often avoid the press.
유명인들은 종종 언론을 피한다.

Plus + out of curiosity 호기심에서　　　　celebrity 명 유명 인사
avoid 동 피하다

son

[sʌn]

명 아들, (남자) 자손

son은 '아들, (남자) 자손'을 뜻하지만 구어체나 책에서는 누군가를 친근하게 부르거나 지칭할 때 쓰이기도 합니다. 예를 들어, Listen, son, let me give you some advice.(들어봐, 아들아, 조언 좀 해줄게.)에서 son은 자신의 아들을 직접적으로 지칭하거나 다른 사람을 친근하게 부르는 말일 수 있어요. 참고로 '부전자전'을 영어로는 Like father, like son.이라고 합니다.

1 A dragon took the farmer's son.

용이 농부의 아들을 데려갔다.

2 Her son wished upon a star.

그녀의 아들은 별에 소원을 빌었다.

Plus + take 통 (사람을) 데리고 가다   wish 통 기원하다, 빌다

class

[klæs]

명 수업, 학급[반], 등급,
우수[고급], 계층

class는 가장 흔한 의미로 학교나 대학에서 주제에 따라 구분된 학생 그룹이나 수업을 의미합니다. 특정 분류나 범주를 나타낼 수도 있어요. 예를 들어, This car is in a different class.라고 하면 '이 차가 다른 범주에 속한다.'라는 것을 의미합니다. class는 또한 '우아함'이나 '품격'을 나타낼 때도 쓰입니다. 이를테면 She has a lot of class.라고 하면 '그녀는 품격이 높다.'는 것을 의미합니다.

1 In class, John always takes detailed notes.

수업 시간에 John은 항상 꼼꼼하게 메모를 한다.

2 The king had three classes of treasures.

그 왕은 세 등급의 보물을 가지고 있었다.

Plus + detailed 형 자세한, 상세한   treasure 명 보물

exactly

[ɪgˈzæktli]

부 정확히, 꼭, 조금도 틀림없이

exactly는 주로 어떤 것이 정확하거나 일치하는 것을 나타냅니다. 특히 대화에서 강조나 동의를 나타내는 표현으로도 자주 쓰입니다. 또한, 누군가의 의견이나 설명에 동의할 때 Exactly!라고 하면 '맞아!' 또는 '정확히 그래!'라는 뜻입니다. exactly는 상황에 따라 약간 다른 뉘앙스를 품을 수 있지만, 항상 중심 의미는 어떤 것이 정확하거나 일치함을 나타낸다고 보시면 됩니다.

1 Your answer is exactly right.

네 대답은 정확히 맞다.

2 That's exactly my point.

그게 바로 내가 말하려는 요점이다.

Plus + right 형 (틀리지 않고) 맞는, 정확한   point 명 (말·행동의) 요점

0439

jump

[dʒʌmp]

동 뛰어오르다, 뛰어넘다,
급증[폭등]하다,
(놀라서) 움찔하다

명 급증[급등], 뛰어오름, 도약

jump는 '뛰어오르다, 뛰어넘다'를 뜻하며 주로 어떤 대상이 높이나 거리를 넘어 움직일 때 쓰입니다. 또는 순간적인 움직임, 갑작스러운 반응이나 감정의 변화를 표현하기도 합니다. 예를 들어, My heart jumped with joy.는 '내 마음이 기쁨으로 뛰었다.'는 것을 의미합니다. 또는 jump to conclusions은 '성급히 결론을 내리다'라는 의미이며, jump on the bandwagon은 유행이나 인기 있는 것에 빠르게 동참하는 것을 말합니다.

1 The frog jumped into the pond.
개구리가 연못으로 뛰어들었다.

2 The deer gave a quick jump.
사슴이 빠르게 뛰어올랐다.

Plus + deer 명 사슴   quick 형 빠른

0440

strong

[strɔːŋ]

형 강한, 튼튼한

strong은 주로 힘이나 안정성, 강도 등이 강한 상태를 나타냅니다. 그리고 물리적 강도 외에도 다양한 상황과 문맥에서 쓰일 수 있어요. 예를 들어, 어떤 사람의 의지나 결심이 강하다면 She has a strong will.이라고 표현할 수 있습니다. 또한 strong wind는 '강한 바람'을, strong bond는 '깊은 유대'나 '결속'을 의미합니다. 이처럼 strong은 문맥에 따라 그 의미의 범위를 확장할 수 있어요.

1 The strong lion was the king of the jungle.
강한 사자는 정글의 왕이었다.

2 A strong wind blew the hat away.
강한 바람이 모자를 날려버렸다.

Plus + blow away 불어 날리다

0441

figure

[ˈfɪɡjər]

명 숫자, 수치, 그림[도형],
(사람의) 모습, 꼴[형태]

동 생각하다[여기다], 계산하다

figure는 기본적으로 '숫자, 수치' 또는 '그림, 도형' 등을 의미합니다. 또는 문맥에 따라 '중요한 사람'이나 '생각하다'라는 뜻을 나타내기도 하지요. 예를 들어, the real figure는 '실제 수치'를 의미하고, a plane figure는 '평면 도형'을 뜻합니다. 또한 figure out이라고 하면 '이해하다, 해결하다'를 의미하는데, I can't figure out this problem.은 '나는 이 문제를 이해할 수 없다.'를 뜻합니다.

1 I saw a dark figure in the distance.
나는 멀리서 어두운 형체를 보았다.

2 The king was an important figure in the kingdom.
왕은 그 왕국에서 중요한 인물이었다.

Plus + distance 명 먼 곳[지점]   important 형 중요한
kingdom 명 왕국

0442

sorry

['sɑːri, 'sɔːri]

형 미안하게 생각하는,
유감스러운, 가엾은[딱한]

sorry는 사과나 연민, 불쾌함을 표현하는 단어입니다. 원래는 '슬픔', '고통'을 뜻하다가 시간이 지나면서 지금의 '사과하는' 의미로 발전하게 되었습니다. 아마 이러한 변화는 사람들이 자신의 잘못이나 실수로 인한 결과에 대해 '슬픔'이나 '고통'을 느낄 때, 그것을 표현하기 위해 sorry를 쓰기 시작하면서 나온 것으로 추정됩니다.

1 **Harry said he was sorry to Sally.**
Harry는 Sally에게 미안하다고 말했다.

2 **I felt sorry for the homeless man.**
나는 그 노숙자를 보고 안쓰러웠다.

Plus + homeless 형 노숙자의

0443

cat

[kæt]

명 고양이, 고양잇과 동물

cat은 '고양이' 혹은 '고양잇과 동물'을 가리킵니다. 그래서 보통 사자·호랑이·표범 등의 동물을 big cat이라고도 합니다. 참고로 우리가 '야옹 야옹'이라고 표현하는 고양이의 울음소리를 영어로는 meow 혹은 miaow라고 표현한답니다. 약한 울음소리는 mew, 낮게 그르렁거리는 소리는 purr로 표현하기도 합니다. cat을 활용한 속담 중에 Curiosity killed the cat.은 '호기심이 고양이를 죽인다.'라는 뜻으로 지나친 호기심이 문제를 일으킬 수 있다는 것을 의미합니다.

1 **Who will put a bell on the cat?**
누가 고양이 목에 방울을 달 것인가?

2 **In a small village, there lived a magical cat.**
작은 마을에 마법의 고양이가 살았다.

Plus + village 명 마을　　　　magical 형 마법의

0444

dragon

['drægən]

명 용, 무섭고 거친 여자

dragon은 전설 속의 불을 뿜는 동물인 '용'을 뜻합니다. 그래서 다양한 대중 문화에서 자주 쓰입니다. 예를 들어, 애니메이션 〈드래곤 길들이기How to Train Your Dragon〉는 어린 소년이 '용'을 길들이게 되면서 서로의 우정을 키우는 이야기이죠. TV 시리즈 〈왕좌의 게임Game of Thrones〉에서도 '용'은 주요 요소 중 하나입니다. 참고로 dragon은 부정적인 뉘앙스를 띄며 매우 엄격하거나 깐깐한 여성, 특히 나이가 든 여성을 비유적으로 나타내기도 합니다.

1 **The dragon roars loudly.**
용이 크게 포효한다.

2 **My old school principal was a real dragon.**
내 예전 학교 교장선생님은 정말 엄격한 여자였다.

Plus + roar 동 포효하다　　　　principal 명 교장

0445

safe

[seɪf]

형 안전한, 무해한, 신중한

명 금고

safe는 무해하거나 위험에서 멀리 떨어진 상태를 나타냅니다. 예를 들어, safe place는 '위험에서 멀리 떨어진 장소'를 의미합니다. 또한 safe는 종종 안전한 선택이나 확실한 것을 나타내기도 합니다. 예를 들면 safe bet은 '확실한 선택'이나 '확률이 높은 것'을 의미합니다. 그밖에 소중한 물건을 보관하는 '강화 금고'나 '상자'를 의미하기도 합니다.

1 **This toy is safe for children.**
   이 장난감은 아이들이 사용하기에 안전하다.

2 **Keep the money in the safe.**
   돈을 금고에 넣어두어라.

Plus + keep 동 ~에 넣다, 보관하다

0446

past

[pæst]

형 지나간, 지난, 이전의, (동사가) 과거형의

명 과거, 지난날

past는 주로 지나간 과거를 나타내며 시간적 관점과 문법적 관점 두 가지로 볼 수 있습니다. 우선 시간적 관점에서 past는 현재로부터 이전의 시간을 가리켜요. 흔히 어제, 지난 주, 몇 년 전과 같은 과거의 시점을 나타낼 수 있습니다. 문법적 관점으로는 동사의 시제 중 하나로, 어떤 행동이나 상태가 '과거'에 발생했음을 나타냅니다. 예를 들어, I studied ~ 또는 She went처럼 '과거형' 동사를 활용해 과거의 행동을 표현하는 것을 의미한다고 보시면 됩니다.

1 **I haven't seen Julie in the past years.**
   나는 지난 몇 년 동안 Julie를 본 적이 없다.

2 **We learn from the past.**
   우리는 과거로부터 배운다.

Plus + miss 동 그리워하다   learn 동 배우다

0447

mistress

[mɪstrəs]

명 안주인[여주인], (비유적으로) 여왕, 여류 대가, 정부(情婦)[첩], (여왕으로서) 지배하다

mistress는 여러 가지 의미를 지니고 있는데, 가장 오래된 의미로는 '주인', 특히 '여성 주인'을 가리킵니다. 또한 숙련된 '여성 전문가'나 '예술가'를 의미하기도 합니다. 하지만 현대 영어에서 '정부(情婦)'와 같은 부정적인 의미로 쓰이거나, 문학에서는 '특별한 여성'이나 '애인'과 같은 로맨틱한 의미를 나타내기도 합니다. 그래서 mistress의 정확한 의미를 이해하려면 문맥을 정확히 파악하는 것이 중요합니다.

1 **The little cat waited for its mistress.**
   작은 고양이는 주인을 기다렸다.

2 **Who is the mistress of this manor?**
   이 저택의 안주인은 누구입니까?

Plus + wait for ~를 기다리다   manor 명 (소유지·대농원의) 저택

0448

village

[ˈvɪlɪdʒ]

명 마을, 촌락

village는 '마을, 촌락'이라는 의미로 city(도시), town(읍) 보다 작은 소규모의 주거 지역을 나타내며, the village라고 하면 '마을 사람'을 가리키기도 합니다. 참고로 종종 The village라고도 불리는 Greenwich Village는 뉴욕시 맨하탄의 서쪽에 위치한 동네로 20세기 초반부터 예술가들과 작가들의 중심지로 알려져 왔으며 지금까지 역사적인 분위기를 유지하면서 현대적인 뉴욕의 생활 스타일과 결합하여 많은 이들에게 사랑받는 지역 중 하나입니다.

1 Every year, the village holds a music festival.
매년, 그 마을은 음악 축제를 연다.

2 There's a big tree in the village center.
마을 중앙에 큰 나무가 있다.

Plus + hold **동** 열다, 개최하다　　　　　　center **명** (장소의) 중앙

0449

tiger

[ˈtaɪɡə(r)]

명 호랑이

tiger하면 어떤 이미지가 떠오르시나요? 많은 문화권에서 '호랑이'를 힘, 용기, 그리고 권력의 상징으로 나타내기도 합니다. 그래서 tiger를 활용한 표현 중에 paper tiger는 겉모습만 위협적이고 실제로는 약한 것을 지칭합니다. 또한 ride the tiger라고 하면 위험하거나 통제하기 어려운 상황에 처해 있어서 그 상황을 계속 직면해야 한다는 것을 의미합니다.

1 Tom saw a tiger in the forest.
Tom은 숲에서 호랑이를 봤다.

2 The tiger had soft, striped fur.
그 호랑이는 부드럽고 줄무늬가 있는 털을 가지고 있었다.

Plus + striped **형** 줄무늬가 있는　　　　　　fur **명** 털

0450

continue

[kənˈtɪnjuː]

동 계속하다, 이어지다

continue는 '계속하다, 이어지다'라는 뜻으로 주로 특정한 행동이나 상태가 중단되지 않고 이어지는 것을 표현합니다. 흔히 어떤 이야기나 프로그램, 영화 등이 아직 완결되지 않았고 계속해서 이어질 예정일 때 to be continued라고 표현하지요. 또는 The snow continued to fall all night.(밤새 눈이 계속 내렸다.)처럼 어떤 상황이 쭉 이어지는 것을 나타내기도 합니다.

1 I continued reading books after I finished my snack.
나는 간식을 다 먹은 후에도 계속 책을 읽었다.

2 The rabbit continued to hop around the garden.
토끼는 정원 주변을 계속 깡충깡충 뛰어다녔다.

Plus + hop **동** 깡충깡충 뛰다

우리말에 맞게 빈칸에 알맞은 단어를 쓰세요.   (정답은 본문을 확인하세요.)

1 I have a _____ on my finger.   나는 손가락에 상처가 났다.

2 The movie was _____ interesting.   그 영화는 꽤 흥미로웠다.

3 _____ comes to all.   모든 이에게 죽음은 찾아온다.

4 _____ I borrow your pen?   펜 빌려도 될까?

5 They _____ time together playing games.   그들은 게임을 하면서 함께 시간을 보냈다.

6 I _____ my own end.   나는 내 자신의 마지막을 상상해 보았다.

7 Harry found a _____ in the park.   Harry는 공원에서 막대기를 찾았다.

8 I did _____ exercises at the gym.   나는 헬스장에서 가슴 운동을 했다.

9 The cat jumped onto the _____.   고양이가 책상 위로 뛰어올랐다.

10 Sally sings in the _____ choir.   Sally는 교회 합창단에서 노래를 부른다.

11 The room was full of old books and _____.   그 방은 오래된 책들과 먼지로 가득 차 있었다.

12 I _____ for the flowers.   내가 꽃값을 지불했다.

13 The moon looked especially _____ and bright tonight. 오늘 밤 달이 특히 둥글고 밝게 보였다.

14 The price is _____.   가격이 저렴하다.

15 The rabbit _____ the button out of curiosity.   토끼는 호기심에 단추를 눌렀다.

16 A dragon took the farmer's _____.   용이 농부의 아들을 데려갔다.

17 In _____, John always takes detailed notes.   수업 시간에 John은 항상 꼼꼼하게 메모를 한다.

18 Your answer is _____ right.   네 대답은 정확히 맞다.

19 The frog _____ into the pond.   개구리가 연못으로 뛰어들었다.

20 The _____ lion was the king of the jungle.   강한 사자는 정글의 왕이었다.

21 I saw a dark _____ in the distance.   나는 멀리서 어두운 형체를 보았다.

22 Harry said he was _____ to Sally.   Harry는 Sally에게 미안하다고 말했다.

23 Who will put a bell on the _____?   누가 고양이 목에 방울을 달 것인가?

24 The _____ roars loudly.   용이 크게 포효한다.

25 This toy is _____ for children.   이 장난감은 아이들이 사용하기에 안전하다.

26 We learn from the _____.   우리는 과거로부터 배운다.

27 The little cat waited for its _____.   작은 고양이는 주인을 기다렸다.

28 Every year, the _____ holds a music festival.   매년, 그 마을은 음악 축제를 연다.

29 Tom saw a _____ in the forest.   Tom은 숲에서 호랑이를 봤다.

30 The rabbit _____ to hop around the garden.   토끼는 정원 주변을 계속 깡충깡충 뛰어다녔다.

Level 16

레벨별 단어 사용 빈도

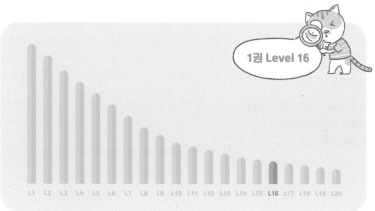

1권 Level 16

L1 L2 L3 L4 L5 L6 L7 L8 L9 L10 L11 L12 L13 L14 L15 **L16** L17 L18 L19 L20

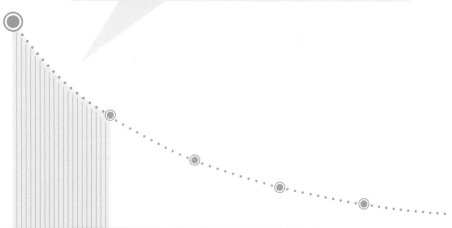

LEVEL 1~20 LEVEL 21~40 LEVEL 41~60 LEVEL 61~80 LEVEL 81~100

0451

neck

[nek]

📖 목, (옷의) 목 부분,
통로의 좁은 곳,
(사물의) 목 모양의 부분

neck의 기본 뜻은 '목'이지만 그 외에도 다양한 문맥에서 활용될 수 있습니다. 예를 들어, 병이나 악기, 통로 등의 '좁은 부분'을 neck으로 표현하기도 합니다. 또는 차량 흐름이 느려지는 좁고 번잡한 도로인 '병목 지역'을 bottleneck이라고 하지요. 관용적 표현에서는 특정한 상황이나 감정을 표현하는 데 사용되기도 합니다. 예를 들어, stick one's neck out은 '위험을 무릅쓰다'를 의미하며, neck and neck은 '경쟁이 치열하다'는 나타냅니다.

1 Susan put a scarf around her neck.

Susan은 목에 스카프를 감았다.

2 The two runners are neck and neck.

두 주자는 막상막하이다.

Plus + runner 📖 (특히 경주 등에 참석한) 주자

0452

edge

[edʒ]

📖 가장자리, 끝[테두리],
(칼 등의) 날, 우위[우세]

📖 날을 세우다, 테두리를 두르다,
(약간) 증가[감소]하다,
조금씩 나아가다

'엣지있다'라는 말을 들어본 적이 있으실 겁니다. 특별한 매력이나 독특한 스타일, 개성 등이 두드러지는 것을 나타내는 말로, 여기서의 '엣지'는 영어 단어 edge에서 나온 말입니다. edge는 기본적으로는 어떤 사물의 끝나는 부분, 특히 그 경계나 가장자리를 의미합니다. 또한 경쟁 우위나 특별한 장점을 의미하기도 합니다. 이 외에도 '날을 세우다, 테두리를 두르다' 등 다양한 의미를 나타내기 때문에 문맥에 따라 그 의미를 정확히 파악하는 것이 중요합니다.

1 A bird landed on the edge of the roof.

한 마리의 새가 지붕 가장자리에 앉았다.

2 He edged the garden with stones.

그는 정원의 테두리에 돌을 놓았다.

Plus + land 📖 (땅·표면에) 내려앉다   roof 📖 지붕

0453

wave

[weɪv]

📖 파도, 물결, 파동

📖 파도치다, 흔들다

wave는 자연 현상을 설명할 때, 바다나 호수의 물결을 의미합니다. 물리학에서는 빛이나 소리 등의 '파동'을 뜻하기도 합니다. 또한 맥락에 따라 '손을 흔들다', '나부끼다' 등을 의미하기도 해요. 이 외에도 일상에서 a wave of emotion (감정의 파도)처럼 감정의 급격한 변동이나 쇄도하는 느낌을 나타내기도 합니다.

1 A huge wave crashed onto the beach.

거대한 파도가 해변으로 밀려왔다.

2 Tom waved to his mom.

Tom은 엄마에게 손을 흔들었다.

Plus + huge 📖 (크기·양·정도가) 거대한   crash onto ~와 충돌하다

0454

job

[dʒɑːb]

명 직장, 일[작업], 책무

job은 일반적으로 '직장'을 의미하거나 특정한 '작업'이나 '임무'를 나타냅니다. 참고로 상대에게 직접 직업을 물어볼 때 What is your job?이라고 하면 무례하게 들릴 수 있습니다. 이럴 때는 What kind of job[work] do you have? 등으로 묻는 편이 좋습니다. 또한 job이 들어간 일상 생활의 표현 중에 Good job! 이라고 하면 '잘 했어!'라는 칭찬의 의미로 사용되며, odd jobs는 '소소한 잡일들'을 의미합니다.

1 Paul loves his job.
Paul은 그의 직업을 아주 좋아한다.

2 Sally is doing the job very well.
Sally는 그 일을 아주 잘하고 있다.

Plus + well **부** 잘, 좋게

0455

king

[kɪŋ]

명 왕, 국왕, 임금

king은 보통 왕국의 남성 통치자를 나타냅니다. 그래서 King Henry나 King Richard처럼 King 뒤에는 해당 왕의 이름이 오곤 합니다. 또한 king은 권력이나 존경, 리더십을 상징하거나 비유적으로는 어떤 분야의 최고 전문가를 가리키기도 합니다. 예를 들어, king of the jungle은 '밀림의 왕'인 '사자'를 의미하며, king of pop은 '팝의 제왕'인 '마이클 잭슨'을 지칭하기도 합니다.

1 The people protested to the king.
사람들은 왕에게 항의했다.

2 The old king had three daughters.
그 늙은 왕에게는 세 명의 딸이 있었다.

Plus + protest **동** 항의하다　　　　daughter **명** 딸

0456

hot

[hɑːt]

형 뜨거운, 더운, 매운, 열렬한,
새로운, 인기 있는

hot은 온도를 나타내어 뜨거운 음식이나 음료, 또는 무더운 날씨를 나타내는 대표 단어입니다. 또한 뜨거운 것뿐만 아니라 매운 것을 나타내기도 해요. 이 외에도 흔히 최근의 유행하거나 인기 있는 것을 나타내기도 하고, '새로운' 또는 '긴급한'을 뜻하여 뜻밖의 정보나 뉴스에 대해 나타내기도 합니다. 그래서 긴급 비상용 직통 전화, 혹은 (정부 간의) 직통 전화를 '핫라인(hotline)'이라고 합니다.

1 Be careful! The stove is still hot.
조심해! 가스 레인지가 아직 뜨거워.

2 The chilli sauce is very hot.
칠리 소스가 매우 맵다.

Plus + stove **명** 가스 레인지, (요리용) 화로　　　　chilli **명** 칠리, 고추

0457

smell

[smel]

smelled/smelt -
smelled/smelt

통 냄새 맡다, 냄새가 나다
[풍기다], 눈치채다

명 냄새[향], 후각, 분위기[낌새]

smell은 냄새와 관련된 감각을 나타내는 단어로 '냄새를 맡다' 또는 '특정한 냄새', '향기'를 의미합니다. 예를 들어, The flowers smell sweet.은 '꽃에서 달콤한 냄새가 난다.'를 뜻해요. 또한 smell은 비격식적으로 어떤 상황이나 문제에 대한 직관이나 예감을 나타내기도 합니다. 가령 smell a rat은 말 그대로 '쥐 냄새가 난다'라는 뜻인데, '무언가 이상하거나 의심스러운 것을 느끼다'라는 의미로 쓰입니다.

1 Apple pie always smells nice.

사과파이는 항상 냄새가 좋다.

2 There's a strange smell in this room.

이 방에서 이상한 냄새가 난다.

Plus + strange 형 이상한

0458

add

[æd]

통 더하다, 합하다,
덧붙여 말하다, 첨가하다

add는 무언가를 다른 것에 더하거나 포함시키는 것을 나타냅니다. 그래서 수학에서 add는 두 숫자나 양을 합하는 것을 의미하고, 조리법에서는 재료를 혼합물에 넣을 때 사용됩니다. 또한 어떤 아이디어를 토론하거나 설명할 때 추가적인 정보나 상세 사항을 제공하는 맥락에서도 add를 쓸 수 있어요.

1 The chef added some spices for flavor.

요리사는 맛을 내기 위해 향신료를 첨가했다.

2 I'll add that to my to-do list.

할 일 목록에 그것을 추가할 것이다.

Plus + chef 명 요리사   spice 명 향신료
flavor 명 맛

0459

care

[ker]

통 관심을 가지다, 배려하다

명 돌봄, 조심[주의], 걱정

care는 원래 '근심'이나 '걱정', '슬픔'을 의미했습니다. 그러다 시간이 지나면서 어떤 대상에 대한 관심이나 애정을 나타내게 되었습니다. 그래서 take care는 '조심하다'나 '안녕히 가세요'를 뜻하며, care for는 '좋아하다'나 '보살피다'를 의미해요. 또한 caregiver(아이나 환자를 돌보는 사람)나 healthcare(건강 관리)처럼 care는 다양한 형태로 쓰일 수도 있습니다.

1 Alex took care of his mother.

Alex는 어머니를 돌보았다.

2 This plant needs a lot of care.

이 식물은 많은 정성이 필요하다.

Plus + plant 명 식물   a lot of 많은

0460

easy

[ˈiːzi]

- 형 쉬운, 안락한, 수월한[너그러운]
- 부 수월하게, 편안하게

easy는 주로 어떤 일이 간단하거나 어려움 없이 이루어지는 것을 나타냅니다. 그래서 This is an easy task.라고 하면 '그 일이 간단하다'라는 의미입니다. 또는 easy to understand는 '이해하기 쉽다'를 뜻합니다. 참고로 easy는 구어체에서 '수월하게, 편안하게'를 뜻하는 부사로 쓰이기도 합니다. 이를 활용한 속담으로 Easy come, easy go.가 있습니다. 바로 '쉽게 얻은 것은 쉽게 잃는다.'라는 뜻이지요.

1 Life is not always easy.
   인생은 항상 쉽지 않다.

2 Counting from 1 to 10 is easy for me.
   1부터 10까지 세는 것은 나에게 쉽다.

Plus + count 동 (올바른 순서로 수를) 세다   from A to B A에서 B까지

0461

burn

[bɜːrn]

burned/burnt -
burned/burnt

- 동 타오르다, 태우다, 화상을 입다[입히다]
- 명 화상

burn은 주로 '불로 태우다, 불에 타다' 또는 불에 의한 '화상'을 의미합니다. 햇볕으로 인해 생긴 그을음을 sunburn이라고 하죠. 또한 burn calories처럼 에너지나 칼로리를 소비하는 의미로도 사용됩니다. 참고로 과거와 과거 분사형을 미국에서는 burned, 영국에서는 burnt를 흔히 쓰지만, 영국에서도 자동사나 비유적 맥락에서는 burned를 쓰는 경향이 있어요. 하지만 형용사 용법으로는 모두 burnt를 씁니다.

1 Jim burned his finger on a candle.
   Jim은 촛불에 손가락을 데었다.

2 The fire burned all night.
   불은 밤새도록 타올랐다.

Plus + candle 명 양초   all night 밤새 동안

0462

afternoon

[ˌæftərˈnuːn]

- 명 오후
- 형 오후의

afternoon은 after(~후에)와 noon(정오)이 합쳐져 만들어진 단어로, 글자 그대로 '정오 이후'라는 의미를 가집니다. 일반적으로 정오부터 저녁 5시 또는 6시까지의 시간을 가리킵니다. 종종 약어 p.m.(post meridiem)과 함께 시간을 나타내기도 합니다. 예를 들어 2p.m.은 오후 2시를 의미합니다. 또한 afternoon tea는 주로 영국에서 하는 풍습으로 오후에 차와 간단한 스낵을 즐기는 시간을 의미합니다.

1 They had a picnic every afternoon.
   그들은 매일 오후에 소풍을 갔다.

2 The afternoon sun was warm and comforting.
   오후의 햇빛은 따뜻하고 편안했다.

Plus + warm 형 따뜻한   comforting 형 기분을 돋우는, 위안이 되는

0463

wide

[waɪd]

혱 (폭)넓은, 광범위한,
크게 벗어난[빗나간]

믕 넓게, 완전히, 빗나가서

wide는 물리적인 넓이나 폭을 설명합니다. 예를 들면 wide street(넓은 길), wide river(넓은 강) 등이 있지요. 또한, 추상적인 맥락에서 wide range(넓은 범위)나 wide variety(다양한 종류)와 같이 다양한 것을 포괄하는 의미로 쓰이기도 해요. 이 외에도 '넓게, 폭 넓게' 또는 '완전히'를 뜻하여 그 상태나 정도를 강조하기도 합니다.

1 The river becomes very wide at this point.

이 지점에서 강은 매우 넓어진다.

2 Jake spread his arms wide.

Jake는 팔을 활짝 벌렸다.

Plus + point 몡 (특정한) 지점   spread 동 (팔 등을) 펴다, 뻗다

0464

teach

[tiːtʃ]

taught - taught

동 가르치다, 깨닫게 하다

teach는 원래 '보여주다, 가리키다'를 뜻했습니다. 그러다 시간이 지나면서 오늘날에는 주로 '가르치다'를 뜻하여 지식이나 기술을 나누어 주는 일 전반에 쓰입니다. 예를 들어, teacher는 '가르치는 사람', 즉 '교사'를 뜻하고 teaching은 교육의 직업 또는 교육 방법 자체를 의미합니다.

1 My uncle teaches English at the local school.

나의 삼촌은 지역 학교에서 영어를 가르친다.

2 The fairy taught Jamie a magic spell.

요정이 Jamie에게 마법 주문을 가르쳐 주었다.

Plus + local 혱 지역의   spell 몡 주문

0465

worry

['wɜːri]

worried - worried

동 걱정하다, 불안하게 만들다,
귀찮게 하다

명 걱정[우려], 걱정거리

worry는 예전에는 무언가를 물거나 씹는 것을 뜻했습니다. 그런데 우리는 걱정이 있거나 불안하면 손톱 등을 깨물죠? 이러한 흐름에서 시간이 지나면서 worry는 점차 '걱정하다'를 의미하게 되었습니다. 그래서 Don't worry.라고 하면 '걱정하지 마.'를 뜻하고, worry oneself sick은 '고민 끝에 병들다'를 의미합니다.

1 My brother worries too much.

우리 형은 걱정을 너무 많이 한다.

2 Money is a constant worry for Tim.

돈은 Tim에게 끊임없는 걱정거리다.

Plus + constant 혱 끊임없는

0466

heavy

['hevi]

- 형 무거운, 많은[심한], 육중한, 두꺼운, 빡빡한, 힘겨운

heavy는 물리적으로 '무거운' 무게를 나타내지만, 다양한 맥락에서 여러 의미로 쓰일 수 있습니다. 먼저, 물건이나 무게가 '많은' 것을 설명할 수 있어요. 예를 들어, heavy box는 '무거운 상자'를 의미합니다. 또한 heavy는 강한 강수나 감정, 분위기와 같은 비물리적 특성을 설명하기도 합니다. 예를 들어, heavy rain은 '폭우'를 의미하며, heavy heart는 '슬픔' 또는 '우울함'을 나타냅니다.

1 The heavy rock blocked the path.
무거운 바위가 길을 막고 있었다.

2 There was a heavy rain last night.
어젯밤에 폭우가 쏟아졌다.

Plus + rock 명 바위 block 동 막다
path 명 길

0467

fish

[fɪʃ]

- 명 물고기[생선]
- 동 낚시하다, 찾다

fish의 재미있는 점은 물고기가 한 마리일 때나 여러 마리일 때나 모두 fish로 표현하고 fishes는 다양한 종류의 물고기를 나타낸다는 점입니다. 참고로 big fish는 '거물'이나 '중요 인물, 재능 있는 인물'을 나타내기도 합니다. 그래서 a big fish in a small pond는 '조그마한 조직이나 그룹에서의 중요 인물'을 가리키지요. 하지만 상황에 따라서 '우물 안 개구리'를 의미하기도 합니다.

1 The fisherman caught a small fish.
어부가 작은 물고기를 잡았다.

2 They often fish together on Sundays.
그들은 종종 일요일마다 함께 낚시한다.

Plus + fisherman 명 어부, 낚시꾼

0468

reason

['riːzn]

- 명 이유, 근거, 이성
- 동 논리적으로 생각하다, 설득하다

reason은 논리적, 분석적, 합리적 사고의 능력을 나타냅니다. 또는 특정한 문제에 대해 논리적으로 생각하거나 토론하는 것을 의미하기도 합니다. 예를 들어, There is a reason for everything.은 '모든 일에는 이유가 있다.'를 뜻해요. 또는 stand to reason이라고 하면 '당연하다, 합리적이다'라는 의미로 상식에 기반하여 어떤 것이 타당하거나 예상되는 상황임을 나타냅니다.

1 For some reason, the magic beans grew overnight.
어떤 이유에서인지, 마법의 콩이 하룻밤 사이에 자랐다.

2 Mark couldn't reason with stubborn Mary.
Mark는 고집스러운 Mary를 설득할 수 없었다.

Plus + overnight 부 하룻밤 사이에 stubborn 형 고집스러운

0469

yellow

[ˈjeloʊ]

- 형 노란색의, 누르스름한, 겁이 많은, 시기하는
- 명 노란색, 황색 염료

yellow는 기본적으로 '노란색'을 나타냅니다. 또한 다양한 문화나 언어에서 다른 의미와 연관을 가질 때도 있습니다. 예를 들면, 노란색은 중국에서는 '황제'와 연관된 색상으로, '번영'과 '행운'의 상징으로 여겨집니다. 그러나 yellow는 비유적인 맥락에서는 때때로 '겁쟁이'나 '소심한 사람'을 뜻하는 경우도 있습니다.

1 Bell wore a bright yellow dress today.
Bell은 오늘 밝은 노란색 드레스를 입었다.

2 James raised a little yellow-haired puppy.
James는 노란 털을 가진 강아지를 키웠다.

Plus + bright 형 밝은　　　　raise 동 (아이·어린 동물을) 키우다, 기르다

0470

nose

[noʊz]

- 명 코, 후각, 지각적 식별력, (항공기 등의) 앞부분, 돌출부
- 동 냄새 맡다, 꼬치꼬치 참견하다, (배가) 전진하다

nose는 '코' 혹은 '후각'을 의미하지만, 비유적인 맥락에서 다양한 의미를 나타내기도 합니다. 예를 들어, follow one's nose라는 표현은 '직감이나 본능을 따라 가다'를 의미하곤 합니다. 또한, '(비행기의) 앞부분'을 가리킬 때나 무언가의 '앞쪽 끝'을 지칭하기도 합니다. 또는 under one's nose라고 하면 말 그대로 '코 아래, 코 앞에'라는 뜻인데, 보통 right과 함께 쓰여 right under one's nose 라고도 자주 쓰입니다. 우리말의 '등잔 밑이 어둡다'와 같은 의미를 나타내지요.

1 The clown had a big red nose.
광대는 커다란 빨간 코를 가지고 있었다.

2 The boat nosed into the harbor.
보트는 항구로 천천히 진입했다.

Plus + clown 명 광대　　　　harbor 명 항구

0471

yell

[jel]

- 동 고함[소리]치다
- 명 고함 소리, 외침

yell은 주로 크고 강한 목소리로 '고함치다, 소리치다'를 의미하거나 '고함 소리'나 '외침'을 뜻하기도 합니다. 주로 일상생활에서 누군가를 부르거나 급하게 어떤 정보를 전달하고자 할 때, 또는 감정이 격해져서 큰 소리로 말하는 상황에 쓰이지요. 그래서 강한 감정 표현이나 긴박한 상황을 묘사할 때 유용하게 쓰이는 단어입니다.

1 Harry yelled for help.
Harry는 도와달라고 소리쳤다.

2 I heard a loud yell from the backyard.
나는 뒷마당에서 큰 고함소리를 들었다.

Plus + help 명 도움 동 돕다　　　　backyard 명 뒷마당

0472

knee

[niː]

- 명 무릎, (의복의) 무릎 부분
- 동 무릎으로 건드리다[밀다]

knee는 기본적으로 '무릎'을 의미합니다. 그래서 맥락에 따라 '무릎으로 건드리다' 또는 '무릎으로 부딪히다'를 뜻하기도 하지요. knee와 관련된 다양한 관용 표현으로 on bended knee는 '무릎을 꿇고'라는 의미로 간청하는 상황을 표현하고, the bee's knees는 '뛰어난 사람'을 의미합니다.

1 The girl bumped her knee on a chair leg.

소녀는 의자 다리에 무릎을 부딪쳤다.

2 Owen kneed the door open.

Owen은 문을 무릎으로 밀어 열었다.

Plus + bump 동 (~에) 부딪치다

0473

seat

[siːt]

- 명 (앉을 수 있는) 자리, 좌석, 의석
- 동 앉히다, ~만큼의 좌석을 가지다, 당선시키다

seat은 주로 '자리, 좌석'을 뜻하고 맥락에 따라 '앉히다'를 의미하기도 해요. 또한 특정 기관이나 지역의 중심이 되는 중요한 위치를 나타내기도 합니다. 예를 들어, the seat of government는 '정부의 본부, 중심지'를 의미합니다. 이 외에도 seat은 자동차, 자전거, 오토바이 등의 탈 것에 '앉는 부분'을 가리키기도 합니다.

1 Please take a seat.

자리에 앉아 주십시오.

2 The concert hall seats 300 people.

그 콘서트 홀은 300명을 수용할 수 있다.

Plus + take a seat 자리에 앉다

0474

fight

[faɪt]

fought - fought

- 동 싸우다, 겨루다, 분투하다
- 명 싸움, 전투

fight는 '싸우다, 겨루다' 또는 '싸움, 전투'를 뜻하며 물리적 충돌부터 의견 차이나 갈등으로 인해 벌어지는 논쟁이나 싸움까지 나타낼 수 있어요. 예를 들어, fight for one's rights는 '자신의 권리를 위해 싸우다'라는 의미입니다. 참고로 우리가 '응원하다, 힘내다'라는 의미로 사용하는 fighting은 잘못된 표현으로 응원이나 격려의 상황에서는 Go for it!, Cheer up!, You can do it! 등을 쓰는 것이 좋습니다.

1 Jim and Tommy fought and didn't talk to each other.

Jim과 Tommy는 싸워서 서로 말을 하지 않았다.

2 They had a big fight over toys.

그들은 장난감 때문에 크게 싸웠다.

Plus + talk 동 말하다, 이야기하다   fight over ~에 관하여 싸우다

0475

order

[ˈɔːrdə(r)]

명 순서[차례], 정돈, 질서, 명령, 주문

동 지시하다, 명령하다, 정돈하다, 주문하다

order는 일련의 사물이나 사건이 차례대로 배열되어 있는 상태나 그 순서 자체를 가리킵니다. 또한 '명령'을 뜻하여 어떤 지시나 지휘를 내리는 것을 나타내기도 합니다. 예를 들어, 군대에서 상급자가 하급자에게 명령을 내리는 상황에서 order를 쓸 수 있지요. 이 외에도 order는 '주문'을 뜻하여 음식이나 물건을 구매하는 상황에서 쓰이기도 합니다.

1   The king gave an order for a big feast.
왕은 큰 잔치를 열라는 명령을 내렸다.

2   Sarah ordered a pie for her grandmother.
Sarah는 할머니를 위해 파이를 주문했다.

Plus + give a order 명령하다   feast 명 잔치, 연회

0476

thank

[θæŋk]

동 고마워하다, 감사하다

Thank you.(감사합니다.)라는 표현으로 익숙한 thank는 주로 누군가에게 고마움이나 감사의 마음을 전할 때 쓰이는 단어입니다. 예를 들어, Thank you so much for the lovely gift!라고 하면 '멋진 선물 정말 고마워!'라는 표현이 되지요. 참고로 비공식적이거나 친근한 느낌을 전할 때는 주로 Thanks.라고 표현하기도 합니다.

1   Thank you for helping me.
나를 도와줘서 고마워.

2   Judy sent a card to thank him.
Judy는 그에게 감사의 의미로 카드를 보냈다.

Plus + send 동 보내다

0477

silence

[ˈsaɪləns]

명 고요[적막], 침묵

동 침묵시키다, 소리를 없애다

silence는 주로 '고요' 또는 '침묵'을 뜻합니다. 물리적 소음이 아예 나지 않는 것을 나타내거나 대화 또는 음악 등의 소리가 없음을 표현하지요. 예를 들어, 도서관에서는 'Silence, please'라는 표시를 통해 조용히 해달라는 요청을 나타낼 있습니다. 또한 break the silence라고 하면 조용했던 상황에서 소리나 대화가 시작됨을 나타냅니다. 말하지 않는 것이 더 나을 때는 Silence is golden.(침묵은 금이다.)이라고도 하죠.

1   The room was in complete silence.
그 방은 완전히 조용했다.

2   The coach silenced the team's cheers.
감독은 팀의 환호를 잠재웠다.

Plus + complete 형 완전한   cheer 명 환호(성)

0478

parent

[ˈperənt]

📖 부모, 어버이

📖 부모가 되다

parent는 원래 '낳는 사람, 생성자'를 뜻했는데, 오늘날에는 주로 어머니나 아버지, 즉 '부모'를 의미하는 단어로 쓰입니다. 그리고 보다 넓은 범위에서는 단순히 생물학적인 '부모'를 지칭하는 것뿐 아니라 '양부모'나 '입양 부모' 모두 포함할 수 있어요. 또한 맥락에 따라 '부모가 되다'를 의미하기도 합니다.

1 My parents always support my dreams.

나의 부모님은 항상 내 꿈을 지지해 준다.

2 Hazel parented three children.

Hazel은 세 명의 아이를 키웠다.

Plus + support 📖 지지하다　　　　　dream 📖 (장래의) 꿈

0479

slip

[slɪp]

📖 미끄러지다,
(스르르) 벗겨지다[빠지다],
살그머니 움직이다,
(엉겁결에) 실수[잘못]하다

📖 미끄러짐, (가벼운) 실수

slip에는 여러 의미가 있는데 가장 기본적으로 '미끄러지다'를 뜻합니다. 또한 '실수'나 '간과'를 의미하는 경우도 있습니다. 예를 들어, slip one's mind는 '잊어버리다'를 뜻하고, a slip of the tongue이라고 하면 '말실수, 실언'을 나타냅니다. 참고로 우리가 즐겨 신는 신발인 slipper는 발을 쉽게 미끄러뜨릴 수 있다는 특성에서 유래했는데, 말 그대로 slip의 동작을 통해 신발을 쉽게 신을 수 있다는 의미에서 이름 붙여진 것이랍니다.

1 Emily slipped on the icy road.

Emily는 빙판길에서 미끄러졌다.

2 The paper slipped from his hand.

종이가 그의 손에서 미끄러졌다.

Plus + icy 📖 얼음으로 된, 얼음으로 뒤덮인

0480

please

[pliːz]

📖 기쁘게 하다,
좋아하다[바라다]

📖 부디[제발], 미안하지만

please는 기본적으로 '부디, 제발'을 뜻하며 주로 누군가에게 어떤 것을 요청하거나 부탁하는 것을 좀 더 부드럽게 표현하기 위해 쓰입니다. 예를 들어, Please forgive us.라고 하면 '부디 우리를 용서해 주세요.'를 뜻합니다. 또한 please는 '만족시키다, 기쁘게 하다'를 뜻하기도 합니다. 예를 들어, This news will please him.은 '이 소식은 그를 기쁘게 할 것이다.'를 의미합니다.

1 That song pleases me.

그 노래가 나를 기쁘게 한다.

2 Please listen carefully.

제발 잘 들어봐.

Plus + listen 📖 듣다　　　　　carefully 📖 신중히, 주의 깊게

우리말에 맞게 빈칸에 알맞은 단어를 쓰세요.　　　　　　　(정답은 본문을 확인하세요.)

1　Susan put a scarf around her ＿＿＿＿＿＿.　　　　　　Susan은 목에 스카프를 감았다.

2　A bird landed on the ＿＿＿＿＿＿ of the roof.　　　　한 마리의 새가 지붕 가장자리에 앉았다.

3　A huge ＿＿＿＿＿＿ crashed onto the beach.　　　　거대한 파도가 해변으로 밀려왔다.

4　Paul loves his ＿＿＿＿＿＿.　　　　　　　　　　　Paul은 그의 직업을 아주 좋아한다.

5　The old ＿＿＿＿＿＿ had three daughters.　　　　그 늙은 왕에게는 세 명의 딸이 있었다.

6　Be careful! The stove is still ＿＿＿＿＿＿.　　　　조심해! 가스 레인지가 아직 뜨거워.

7　There's a strange ＿＿＿＿＿＿ in this room.　　　　이 방에서 이상한 냄새가 난다.

8　The chef ＿＿＿＿＿＿ some spices for flavor.　　요리사는 맛을 내기 위해 향신료를 첨가했다.

9　Alex took ＿＿＿＿＿＿ of his mother.　　　　　　Alex는 어머니를 돌보았다.

10　Life is not always ＿＿＿＿＿＿.　　　　　　　　　인생은 항상 쉽지 않다.

11　Jim ＿＿＿＿＿＿ his finger on a candle.　　　　　Jim은 촛불에 손가락을 데었다.

12　They had a picnic every ＿＿＿＿＿＿.　　　　　　그들은 매일 오후에 소풍을 갔다.

13　The river becomes very ＿＿＿＿＿＿ at this point.　　이 지점에서 강은 매우 넓어진다.

14　My uncle ＿＿＿＿＿＿ English at the local school.　나의 삼촌은 지역 학교에서 영어를 가르친다.

15　My brother ＿＿＿＿＿＿ too much.　　　　　　　　우리 형은 걱정을 너무 많이 한다.

16　The ＿＿＿＿＿＿ rock blocked the path.　　　　　무거운 바위가 길을 막고 있었다.

17　The fisherman caught a small ＿＿＿＿＿＿.　　　어부가 작은 물고기를 잡았다.

18　For some ＿＿＿＿＿＿, the magic beans grew overnight.　어떤 이유에서인지, 마법의 콩이 하룻밤 사이에 자랐다.

19　Bell wore a bright ＿＿＿＿＿＿ dress today.　　　Bell은 오늘 밝은 노란색 드레스를 입었다.

20　The clown had a big red ＿＿＿＿＿＿.　　　　　광대는 커다란 빨간 코를 가지고 있었다.

21　Harry ＿＿＿＿＿＿ for help.　　　　　　　　　　Harry는 도와달라고 소리쳤다.

22　The girl bumped her ＿＿＿＿＿＿ on a chair leg.　소녀는 의자 다리에 무릎을 부딪쳤다.

23　Please take a ＿＿＿＿＿＿.　　　　　　　　　　자리에 앉아 주십시오.

24　They had a big ＿＿＿＿＿＿ over toys.　　　　　그들은 장난감 때문에 크게 싸웠다.

25　The king gave an ＿＿＿＿＿＿ for a big feast.　왕은 큰 잔치를 열라는 명령을 내렸다.

26　＿＿＿＿＿＿ you for helping me.　　　　　　　나를 도와줘서 고마워.

27　The room was in complete ＿＿＿＿＿＿.　　　그 방은 완전히 조용했다.

28　Hazel ＿＿＿＿＿＿ three children.　　　　　　Hazel은 세 명의 아이를 키웠다.

29　Emily ＿＿＿＿＿＿ on the icy road.　　　　　Emily는 빙판길에서 미끄러졌다.

30　That song ＿＿＿＿＿＿ me.　　　　　　　　　그 노래가 나를 기쁘게 한다.

Level 17

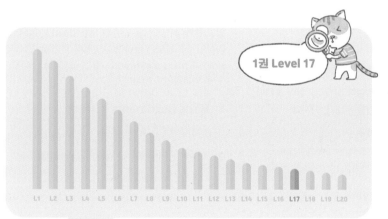

1권 Level 17

L1 L2 L3 L4 L5 L6 L7 L8 L9 L10 L11 L12 L13 L14 L15 L16 L17 L18 L19 L20

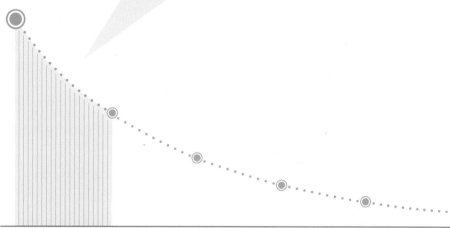

LEVEL 1~20　LEVEL 21~40　LEVEL 41~60　LEVEL 61~80　LEVEL 81~100

0481

moon
[muːn]

⑲ 달, (행성의) 위성

⑧ 멍하니 보내다

'달'을 뜻하는 moon은 다양한 문학 작품이나 노래, 그림에서 중요한 소재로 활용되어 왔습니다. 예를 들어, full moon은 달이 가장 밝게 빛날 때인 '보름달'을 의미하죠. moonlight는 '달빛'을, moonbeam은 '달빛 속의 빛줄기'를 의미합니다. moon은 흐름에 따라 '멍하니 보내다'를 뜻하기도 합니다. 그래서 moon over someone은 '누군가를 그리워하다'를 의미한답니다.

1 The moon shone in the night sky.
밤하늘에 달이 빛났다.

2 Jack moons around all day.
Jack은 하루 종일 빈둥거린다.

Plus + shine ⑧ 빛나다 (shone - shone)

0482

build
[bɪld]

built - built

⑧ 건설하다[짓다], 쌓아 올리다,
만들어 내다, 커지다

⑲ 체구

build는 '건설하다, 짓다', '만들다'와 같은 뜻을 나타내며 다양한 문맥에서 쓰일 수 있습니다. 예를 들어 건물을 짓는 경우에는 build a house라고 표현할 수 있고 관계나 신뢰감을 구축할 때는 build trust라고 표현하기도 합니다. 또한 물리적인 구조물뿐만 아니라 능력이나 경험을 축적하는 것도 나타낼 수 있어 build skills나 build experience 같은 표현에도 적용됩니다. build는 이 외에도 '체구'를 의미하기도 합니다.

1 Birds build nests in trees.
새들은 나무에 둥지를 짓는다.

2 They build trust with each other.
그들은 서로 신뢰를 쌓는다.

Plus + nest ⑲ (새의) 둥지   trust ⑲ 신뢰

0483

stuff
[stʌf]

⑲ 것[것들], 물질[성분], 재료

⑧ 채워 넣다, 쑤셔 넣다

stuff는 '물건' 또는 '재료' 등의 의미로 여러 가지 물체나 사물을 나타냅니다. 예를 들어, Put your stuff in the box.는 '상자에 네 물건을 넣어.'라는 뜻이 됩니다. 또한 stuff는 사람이나 동물의 내부를 채우는 것처럼 무언가를 가득 채우는 것을 나타내기도 합니다. 이를테면 stuffed animal은 내부에 면이나 푹신한 소재, 혹은 기타 물질로 채워진 동물 형태의 장난감을 의미하지요. stuffed animal 중 가장 대표적인 것은 아마 Teddy Bear겠군요.

1 The fox found some stuff in the woods.
여우는 숲에서 어떤 물건을 발견했다.

2 My mom stuffed the pillow with feathers.
엄마는 베개에 깃털을 채워 넣었다.

Plus + pillow ⑲ 베개   feather ⑲ 깃털, (새의) 털

0484

folk

[fouk]

명 사람들, 민속[전통] 음악

형 민속의, 민중의

folk는 주로 '사람들'을 의미합니다. 일반적인 사람들부터 한 공동체나 그룹에 속한 사람들까지 다양한 범위에서 쓰일 수 있어요. 또한 folk는 문맥에 따라 '민속 음악, 전통 음악'을 의미하기도 합니다. 대체로 어떤 지역이나 민족의 문화에서 유래된 음악이지요. 참고로 folklore라고 하면 어떤 집단의 전통이나 신화, 이야기 등을 말합니다.

1 **Tom wore a folk costume.**
Tom은 민속 의상을 입었다.

2 **The old man knows many folk tales.**
그 노인은 많은 민간 설화를 알고 있다.

Plus + costume 명 의상, 복장   folk tale 민간 설화

0485

skin

[skɪn]

명 피부, 껍질, 가죽

동 가죽[껍질]을 벗기다,
강탈하다

skin은 주로 '생물학적 표피, 겉피부'를 지칭합니다. 또한 potato skin(감자 껍질)처럼 어떤 사물의 '바깥쪽 표면'을 가리키기도 하지요. 그리고 비유적인 맥락에서 쓰이기도 하는데, It's no skin off my nose.라고 하면 '나한테는 상관없다.'라는 의미입니다. 이 외에도 가죽이나 껍질을 벗기는 것을 의미하기도 합니다. 예를 들어, skin a fruit는 '과일의 껍질을 벗기다'를 뜻합니다.

1 **The frog's skin was green and slimy.**
개구리의 피부는 녹색이고 끈적끈적했다.

2 **The rabbit skinned the carrot quickly.**
토끼는 빠르게 당근 껍질을 벗겼다.

Plus + slimy 형 끈적끈적한   quickly 부 빠르게, 빨리

0486

steal

[stiːl]

stole - stolen

동 훔치다, 도용하다,
몰래[교묘하게] 손에 넣다,
몰래 움직이다, 도루하다

명 도루

steal은 기본적으로 무언가를 몰래 또는 무단으로 가져가는 행위를 의미합니다. steal을 비유적인 표현에서도 찾아볼 수 있는데, She stole the show.는 직역하면 '그녀가 그 쇼를 훔쳤다.'이지만 '그녀가 행사나 공연에서 주목받았다.'는 의미를 나타냅니다. 그리고 steal은 스포츠, 특히 야구에서 '도루'를 뜻하기도 합니다. 그밖에 비용이 저렴할 때 That's a steal!이라는 표현을 사용하는데, 그것이 훔치는 것만큼 좋은 거래라는 것을 의미합니다.

1 **The fox stole the hen's eggs.**
여우가 암탉의 달걀을 훔쳤다.

2 **She stole my heart.**
그녀가 나의 마음을 사로잡았다.

Plus + hen 명 암탉

0487

sort

[sɔ:rt]

명 종류, 부류, 분류

동 분류하다

sort는 주로 '종류'나 '유형'을 의미합니다. 예를 들어, What sort of music do you like?라고 물어보면 '어떤 종류의 음악을 좋아하니?'를 뜻하는 질문이 되지요. 또한, sort는 '분류하다'나 '정렬하다'를 의미하기도 합니다. 가령 Sort the papers alphabetically.는 '문서를 알파벳 순으로 분류하라.'를 뜻합니다.

1 It's a new sort of music.
이것은 새로운 종류의 음악이다.

2 Please sort these by size.
이것들을 크기별로 분류해 주십시오.

Plus+ size 명 크기

0488

witch

[wɪtʃ]

명 마녀, 마귀 할멈

동 ~마법을 쓰다[걸다], 매혹하다

형 마녀의

witch는 주로 마법을 사용하는 여자를 지칭합니다. 종종 민간 전설이나 이야기에서 악한 존재로 표현되기도 하며, 때로는 무해하거나 지혜로운 인물로 묘사되기도 하죠. 중세 유럽에서는 witch가 악마와 연결된다고 여겨져, 수많은 여성들이 마녀로 몰려 사형을 당한 기록도 있습니다. 반면에 현대에서 witch는 종종 문학, 영화, TV 쇼에서 판타지 요소로 등장하기도 합니다.

1 The witch lived in a candy house.
마녀는 사탕 집에 살았다.

2 Sally can witch with a stick.
Sally는 막대기로 마법을 부릴 수 있다.

Plus+ stick 명 막대기

0489

clear

[klɪr]

형 맑은, 깨끗한, 명백한, 결백한

동 치우다, 내보내다, 맑아지다

clear는 '맑은, 깨끗한' 등을 뜻합니다. 그래서 clear water라고 하면 '맑은 물'을 뜻하고, clear sky는 '구름 한 점 없는 하늘'을 의미하지요. 또한 한 치에 오차나 거리낌 없이 깨끗한 상태라는 흐름에서 '명백한, 결백한'을 뜻하기도 합니다. 그래서 clear evidence라고 하면 '명백한 증거'라는 의미가 됩니다. 이 외에도 clear the table(탁자를 정리하다) 처럼 '치우다, 청소하다'를 뜻하기도 해요.

1 The dog jumped into the clear water.
그 개는 맑은 물속으로 뛰어들었다.

2 Ms. Taylor clears her desk every day.
Taylor 선생님은 매일 책상을 정리한다.

Plus+ jump into ~로 뛰어들다

0490

nice
[naɪs]

형 좋은, 괜찮은, 친절한, 미묘한

우리는 누군가 처음 만났을 때 "Nice to meet you.(만나서 반갑습니다.)"라고 인사하지요? 여기서 nice는 주로 '좋은, 괜찮은, 친절한' 등의 긍정적인 뜻을 나타냅니다. 예를 들어, 누군가 nice person이라고 할 때는 그 사람이 '친절한 사람'이라는 뜻이며, Have a nice day!는 '좋은 하루 되세요!'라는 인사로 자주 쓰여요. 또한 강조의 의미를 나타낼 때는 '정말' 또는 '아주' 등을 뜻하기도 해요. 예를 들어, That's a nice big apple!이라고 하면 '정말 큰 사과네요!'라는 뜻입니다.

1 The princess lived in a nice big castle.
   공주는 멋진 큰 성에서 살았다.

2 The sun was nice and warm.
   햇볕은 좋고 따뜻했다.

Plus + castle 명 성   warm 형 따뜻한

0491

hurt
[hɜːrt]

hurt - hurt

동 다치게[아프게] 하다,
   (감정을) 상하게 하다, 아프다,
   (사람이나 물건 따위에)
   손해를 주다, 곤란해지다

명 상처, 손해

형 다친

hurt는 주로 물리적 또는 정서적인 통증이나 손상을 묘사합니다. 예를 들어, I hurt my hand.는 '손을 다쳤다.'는 것을 뜻하고 His words hurt me.는 '그의 말은 내게 상처를 주었다.'를 의미합니다. 또한 비유적으로 경제적인 타격을 입거나 평판이 손상된 상황을 나타낼 수도 있어요. 이 외에도 '손해'를 의미하거나 Are you hurt?와 같이 누군가가 다쳤는지 묻는 상황에서 쓰이기도 합니다.

1 The prince hurt his knee in the woods.
   왕자는 숲에서 무릎을 다쳤다.

2 The new tax will hurt small businesses.
   새로운 세금은 중소기업에 피해를 줄 것이다.

Plus + tax 명 세금   business 명 (회사 등의) 사업체

0492

middle
['mɪdl]

명 가운데, 중간[중앙],
   몸통[허리]

형 가운데의, 중앙의

middle은 주로 '중앙'이나 '중간'을 나타내는 단어로 사용됩니다. 예를 들어, in the middle of the room은 '방의 중앙에'라는 뜻입니다. 또한 '가운데의, 중앙의'를 뜻하여 middle age(중년), middle child(둘째) 등과 같이 쓰일 수 있어요. 이 외에도 Middle East(중동), middleman(중개인), middle ground(중간 지점 또는 타협점)처럼 다양한 복합어나 구, 관용구에서도 middle을 활용할 수 있습니다.

1 In the middle of the forest, there was a magical statue.
   숲의 중앙에는 마법의 조각상이 있었다.

2 Brian sat in the middle.
   Brian은 가운데 앉아 있었다.

Plus + in the middle (of) 중간에(서)   statue 명 조각상

0493

monster

[ˈmɑːnstə(r)]

명 괴물, 괴상한[거대한] 것,
극악무도한 사람

형 거대한

monster는 주로 상상 속에서 등장하는 크고 무서운 '괴물'이나 현실 세계에서 특이한 형태나 성질을 가진 괴상한 무언가를 나타냅니다. 대부분의 문화와 전통 속에서 다양한 형태의 monster가 등장하는데, 이러한 monster는 종종 사람들에게 공포나 교훈을 주는 역할을 합니다. 또한 영화나 게임 등 다양한 미디어에서도 monster가 등장하곤 하는데, 대표적으로 〈포켓몬스터Pocket Monsters〉가 있습니다.

1 In the cave, a monster was sleeping soundly.
동굴 안에서, 괴물은 깊게 잠들어 있었다.

2 The kids built a monster sandcastle at the beach.
아이들은 해변에서 거대한 모래성을 지었다.

Plus + soundly 부 (잠이 든 모양이) 깊이, 곤히

0494

soldier

[ˈsəʊldʒə(r)]

명 군인, 병사, 전사

soldier는 '군인' 또는 '병사'를 의미합니다. 주로 국가나 조직을 대표하여 군사적 행동을 취하는 사람을 나타내지요. 그래서 The soldier bravely faced the enemy.라고 하면 '병사는 용감하게 적과 맞섰다.'를 의미합니다. 또 다른 예로 The soldier received a medal for his heroic actions.는 '그 군인은 영웅적인 행동으로 훈장을 받았다.'를 뜻합니다.

1 The toy soldier stood on the shelf.
장난감 병정은 선반 위에 서 있었다.

2 The little girl gave the soldier a flower.
작은 소녀는 병사에게 꽃을 줬다.

Plus + stand 동 서다, 서 있다　　　　shelf 명 선반

0495

allow

[əˈlaʊ]

동 허락[허용]하다,
가능하게 하다, 용납하다

allow는 주로 '허락하다, 허용하다'를 의미합니다. 예를 들어, 친구가 자전거를 빌려 달라는 상황에서 I allow you to use my bike.(자전거를 사용해도 돼.)라고 말할 수 있습니다. 혹은 누군가가 당신에게 케이크를 먹어도 되는지 물었을 때, Yes, I allow it.(네, 괜찮습니다.)이라고 대답할 수도 있지요. 또는 어떤 장소에 동물을 데리고 가면 안 될 때 흔히 Pets are not allowed.(반려동물은 들어올 수 없습니다.)라는 표시가 붙어 있는 경우를 볼 수 있어요.

1 The fairy allowed the girl three wishes.
요정은 소녀에게 세 가지 소원을 허락했다.

2 The park doesn't allow dogs.
그 공원은 반려견이 허용되지 않는다.

Plus + wish 명 소원, 바라는 것

0496

half

[hæf]

명 (절)반, (경기 등의) 전반[후반]

부 절반 정도로, 반쯤

half는 양 또는 수량의 '절반'을 나타냅니다. 주로 어떤 과정의 중간 지점이나 동등하게 나누어진 두 부분 중 하나를 가리킵니다. 예를 들어, half an apple 는 '사과 반 쪽'을 의미하며, half an hour는 1시간의 절반인 '30분'을 뜻합니다. half는 종종 다른 단어들과 함께 사용되어 특정 표현을 만들기도 합니다. 예를 들면 half-baked는 말 그대로 빵 등이 '덜 구워진' 것을 뜻하는데, 이는 생각이 불충분하거나 불완전하다는 것을 의미합니다.

1 Half of the birds flew away.
새들의 절반이 날아갔다.

2 The door was half open.
문은 반쯤 열려 있었다.

Plus + fly away 날아가다

0497

field

[fiːld]

명 들판, 밭, 분야, 현장, (경기)장

동 (후보를) 내세우다, 수비하다

field는 일반적으로 '들판, 밭' 등의 개방된 땅이나 풀밭을 나타냅니다. 예를 들면 corn field는 '옥수수밭'을 의미하지요. 스포츠와 관련하여 field는 a soccer field(축구장)나 baseball field(야구장)처럼 특정 경기가 이루어지는 '구장'을 나타낼 수도 있습니다. 더 넓은 의미에서 field는 어떠한 특정 '분야'를 의미하기도 합니다. 예를 들어, the field of medicine는 '의학 분야'를 나타냅니다. 이 외에도 '(후보를) 내세우다', '수비하다' 등을 의미하기도 합니다.

1 One day, a UFO landed in the wheat field.
어느 날, 밀밭에 UFO가 착륙했다.

2 Julie is an expert in the field of robotics.
Julie는 로봇 공학 분야의 전문가이다.

Plus + wheat 명 밀   expert 명 전문가

0498

wind

[wɪnd] [waɪnd]

winded/wound -
winded/wound

명 바람, 숨[호흡]

동 알아채다, 바람에 쐬다, 숨차게 하다, (실 등을) 감다, 굽이지다

wind의 기본 뜻은 '바람'이며 강도나 방향에 따라 strong wind(강풍), north wind(북풍), gust of wind(한바탕 불어온 돌풍) 등 다양하게 표현할 수 있어요. 또한 무언가를 감거나 회전시키는 행위를 나타내기도 해요. 예를 들어, wind a watch는 시계 태엽을 감는 행위를 뜻합니다. 또한 wind는 강이나 길이 굽이진 것을 나타내기도 해요. '~을 감다', '굽이지다'라는 의미를 나타낼 때는 wind의 발음이 [waɪnd]로 다르며, 과거와 과거분사형은 wound입니다.

1 Even with this strong wind, the tree didn't move.
이렇게 강한 바람에도 나무는 움직이지 않았다.

2 The wind whispered secrets to the old tree.
바람이 오래된 나무에게 비밀을 속삭였다.

Plus + move 동 움직이다   whisper 동 속삭이다

0499 ☐☐

sign

[saɪn]

📖 징후, 조짐, 간판, 신호, 부호[기호]

📖 서명하다, 계약하다, 신호를 보내다

sign은 주로 어떤 정보나 메시지를 전달하는 '표지판'이나 '기호'를 나타냅니다. 또는 특정한 사건이나 현상의 '징조' 등을 뜻하기도 해요. 예를 들어, It's a sign of rain.이라고 하면 '비가 올 징조이다.'라는 뜻이지요. 그 외에도 '서명하다'라는 의미로 계약서나 공식 문서에 이름을 쓰는 등의 행위를 나타냅니다.

1 The witch left a sign in the meadow.
마녀가 초원에 신호를 남겼다.

2 I forgot to sign the document.
나는 서류에 서명하는 것을 잊어버렸다.

Plus + meadow 📖 초원, 목초지   forget 📖 잊다, 잊어버리다
document 📖 서류

0500 ☐☐

buy

[baɪ]

bought - bought

📖 구입하다, 사다

📖 구입

buy의 원래 뜻은 '획득하다' 또는 '믿다'였습니다. 그런데 무언가를 '획득하다'라는 의미가 시간이 지나면서 돈을 주고 물건을 '구입하는' 것으로 바뀌게 되었습니다. 그래서 오늘날 buy는 주로 구매의 행위를 나타냅니다. buy와 관련된 표현으로는 buy out(완전히 사다), buy into(투자하다 또는 믿다), buying power(구매력) 등이 있습니다. 참고로 구어체 영어에서는 '사다'라는 의미로 get이 주로 쓰인다는 점도 알아 두세요!

1 Molly bought something online.
Molly는 온라인으로 물건을 샀다.

2 That new laptop was a great buy.
그 새 노트북은 훌륭한 구매였다.

Plus + laptop 📖 휴대용 컴퓨터, 노트북

0501 ☐☐

fact

[fækt]

📖 사실, (실제의) 일

fact는 '실제로 있는 것'이나 '확인된 정보'와 같은 의미를 나타냅니다. 따라서 주관적인 의견이나 해석이 아닌 '객관적인 진실'이나 '사실'을 나타내지요. fact와 관련된 표현으로는 in fact(사실은), matter of fact(사실상), factual(사실적인), a fact of life(쉽게 바꿀 수 없는 기본적인 사실이나 현상) 등이 있습니다.

1 I learned a fun fact about dinosaurs.
나는 공룡에 관한 재미있는 사실을 배웠다.

2 Aging is a fact of life.
노화는 삶의 현실이다.

Plus + dinosaur 📖 공룡   aging 📖 노화

0502

note

[noʊt]

명 기록, 메모, (짧은) 편지, 음표

동 적어 두다, 주의하다, 언급하다

note는 원래 '표시, 기호'를 뜻하던 단어에서 유래했습니다. 그러다 시간이 지나 의미가 변하면서 지금의 '기록, 메모, (짧은) 편지' 등을 뜻하게 되었습니다. 그래서 take a note(메모하다), leave a note(쪽지를 남기다) 등의 표현으로 쓰입니다. 또한 음악 분야에서 note는 '음표'를 지칭하기도 하는데, high note는 '높은 음'을, low note는 '낮은 음'을 의미합니다. 이 외에도 '적어두다', '주의하다, 언급하다' 등의 뜻을 나타내기도 합니다.

1 **The girl found a note under the tree.**

소녀는 나무 밑에서 쪽지를 발견했다.

2 **Note the changes in the schedule.**

일정 변경 사항에 유의하십시오.

Plus + change 명 변경　　　　schedule 명 일정

0503

number

['nʌmbə(r)]

명 숫자[수], 번호

동 번호를 매기다

보통 '최고의 것'이나 '중요한 것'을 number one이라고 말하죠? 이때 number는 '수'나 '양'을 의미하는 단어에서 유래했습니다. 그래서 숫자나 번호를 나타내기도 하고 곡이나 노래, 작품 등을 지칭하는 의미로도 쓰입니다. 또한 어떤 대상에 '번호를 매기는' 행위를 나타내기도 해요. 참고로 a number of는 '많은'을 뜻하는 표현이니 함께 알아두면 좋겠군요.

1 **The door had a large number one on it.**

문에는 숫자 1이 크게 적혀 있었다.

2 **We numbered the chairs for the event.**

우리는 행사를 위해 의자에 번호를 붙였다.

Plus + event 명 행사

0504

actually

['æktʃuəli]

부 실제로, 사실은

actually는 '실제로, 사실은'을 뜻하며 대화나 글에서 상대방의 오해를 바로잡거나 강조할 때, 또는 놀라는 상황을 표현합니다. 예를 들어, I actually liked the movie.(사실은, 나 그 영화가 좋았어.)에서 actually는 일반적인 기대나 전제와 달리 영화를 좋아했다는 사실을 강조합니다. 또는 He can actually play five instruments.(그는 실제로 다섯 가지 악기를 연주할 수 있다.)에서는 그가 놀랍게도 다섯 가지 악기를 연주할 수 있다는 것을 강조합니다.

1 **The test was actually easy.**

그 시험은 사실 쉬웠다.

2 **Emily actually called him first.**

사실 Emily가 먼저 그에게 전화했다.

Plus + test 명 시험　　　　easy 형 쉬운

0505

loud

[laʊd]

형 (소리가) 큰, 시끄러운, (복장 따위가) 화려한[야한], (태도가) 품위없는

부 큰 목소리로, 시끄럽게

loud는 일반적으로 소리의 세기나 강도를 설명합니다. 예를 들어, The music is too loud.는 '음악이 너무 크게 들린다.'는 것을 표현합니다. loud는 목소리 뿐만 아니라 옷의 색상이나 디자인 등이 과장되거나 눈에 띄는 상황을 나타내기도 해요. 참고로 loud는 주로 talk, speak, laugh, play 등의 동사와 함께 쓰이기도 하니 알아 두세요!

1 The fireworks were bright and loud.

불꽃놀이는 밝고 소리도 컸다.

2 Jessy wore a loud patterned dress.

Jessy는 화려한 무늬가 있는 드레스를 입었다.

Plus + fireworks 명 불꽃놀이　　　　patterned 형 무늬가 있는

0506

late

[leɪt]

형 늦은, 지각한, 최근의

부 늦게, 늦은 시간에

late는 주로 시간이 지연되거나 순서상 뒤에 오는 것을 나타냅니다. 예를 들면 I woke up late.에서 late는 '늦게 일어났다'는 것을 나타내지요. 또는 the late 19th century는 '19세기 후반'을 의미하고, late news는 '최신 뉴스'를 뜻해요. 또한 late는 '사망한'을 의미하기도 하는데, the late Mr. Smith는 '고(故) Smith 씨'라는 뜻으로 최근에 Smith씨가 최근에 세상을 떠났음을 나타냅니다.

1 The little mouse was late to the cheese festival.

작은 쥐는 치즈 축제에 늦었다.

2 Wendy always stayed up late.

Wendy는 항상 늦게까지 깨어 있었다.

Plus + festival 명 축제　　　　stay up (평소보다 더 늦게까지) 깨어 있다

0507

ahead

[əˈhed]

부 앞으로, 앞에, 앞서[선], 미리

ahead의 원래 뜻은 '머리 방향으로'였는데, 뜻이 다양하게 확장되면서 오늘날에는 주로 '앞으로, 앞에', '미리' 등을 의미하게 되었습니다. 예를 들어, I'm ahead of you.라고 하면 '나는 너보다 앞서 있다.'라는 의미로, 어떤 대상보다 앞서거나 더 진행된 상태를 나타냅니다. 또한 plan ahead와 같이 시간적인 측면에서 미리 준비하거나 계획하는 의미를 나타내기도 해요.

1 Henry looked ahead and stopped.

Henry는 앞을 보고 멈췄다.

2 I finished my homework ahead of time.

나는 숙제를 예정보다 빨리 끝냈다.

Plus + ahead of time 예정보다 빨리

0508

empty

['empti]

emptied - emptied

형 비어 있는[빈], 공허한, 무의미한

동 비우다, (강 등이) 흘러들다

empty는 물건, 공간, 용기 등에 아무것도 들어 있지 않은 상태를 나타냅니다. 예를 들어, The bottle is empty.는 '병이 비어 있다.'라는 것을 뜻해요. empty는 이렇게 물리적으로 무언가 없는 상태를 나타내기도 하지만, 감정적 또는 비유적인 의미로도 쓰일 수 있습니다. 예를 들어, empty promises는 '이행되지 않는 약속(말뿐인 약속)'을 의미합니다. 또한 맥락에 따라 '비우다', '(강 등이) 흘러들다'를 의미하기도 해요.

1 His wallet was empty.

그의 지갑은 텅 비어 있었다.

2 Lily emptied the trash can.

Lily는 쓰레기통을 비웠다.

Plus + wallet 명 지갑　　　　　trash 명 쓰레기

0509

breathe

[briːð]

동 호흡하다, 숨쉬다, (바람이) 산들거리다, (향기가) 풍기다, 휴식하다[숨을 돌리다]

breathe는 주로 '호흡하다, 숨쉬다'를 의미합니다. 그러나 그 이상의 비유적인 뜻을 나타낼 수 있습니다. 예를 들어, breathe a sigh of relief는 '안도의 한숨을 내쉬다'를 뜻하고, breathe life into는 '무언가에 생기나 활력을 불어넣다'를 의미해요. 또한, breathe는 '살아 있다' 등을 뜻하기도 해요. 예를 들어, just breathe는 힘든 상황에서 '계속 살아가라'를 의미할 수 있어요.

1 The wizard told the girl, "Breathe deeply and believe in yourself."

마법사는 소녀에게 '숨을 깊게 들이마시고, 스스로를 믿어라.'라고 말했다.

2 I breathed in the fresh sea breeze.

나는 신선한 바닷바람을 느꼈다.

Plus + deeply 부 깊게　　　　　breeze 명 산들바람, 미풍

0510

stupid

['stuːpɪd]

형 멍청한, 어리석은, 무감각한[마비된], 시시한[재미없는]

stupid는 주로 사람의 지능이나 판단력이 떨어지는 것을 비판할 때 쓰입니다. 특히 상대방을 무시하거나 비난하는 뉘앙스를 품고 있어서 주의해야 합니다. 비슷한 단어로는 foolish(어리석은)가 있습니다. stupid가 누군가의 일반적인 지능이나 능력 부족을 나타내는 반면, foolish는 특정 상황이나 선택에 있어 판단 오류를 의미한다는 점이 다릅니다.

1 The stupid fox fell into the trap.

바보 같은 여우가 함정에 빠졌다.

2 This game is stupid and not fun.

이 게임은 시시하고 재미없다.

Plus + fall into ~에 빠지다　　　　　trap 명 함정

우리말에 맞게 빈칸에 알맞은 단어를 쓰세요. (정답은 본문을 확인하세요.)

1 The _____ shone in the night sky. 밤하늘에 달이 빛났다.

2 Birds _____ nests trees. 새들은 나무에 둥지를 짓는다.

3 The fox found some _____ in the woods. 여우는 숲에서 어떤 물건을 발견했다.

4 The old man knows many _____ tales. 그 노인은 많은 민간 설화를 알고 있다.

5 The frog's _____ was green and slimy. 개구리의 피부는 녹색이고 끈적끈적했다.

6 She _____ my heart. 그녀가 나의 마음을 사로잡았다.

7 It's a new _____ of music. 이것은 새로운 종류의 음악이다.

8 The _____ lived in a candy house. 마녀는 사탕 집에 살았다.

9 Ms. Taylor _____ her desk every day. Taylor 선생님은 매일 책상을 정리한다.

10 The princess lived in a _____ big castle. 공주는 멋진 큰 성에서 살았다.

11 The prince _____ his knee in the woods. 왕자는 숲에서 무릎을 다쳤다.

12 Brian sat in the _____. Brian은 가운데 앉아 있었다.

13 In the cave, a _____ was sleeping soundly. 동굴 안에서, 괴물은 깊게 잠들어 있었다.

14 The toy _____ stood on the shelf. 장난감 병정은 선반 위에 서 있었다.

15 The fairy _____ the girl three wishes. 요정은 소녀에게 세 가지 소원을 허락했다.

16 _____ of the birds flew away. 새들의 절반이 날아갔다.

17 Julie is an expert in the _____ of robotics. Julie는 로봇 공학 분야의 전문가이다.

18 The _____ whispered secrets to the old tree. 바람이 오래된 나무에게 비밀을 속삭였다.

19 I forgot to _____ the document. 나는 서류에 서명하는 것을 잊어버렸다.

20 Molly _____ something online. Molly는 온라인으로 물건을 샀다.

21 I learned a fun _____ about dinosaurs. 나는 공룡에 관한 재미있는 사실을 배웠다.

22 The girl found a _____ under the tree. 소녀는 나무 밑에서 쪽지를 발견했다.

23 The door had a large _____ one on it. 문에는 숫자 1이 크게 적혀 있었다.

24 The test was _____ easy. 그 시험은 사실 쉬웠다.

25 The fireworks were bright and _____. 불꽃놀이는 밝고 소리도 컸다.

26 Wendy always stayed up _____. Wendy는 항상 늦게까지 깨어 있었다.

27 Henry looked _____ and stopped. Henry는 앞을 보고 멈췄다.

28 His wallet was _____. 그의 지갑은 텅 비어 있었다.

29 I _____ in the fresh sea breeze. 나는 신선한 바닷바람을 느꼈다.

30 The _____ fox fell into the trap. 바보 같은 여우가 함정에 빠졌다.

Level 18

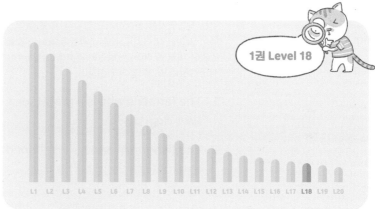

1권 Level 18

L1 L2 L3 L4 L5 L6 L7 L8 L9 L10 L11 L12 L13 L14 L15 L16 L17 **L18** L19 L20

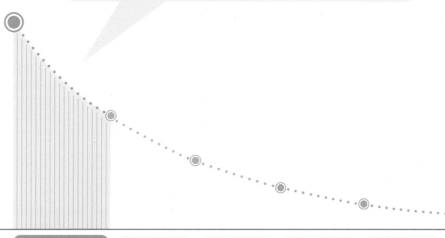

LEVEL 1~20 LEVEL 21~40 LEVEL 41~60 LEVEL 61~80 LEVEL 81~100

0511

phone

[foʊn]

명 전화, 수화기

동 전화를 걸다

phone은 줄임말입니다. telephone은 tele(멀리)와 phone(소리, 목소리)이 합쳐진 단어입니다. 그래서 '멀리서의 소리'를 뜻하여 멀리 떨어진 곳의 사람과 소통할 수 있는 도구인 '전화'를 뜻하게 되었습니다. 오늘날은 telephone보다는 phone을 더 자주 활용하며 스마트폰과 같은 모바일 기기를 주로 가리킵니다. 그래서 흔히 '나중에 전화할게.'를 I'll phone you later.라고 표현하죠.

1 I forgot my phone at home.

나는 집에 전화기를 두고 왔다.

2 Nick phoned but nobody answered.

Nick이 전화를 했지만 아무도 받지 않았다.

Plus + forget 동 ~을 잊고 두고 오다　　　　answer 동 응답하다

0512

wife

[waɪf]

명 아내, 부인

wife는 주로 '아내, 부인'을 의미합니다. 참고로 '남편'을 뜻하는 단어는 husband 이니 짝지어 알아 두면 좋겠군요. wife는 다른 단어와 결합하여 특정 의미를 갖는 복합명사를 형성하기도 합니다. 예를 들어, housewife는 '주부'를 뜻해요. 특히 wife는 여러 미디어에서 자주 활용되는 것을 볼 수 있습니다. 그 예로 인기 있었던 미국 드라마인 〈위기의 주부들Desperate Housewives〉와 〈굿 와이프 The Good Wife〉 등이 있습니다.

1 The farmer's wife is a professor.

농부의 아내는 교수이다.

2 The fisherman and his wife found a magic fish.

어부와 그의 아내는 마법의 물고기를 찾았다.

Plus + professor 명 교수　　　　magic 형 아주 특별한, 마법의 명 마법

0513

important

[ɪmˈpɔːrtnt]

형 중요한

important는 과거에는 '내게 속하는 것' 또는 '중대한 것'을 의미했습니다. 그러다 점점 다양한 맥락에서 쓰이면서 사람이나 사물, 생각, 상황 등의 중요성이나 우선순위, 가치 등을 강조하는 것을 나타내게 되었어요. 예를 들어, make an important decision이라고 하면 '중요한 결정을 내리다'를, an important role은 '중요한 역할'을 의미합니다.

1 Health is important to me.

건강은 나에게 중요하다.

2 Today is the most important day of my life.

오늘은 내 인생에서 가장 중요한 날이다.

Plus + héalth 명 건강　　　　life 명 인생

0514

doctor

[ˈdɑːktə(r)]

명 의사, 박사

동 (유독 물질을) 섞다, 치료하다

doctor는 초기에는 학문적인 지식을 전달하는 사람이나 전문가를 의미했습니다. 그러다 시간이 지나면서 오늘날에는 의학 분야의 전문가인 '의사' 또는 '박사 학위를 받은 사람'을 지칭하게 되었습니다. 예를 들어, Doctor of Philosophy (Ph.D.)는 철학 박사를 의미합니다. 또한, doctor는 '치료하다'를 뜻하기도 합니다.

1   The doctor checked my eyes.
    의사가 내 눈을 검사했다.

2   His mother is a doctor in biology.
    그의 어머니는 생물학 박사이다.

Plus + check 동 ~을 검사하다   biology 명 생물학

0515

chance

[tʃæns]

명 가능성, 기회, 우연[운]

동 우연히 일어나다

형 우연한

chance는 주로 '가능성'이나 '기회'를 의미합니다. 비슷한 의미를 나타내는 단어는 opportunity(기회)가 있어요. chance가 중립적인 상황이나 우연한 상황에서의 '기회'를 나타낸다면, opportunity는 긍정적인 상황에서의 '기회'를 나타낸다고 보시면 됩니다. chance는 또한 '우연'이라는 의미로도 자주 쓰입니다. 예를 들어, by chance는 '우연히'를 의미해요.

1   Don't miss this chance!
    이번 기회를 놓치지 마!

2   I got a free ticket by chance.
    나는 우연히 무료 티켓을 구했다.

Plus + miss 동 놓치다   get 동 구하다, 얻다
         free 형 무료의

0516

tear

[tɪr] [ter]

tore - torn

명 눈물[울음], 찢음[쥐어뜯음]

동 눈물을 흘리다, 쥐어뜯다, 찢다, 구멍을 뚫다[내다]

tear는 의미에 따라 발음이 달라지는 단어입니다. 먼저 [tɪr]로 발음할 때는 '눈물'을 뜻해요. 주로 감정적인 반응을 표현하지요. 반면에 [ter]로 발음할 때는 '찢다' 등을 의미합니다. 무언가 갑자기 또는 격렬하게 찢어지는 상황에서 쓰이지요. 이렇게 의미가 달라짐에 따라 발음도 달라지므로 문맥상 어떤 뜻으로 tear가 쓰였는지 정확하게 파악하는 것이 중요합니다.

1   A tear rolled down her cheek.
    눈물이 그녀의 뺨을 타고 흘러내렸다.

2   The puppy tore the pillow apart.
    강아지가 베개를 찢어 버렸다.

Plus + cheek 명 뺨   tear apart ~을 찢어[뜯어] 버리다

0517

guard

[gɑːrd]

명 경비, 보초[경계], 보호물
[방호물], 감시인, 경호원

동 지키다[경비를 보다],
(죄수를) 감시하다

guard는 주로 '경비, 보초' 또는 '보호물'을 의미해요. 예를 들면 security guard (보안 경비원)처럼 특정 지역이나 사람 등을 지키는 사람을 나타내지요. 또는 '지키다, 감시하다' 등을 뜻하기도 합니다. 그래서 guard the castle(성을 지키다)과 같이 무언가를 보호하거나 방어하는 행동을 설명해요. 참고로 guard와 관련된 표현은 다양합니다. 예를 들면, guardian은 '보호자'나 '후견인'을 의미하며, guardrail은 '방호용 난간'을 의미합니다.

1 Mr. Smith is a guard at the museum.
Smith 씨는 박물관의 경비원이다.

2 They guard the door every night.
그들은 매일 밤 문을 지킨다.

Plus + museum 명 박물관

0518

sigh

[saɪ]

명 한숨, 탄식

동 한숨 쉬다, 그리워하다

sigh는 주로 깊은 숨을 크게 내쉬는 것을 나타내며, 일반적으로 슬픔이나 탄식, 안도, 또는 피로감 등의 감정을 표현합니다. 예를 들어, sigh of relief는 '안도의 한숨'을 의미하고, heave a sigh는 '한숨을 쉬다'를 뜻해요. 또는 give a deep sigh라고 하면 '한숨을 깊이 내쉬다'를 의미합니다. 또한 sigh는 '그리워하다'를 뜻하기도 합니다. 즐거웠던 옛 시절을 그리워하며 한숨을 쉬는 모습을 떠올려 보면 그 의미가 쉽게 다가올 듯합니다.

1 Anne sighed and closed the book.
Anne은 한숨을 쉬며 책을 덮었다.

2 I heard a deep sigh from my mom.
나는 엄마의 깊은 한숨 소리를 들었다.

Plus + close 동 (책 등을) 덮다   deep 형 깊은

0519

strange

[streɪndʒ]

형 이상한, 낯선, 익숙하지 못한,
생소한

strange는 주로 무언가 평범하거나 익숙하지 않은 상태를 나타냅니다. 원래는 '밖에서 온'이나 '외부의'를 뜻했지만 시간이 지나면서 '익숙하지 않고 낯선' 것을 주로 나타내게 되었습니다. 참고로 strange와 관련된 명사인 stranger는 '낯선 사람'이나 '이방인'을 의미합니다.

1 The sky looks strange today.
오늘 하늘이 이상해 보인다.

2 Lucy found a strange key on the floor.
Lucy는 바닥에서 이상한 열쇠를 찾았다.

Plus + look 동 ~해[처럼] 보이다   floor 명 바닥

0520

month

[mʌnθ]

명 월(月), (기간을 나타내는) 달

month는 주로 태양력 또는 음력 달력에 따라 약 28일에서 31일 사이의 기간을 의미합니다. 대부분의 달력 체계에서 한 해는 대략 12개의 달(months)로 구성되어 있으며, 각 달은 특정한 이름을 가지고 있습니다. 예를 들면 January(1월), February(2월), March(3월) 등이 있지요.

1 October is the tenth month of the year.
10월은 일년 중 열 번째 달이다.

2 The princess slept for a month.
공주는 한 달 동안 잠을 잤다.

Plus + tenth 형 열 번째의　　　　　　for 전 ~동안

0521

case

[keɪs]

명 (특정한) 경우, 사례, 소송, 상자

case는 주로 '사건'이나 '상황' 등을 지칭하는 기본 의미를 바탕으로 '사례, 법적 사건' 등 다양한 문맥에서 쓰입니다. 예를 들어, court case는 '법정의 사건'을, in case of는 '~의 경우에'를 의미하며, case study는 '특정 사례 연구'를 뜻합니다. 또한, case는 '보호용 상자'나 '커버'를 의미하기도 합니다.

1 William won his court case.
William은 법정 사건에서 이겼다.

2 I made a special case for my toys.
나는 장난감을 넣을 특별한 상자를 만들었다.

Plus + win 동 이기다　　　　　　court 명 법정

0522

cheek

[tʃiːk]

명 볼[뺨], 측면[옆면], 뻔뻔스러움

동 ~에게 건방지게 말하다

cheek은 주로 사람의 '볼, 뺨'을 가리키지만 더 넓은 의미에서는 어떤 물체의 '옆면'이나 '측면'을 의미하기도 합니다. 또한, cheek은 비유적으로 무례하거나 대담한 태도를 나타내기도 합니다. 예를 들어, have the cheek to~ 는 '뻔뻔스럽게 ~하다'를 뜻하지요. 이러한 다양한 의미 때문에 cheek을 사용할 때는 문맥에 따라 올바른 의미를 파악하는 것이 중요합니다.

1 The little girl had rosy cheeks in the cold.
작은 소녀는 추위에 발그레한 볼을 하고 있었다.

2 Harry cheeked the teacher by talking back.
Harry는 선생님께 말대답을 하며 건방지게 말했다.

Plus + rosy 형 (색깔이) 발그레한[장밋빛의]　　　talk back (~에게) 말대답하다

0523

scream

[skriːm]

- 동 소리지르다, 비명을 지르다, 악을 쓰다
- 명 비명[절규]

scream은 주로 '비명을 지르다'라는 동작을 나타내거나 '비명' 등을 뜻합니다. 일반적으로 갑작스러운 '놀라움, 공포, 흥분, 통증' 등의 강한 감정을 표현할 때 쓰이지요. 예를 들어, 공포 영화에서 종종 주인공이나 다른 캐릭터들이 무서운 상황에서 비명을 지를 때 scream을 활용하여 그 상황을 묘사합니다. 참고로 〈스크림Scream〉이라는 유명한 공포 영화도 있습니다.

1 The boy screamed in surprise.
그 소년은 놀라서 비명을 질렀다.

2 I heard a scream last night.
어젯밤에 비명 소리를 들었다.

Plus + in surprise 놀라서

0524

knife

[naɪf]

- 명 (작은) 칼
- 동 작은 칼[나이프]로 베다

knife는 주로 식사나 조리, 그리고 다양한 도구로 사용되는 '칼'을 가리킵니다. 이를테면 Swiss army knife는 깡통 따개 등의 다양한 기능이 있는 '접이식 칼'을 의미합니다. knife는 때때로 맥락에 따라 '베다'나 '찌르다'와 같은 동작을 나타내기도 합니다. 참고로 knife의 복수형은 knives이며, 첫 글자 'k'는 발음되지 않기 때문에 주의가 필요합니다.

1 The little squirrel found a shiny knife in the forest.
작은 다람쥐가 숲에서 반짝이는 칼을 발견했다.

2 The brave knight knifed the dragon's tail.
용감한 기사는 용의 꼬리를 칼로 찔렀다.

Plus + squirrel 명 다람쥐   brave 형 용감한

0525

cross

[krɔːs]

- 명 (표/기호) 십자, 혼합 [이종 교배]
- 동 건너다[가로지르다], (서로) 교차하다, 이종 교배하다
- 형 교차한

cross는 주로 '건너다, 가로지르다'를 의미합니다. 예를 들어, cross the street 는 '길을 건너다'라는 뜻입니다. 또한 맥락에 따라 두 개의 선이 교차하는 형태, 특히 기독교의 '십자가'를 나타내기도 합니다. 그래서 cross one's fingers는 행운을 빌거나 특정 결과를 기대하는 것을 나타내며, 두 손가락을 교차하는 동작과 관련이 있습니다. 다른 예로 crossbreed가 있는데, 이는 두 가지 다른 종류를 교차하여 새로운 품종 등을 만드는 것을 나타냅니다.

1 There was a cross on the map.
지도에 십자 표시가 있었다.

2 Ducks cross the pond every morning.
오리들은 매일 아침 연못을 건넌다.

Plus + map 명 지도   duck 명 오리

0526

pretty

[ˈprɪti]

형 예쁜, 보기 좋은

부 어느 정도, 꽤, 매우

pretty는 주로 '예쁜' 또는 '귀여운'이라는 의미를 나타냅니다. 여성, 아이, 풍경, 물건 등 다양한 대상에 적용되며 긍정적인 의미를 나타내지요. pretty는 그저 외모만을 강조하는 것이 아니라, 특정한 매력이나 아름다움을 내포하는 경우도 있습니다. 또한 맥락에 따라 '꽤, 매우'를 뜻하기도 해요. 예를 들어, pretty good은 '꽤 좋다'를 의미합니다.

1 The sunset is so pretty.

일몰이 정말 이쁘다.

2 The fairy's magic was pretty powerful.

요정의 마법은 꽤 강력했다.

Plus + sunset 명 일몰, 해질녘   powerful 형 강력한

0527

glance

[glæns]

동 힐끗 보다, 반짝 빛나다,
대충 훑어보다,
(이야기 등이) 벗어나다

명 힐끗 보기, 번쩍임

glance는 무언가를 똑바로 보지 못하고 곁눈질로 잠깐씩 쳐다보는 것을 나타냅니다. 몰래 훔쳐보는 것일 수도 있고, 관심이 없어서 힐끗 잠깐 보고 시선을 다른 데로 돌리는 것일 수도 있어요. glance와 비슷한 단어로 glimpse가 있습니다. glance가 의식적으로 힐끗 보는 것이라면 glimpse는 언뜻 보는 것의 뉘앙스가 강합니다. glance는 종종 glance at(~을 힐끗 보다), 또는 glance over(대충 훑어보다)와 같이 전치사와 함께 사용되니 잘 기억해 두세요!

1 I glanced at her throughout the class.

나는 수업 내내 그녀를 힐끗 보았다.

2 Jane gave me a quick glance.

Jane은 재빨리 나를 힐끗 보았다.

Plus + throughout 전 내내   quick 형 (동작 등이) (재) 빠른

0528

dig

[dɪg]

dug - dug

동 파다, 파헤치다, 캐다,
찌르다[꽂다]

명 파기, 발굴, 쿡 찌르기

dig는 흙이나 다른 물질을 제거함으로써 구멍이나 터널을 만들거나 땅에서 무언가를 파내거나 캐는 것을 나타냅니다. 이 외에도 '파기'와 같은 발굴 작업을 의미하기도 합니다. 고고학 발굴을 배경으로 대규모 발굴 현장에서의 인간 드라마를 그리는 〈더 디그The Dig〉라는 영화도 있습니다. dig는 때로는 부정적인 뉘앙스로, 다른 사람을 조롱하거나 신경을 건드리는 발언을 표현하기도 합니다.

1 Paul dug a hole for the plant.

Paul은 식물을 심을 구덩이를 팠다.

2 They found coins at the dig.

그들은 발굴 현장에서 동전을 발견했다.

Plus + hole 명 구덩이   coin 명 동전

0529

blow

[bloʊ]

blew - blown

통 불다, 날리다[날려 보내다],
폭파하다, (비밀을) 누설하다

명 세게 때림, 충격

blow는 바람이 '불다' 혹은 '날리다, 날려 보내다'를 의미합니다. 예를 들어, 동화 《아기돼지 삼형제 *The Three Little Pigs*》에서 늑대가 작은 돼지들의 집을 무너뜨리려고 협박하는 부분에서 I'll blow your house down!(네 집을 날려버릴 거야!)이라고 하지요. blow는 또한 '강한 타격'이나 '충격'을 뜻하기도 합니다.

1 I can blow bubbles with soap and water.

나는 비누와 물로 비눗방울을 날릴 수 있다.

2 He received a blow to the shoulder.

그는 어깨에 타격을 입었다.

Plus + bubble 명 비눗방울　　　　soap 명 비누
receive 통 받다

0530

during

[ˈdʊrɪŋ]

전 ~동안, (특정 기간) ~사이에

during은 주로 시간과 관련된 문맥에서 쓰이며 특정 기간 동안 어떤 일이 일어났음을 표현합니다. 비슷한 뜻의 단어로 for가 있습니다. during이 during the meeting처럼 특정한 기간 중 어떤 사건이 일어난 때에 쓰인다면 for는 for a week처럼 기간 그 자체를 나타냅니다. 참고로 during은 주로 명사나 명사구가 뒤따른다는 점도 알아 두세요!

1 I ate some apples during the break.

나는 쉬는 시간에 사과를 먹었다.

2 During the movie, she fell asleep.

영화를 보는 동안 그녀는 잠이 들었다.

Plus + break 명 (학교의) 쉬는 시간　　　　fall asleep 잠들다

0531

poor

[pɔːr, pʊr]

형 가난한, 빈곤한,
(질적으로) 떨어지는,
실력 없는

poor는 원래 '소유가 거의 없는'이란 의미였으나 시간이 흐르면서 '빈곤한'이나 '소득이 적은'을 뜻하며 경제적으로 어려운 상황을 나타내게 되었습니다. 또한 poor는 품질이 낮거나 실력이 떨어지는 것을 나타낼 수도 있어요. 한편, Oh, you poor thing!에서 poor는 '불쌍한, 안타까운'이라는 의미로, 상대방이 힘든 상황이나 어려운 상황에 처해 있을 때 쓰여 동정이나 위로의 의미를 전달합니다.

1 The poor man lived in a small house.

그 가난한 남자는 작은 집에 살았다.

2 John has poor writing skills.

John은 글솜씨가 부족하다.

Plus + writing 명 글쓰기　　　　skill 명 솜씨, 기량

0532

slide

[slaɪd]

slid - slid

동 미끄러지다,
미끄러져 움직이다,
(가치 등이 서서히) 내려가다,
(점점 나쁜 상태로) 되어 가다

명 미끄러짐, 미끄럼틀, 산사태,
하락[떨어지기]

slide는 주로 '미끄러지다' 또는 '부드럽게 움직이다'를 의미하며 어떤 물체가 보통 마찰 없이 부드럽게 움직이는 것을 나타냅니다. 또한 이러한 의미가 확장하여 slide는 '미끄럼틀'을 의미하기도 해요. slide와 관련된 표현중 하나인 let it slide는 '눈감아 주다'를 뜻합니다. 또한 slide는 물리적인 미끄러짐뿐만 아니라, 특정 상태나 조건이 점점 악화되는 것을 의미한다는 점도 알아 두세요.

1 I almost slid and fell on the ice.
   나는 빙판에서 거의 미끄러져 넘어질 뻔했다.

2 The kids are playing on the slide.
   아이들이 미끄럼틀에서 놀고 있다.

Plus + almost 부 거의   fall 동 넘어지다

0533

summer

['sʌmə(r)]

명 여름

summer는 계절 중 '여름'을 나타내며, 보통 앞에 관사를 쓰지 않지만 in이나 during 뒤에 the를 붙여 '여름 계절 동안의 활동'을 설명하기도 합니다. summer와 관련된 표현으로는 summer vacation(여름 휴가), summer camp(여름 캠프), summer school(여름학교) 등이 있어요. 속담 중에 One swallow does not make a summer.(제비 한 마리 왔다고 해서 여름이 온 것은 아니다.)라는 말이 있는데, '속단은 금물이다'를 뜻합니다.

1 Summer days are long and hot.
   여름날은 길고 덥다.

2 My favorite season is summer.
   내가 가장 좋아하는 계절은 여름이다.

Plus + day 명 날   season 명 계절

0534

snap

[snæp]

동 딱하고 부러지다,
찰싹[탕]하고 울리다,
날쌔게 움직이다, 사진을 찍다

명 탁[찰싹] 소리,
딱하고 꺾어지는 소리,
스냅 사진

형 갑작스러운[불시의]

우리는 보통 재빠르게 순간적인 장면을 촬영한 사진을 '스냅사진'이라고 하죠. 이때의 '스냅'이 바로 snap이며, 이러한 사진을 snapshot이라고도 합니다. 이렇게 snap은 갑작스럽게 부러지거나 꺾어지거나 빠르고 갑작스럽게 움직이는 것을 나타냅니다. 또한 '탁'하는 갑작스럽고 짧은 소리나 손가락을 튕기는 소리도 표현할 수 있어요.

1 The branch snapped under the weight.
   나뭇가지가 무게를 견디지 못하고 부러졌다.

2 With a loud snap, the pencil broke.
   '탁' 하는 큰 소리와 함께 연필이 부러졌다.

Plus + branch 명 나뭇가지   weight 명 무게
break 동 부러지다

0535

music

[ˈmjuːzɪk]

명 음악, 악보

music은 고대 그리스 신화에서 예술과 과학을 지키는 아홉 여신이었던 Muse에서 유래했습니다. 오늘날은 주로 '음악'과 관련된 내용을 나타내지요. 예를 들어, musician은 '음악가'를 뜻하고, musical은 '음악적인' 또는 '뮤지컬'장르를 의미합니다. 또한 맥락에 따라 '악보'를 뜻하기도 합니다.

1 We danced to the music.

우리는 음악에 맞춰 춤을 추었다.

2 The pianist played without sheet music.

그 피아니스트는 악보 없이 연주했다.

Plus + without 전 ~없이　　　　　sheet music 악보

0536

stair

[ster]

명 계단

stair는 한 층과 다른 층을 잇는 개별적인 '계단'을 의미하며, stairs는 일련의 계단들을 통칭합니다. 예를 들어, up the stairs라고 하면 '계단을 올라가며'를 의미하고, down the stairs는 '계단을 내려가며'를 뜻합니다. 참고로 stairway는 '계단이 있는 통로' 또는 그 '계단' 자체를 가리킵니다. 종종 삶의 여정이나 상승 등의 상징적인 문맥에서도 쓰이는데, 레드 제플린의 〈Stairway to Heaven〉이라는 노래도 있습니다.

1 Watch your step on this stair.

계단에서는 발밑을 조심해라.

2 Alice ran up the stairs.

Alice는 계단을 뛰어 올라갔다.

Plus + watch 동 조심하다　　　　　step 명 (발)걸음

0537

crowd

[kraʊd]

명 군중 집단[사람들], 다수[많음]

동 가득 메우다, 군집하다, 붐비다

crowd는 많은 사람들이 한 곳에 모인 상황을 나타내거나 비슷한 특성을 공유하는 사람들의 '집단'을 가리킵니다. 참고로 '하나의 집합체'로 볼 때에는 단수 취급, '각각의 구성원'을 생각할 때에는 복수 취급합니다. crowd와 관련된 표현 중 하나로 crowded는 '어떤 장소가 사람이나 사물로 가득 찬 상태'를 의미합니다. crowdfunding은 '많은 사람들로부터 작은 금액을 모아 큰 자금을 조성하는 것'을 의미합니다.

1 A large crowd gathered in the square.

많은 군중이 광장에 모였다.

2 People crowded into the concert hall.

사람들이 콘서트홀로 몰려 들었다.

Plus + gather 동 모이다　　　　　crowd into ~의 안으로 몰려 들어가다

shoe

[ʃuː]

shod/shoed - shod/shoed

명 신발, 구두

동 (말에) 편자를 박다

shoe는 '신발'을 표현하는 단어입니다. 운동화, 구두, 샌들, 부츠 등 모든 형태의 '신발'을 가리킬 수 있습니다. 참고로 a pair of shoes는 '신발 한 켤레'를 의미합니다. 또한 특정 목적이나 활동을 위한 다양한 유형의 '신발'을 지칭하기도 합니다. 예를 들면 running shoes(달리기용 신발), dance shoes(춤출 때 신는 신발) 등이 있지요. 또한 맥락에 따라 동물(특히 말)의 발에 '편자를 박다'라는 의미를 나타내기도 해요. 참고로 신발끈은 shoelace라고 부릅니다.

1 Shoes are on display.

신발들이 진열되어 있다.

2 The blacksmith shod the horse.

대장장이가 말에 편자를 박았다.

Plus + display 명 진열　　　　blacksmith 명 대장장이

---

beside

[bɪˈsaɪd]

전 ~의 곁[근처, 옆, 가까이]에,
~에 비해[~와 비교하면],
~을 벗어나

beside는 '~의 옆에' 등을 의미합니다. 또한, 비유적인 맥락에서 '~와 비교하여'를 뜻하기도 해요. 참고로 beside와 유사한 형태인 besides라는 단어가 있습니다. beside가 물리적 또는 비유적으로 '옆에'라는 위치를 나타낸다면 besides는 '~외에도, ~뿐만 아니라'라는 의미로 추가적인 요소나 정보를 나타냅니다.

1 There is a lamp beside the bed.

침대 옆에 등불이 있다.

2 Beside his new toy, mine seems old.

그의 새 장난감과 비교하여 내 것은 오래된 것 같다.

Plus + lamp 명 등불, 램프　　　　seem 동 ~인 것 같다

---

settle

[ˈsetl]

동 정착하다, 자리를 잡다,
합의를 보다[해결하다],
(마침내) 결정하다,
(서서히) 가라앉다,
진정[안정]시키다

settle은 '안착하다, 정착하다'를 의미합니다. 예를 들어, settle in이라고 하면 새로운 장소나 환경에 적응하거나 편안해지는 과정을 의미합니다. 또한, settle은 문제나 분쟁을 해결하거나 결정하는 것을 의미하기도 합니다. 가령 settle one's difference라고 하면 두 대상간의 갈등, 불화 등을 조정하거나 해결하는 의미를 나타내요. 그밖에 settle down은 '안정되다' 등을 뜻하기도 합니다.

1 We settled in a new city.

우리는 새 도시에 정착했다.

2 They settled their differences.

그들은 서로의 의견 차이를 조율했다.

Plus + difference 명 의견 차이, 불화

우리말에 맞게 빈칸에 알맞은 단어를 쓰세요.   (정답은 본문을 확인하세요.)

1 I forgot my _____ at home.   나는 집에 전화기를 두고 왔다.

2 The farmer's _____ is a professor.   농부의 아내는 교수이다.

3 Health is _____ _____ to me.   건강은 나에게 중요하다.

4 The _____ checked my eyes.   의사가 내 눈을 검사했다.

5 Don't miss this _____!   이번 기회를 놓치지 마!

6 A _____ rolled down her cheek.   눈물이 그녀의 뺨을 타고 흘러내렸다.

7 Mr. Smith is a _____ at the museum.   Smith 씨는 박물관의 경비원이다.

8 Anne _____ and closed the book.   Anne은 한숨을 쉬며 책을 덮었다.

9 Lucy found a _____ key on the floor.   Lucy는 바닥에서 이상한 열쇠를 찾았다.

10 October is the tenth _____ of the year.   10월은 일년 중 열 번째 달이다.

11 William won his court _____.   William은 법정 사건에서 이겼다.

12 The little girl had rosy _____ in the cold.   작은 소녀는 추위에 발그레한 볼을 하고 있었다.

13 The boy _____ in surprise.   그 소년은 놀라서 비명을 질렀다.

14 The little squirrel found a shiny _____ in the forest.   작은 다람쥐가 숲에서 반짝이는 칼을 발견했다.

15 Ducks _____ the pond every morning.   오리들은 매일 아침 연못을 건넌다.

16 The sunset is so _____.   일몰이 정말 이쁘다.

17 I _____ at her throughout the class.   나는 수업 내내 그녀를 힐끗 보았다.

18 Paul _____ a hole for the plant.   Paul은 식물을 심을 구덩이를 팠다.

19 He received a _____ to the shoulder.   그는 어깨에 타격을 입었다.

20 _____ the movie, she fell asleep.   영화를 보는 동안 그녀는 잠이 들었다.

21 The _____ man lived in a small house.   그 가난한 남자는 작은 집에 살았다.

22 I almost _____ and fell on the ice.   나는 빙판에서 거의 미끄러져 넘어질 뻔했다.

23 _____ days are long and hot.   여름날은 길고 덥다.

24 The branch _____ under the weight.   나뭇가지가 무게를 견디지 못하고 부러졌다.

25 We danced to the _____.   우리는 음악에 맞춰 춤을 추었다.

26 Watch your step on this _____.   계단에서는 발밑을 조심해라.

27 A large _____ gathered in the square.   많은 군중이 광장에 모였다.

28 _____ are on display.   신발들이 진열되어 있다.

29 There is a lamp _____ the bed.   침대 옆에 등불이 있다.

30 We _____ in a new city.   우리는 새 도시에 정착했다.

Level 19

레벨별 단어 사용 빈도

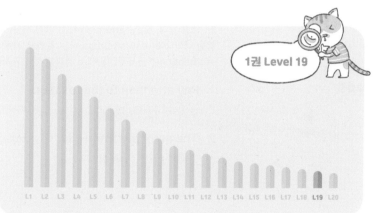

1권 Level 19

L1 L2 L3 L4 L5 L6 L7 L8 L9 L10 L11 L12 L13 L14 L15 L16 L17 L18 **L19** L20

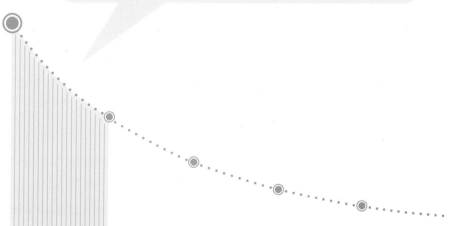

LEVEL 1~20   LEVEL 21~40   LEVEL 41~60   LEVEL 61~80   LEVEL 81~100

0541

earth

[ɜːrθ]

명 지구, 땅[대지], 흙

동 접지하다

earth는 우리가 사는 행성, 즉 '지구'를 의미합니다. 때때로 대문자 E를 사용하여 Earth로 쓰이기도 합니다. 또한 earth는 '흙'이나 '토양'을 의미하기도 하고, 전기에서 '접지'를 의미하는 기술 용어로도 쓰이기도 해요. earth와 관련된 표현 중 하나인 down to earth는 '실질적인, 현실적인'이라는 의미로 어떤 사람이 현실감 있고 접근하기 쉬운 성격을 가지고 있음을 나타냅니다.

1 **Earth has oceans and continents.**
지구에는 바다와 대륙이 있다.

2 **Plants grow in the earth.**
식물은 땅에서 자란다.

Plus + ocean 명 바다, 대양   continent 명 대륙
grow 동 자라다

0542

attention

[əˈtenʃn]

명 주의, 주목, 관심[흥미], 배려, 보살핌

attention은 주로 어떠한 대상이나 활동에 대한 '관심, 집중' 혹은 '주의'를 의미합니다. attention은 다양한 어구에서 사용되며 각각 다른 뉘앙스를 가집니다. 예를 들어, draw attention to는 어떤 사실이나 대상에 대한 주의를 끌어야 함을 나타내며, pay attention to는 주의를 기울여야 함을 의미합니다. stand at attention은 군사적 상황에서 경계 태세를 유지하라는 뜻을 나타냅니다.

1 **Pay attention to the teacher.**
선생님께 주의를 기울여라.

2 **The actor attracted a lot of attention.**
그 배우는 많은 주목을 받았다.

Plus + pay 동 ~을 하다   attract 동 (어떤 반응을) 불러일으키다[끌다]

0543

ago

[əˈɡoʊ]

부 (지금부터) ~전에[이전에]

ago는 '~전에'라는 뜻으로 과거 시제와 함께 쓰여 과거의 특정 시점을 나타냅니다. 예를 들어, three years ago는 '3년 전'을 의미합니다. ago는 단독으로는 쓰이지 않고 long과 같은 부사나 시간을 나타내는 단어와 함께 쓰입니다. 참고로 ago 자체가 과거의 의미를 내포하고 있으므로, 미래나 현재의 의미로 쓰이지 않는다는 점을 기억하세요!

1 **A little boy found a magical lamp two days ago.**
한 어린 소년이 이틀 전에 마법의 램프를 발견했다.

2 **A long, long time ago, there was a wise wizard.**
아주 오래 전에, 현명한 마법사가 있었다.

Plus + wise 형 현명한   wizard 명 마법사

sense

[sens]

명 감각, 지각, 의식

동 느끼다, 감지하다

sense는 주로 사람의 다섯 가지 기본 감각(시각, 청각, 후각, 미각, 촉각)을 나타냅니다. 또한 '이성'이나 '판단', 또는 '이해력'을 의미하기도 합니다. 예를 들어, common sense는 '일상적인 판단 능력'이나 '상식'을 의미합니다. 또는 sense of humor는 '유머 감각'을, sense of direction은 '방향 감각'을 뜻합니다. 또한 sense는 '느끼다, 감지하다'라는 의미로, 사람이나 동물이 물리적이거나 감정적인 자극을 인지하는 것을 나타내기도 합니다.

1 The wise old owl had a great sense of hearing.

지혜로운 늙은 부엉이는 청각이 뛰어났다.

2 I could sense the tension in the room.

나는 방 안의 긴장감을 느낄 수 있었다.

Plus + owl 명 부엉이   tension 명 긴장

---

throat

[θroʊt]

명 목구멍, (용기 따위의) 목 [주둥이], 좁은 통로

throat는 '목구멍'을 뜻합니다. 그래서 목이 아플 때 sore throat이라고 표현하곤 하지요. throat는 다양한 맥락에서 활용되며, 문맥에 따라 다르게 해석될 수 있습니다. 예를 들어, clear one's throat는 '말하기 전에 목을 가다듬는 행동'을 설명합니다. frog in the throat는 직역하면 '개구리가 목에 있다'인데, 비유적으로 감기나 기침으로 인해 목이 아프거나 목소리가 거칠어진 것을 나타냅니다. 또한 throat는 '(용기 등의) 목'이나 '좁은 통로'를 의미하기도 합니다.

1 Tim had a sore throat and could not talk.

Tim은 목이 아파 말을 할 수 없었다.

2 The valley has a tight throat.

골짜기의 입구 부분이 좁다.

Plus + valley 명 골짜기, 계곡   tight 형 빽빽한, 빈틈이 없는

---

somewhere

['sʌmwer]

부 어딘가에[로]

명 모처[어느 곳]

somewhere는 명확하지 않거나 알려지지 않은 장소를 지칭하며 특정 장소를 개략적으로 언급할 때 쓰입니다. 예를 들어, 영화 〈오즈의 마법사The Wizard of Oz〉에는 〈Somewhere Over the Rainbow〉라는 유명한 노래가 나옵니다. 이 노래의 가사는 희망과 꿈에 관한 것으로, '무지개 너머 어딘가'에서 행복을 찾을 수 있을 것이라는 메시지를 전달합니다. 참고로 의문문이나 부정문에는 보통 anywhere를 사용하니 함께 알아두시면 좋겠군요!

1 Birds flew somewhere warm.

새들은 따뜻한 어딘가로 날아갔다.

2 Our dreams take us to magical somewheres.

우리의 꿈은 우리를 마법 같은 어딘가로 데려간다.

Plus + warm 형 따뜻한   take to ~로 가지고[데리고] 가다

0547

living

[ˈlɪvɪŋ]

- 형 살아 있는,
  현대의[현재 쓰이는],
  활기가 있는
- 명 생존[살아 있음], 생계, 생활

living은 동사 live의 진행형과 형태가 같지만 형용사나 명사로 쓰이기도 합니다. 우선 '생명을 가진, 살아있는' 것을 나타내기도 하고, 현재 '사용되고 있는' 것을 설명하기도 합니다. 또한 living은 '생활'이나 '생계'를 뜻합니다. 그래서 make a living이라는 표현에서 living은 '생계'를 의미하는데, 이는 개인이 자신이나 가족을 부양하기 위해 돈을 벌거나 일상생활을 유지하는 것을 의미합니다.

1 Living plants are beautiful.

   살아 있는 식물들은 아름답다.

2 Joanne makes a living by writing.

   Joanne은 글쓰기로 생계를 이어가고 있다.

Plus + plant 명 식물　　　　　writing 명 (직업적인) 글쓰기

0548

page

[peɪdʒ]

- 명 (책 등의) 쪽[장],
  (역사적인) 사건[시대]
- 동 안내 방송을 하다,
  (호출기로) 호출하다

page는 책, 잡지, 신문 등의 '한 장'을 의미합니다. 특히 인쇄된 텍스트나 이미지가 포함된 경우를 말합니다. 예를 들어, turn the page라고 하면 '책의 다음 장으로 넘기다'라는 의미입니다. page는 특히 미국 영어에서 누군가를 호출하거나 찾아달라고 요청하는 의미로 쓰이기도 합니다. 이런 경우는 주로 호텔이나 레스토랑에서 일하는 직원이 고객을 찾거나 호출할 때 쓰인다고 보시면 됩니다.

1 Please turn to page 10.

   10 페이지로 넘겨 주십시오.

2 Please page the manager.

   관리자를 호출해 주십시오.

Plus + turn 동 (책장을) 넘기다　　　　　manager 명 관리자

0549

short

[ʃɔːrt]

- 형 짧은, 키가 작은,
  (기간이) 얼마 안되는, 부족한
- 부 짧게, 갑자기

short는 '짧은'을 뜻하며, 물리적 거리나 시간의 길이를 설명합니다. 예를 들면 short distance(짧은 거리), short time(짧은 시간) 등이 있지요. 또한 short of money(돈이 부족하다)와 같이 '누락'이나 '부족'을 의미하기도 합니다. 또한 short는 주로 어떤 행동이나 상태가 예상보다 빨리 끝나거나, 어떤 것이 부족하거나, 물리적으로 짧게 만드는 행위를 설명하기도 합니다.

1 Anna had short, golden hair.

   Anna는 짧은 금빛 머리카락을 가졌다.

2 Ethan cut the wire short.

   Ethan은 전선을 짧게 잘랐다.

Plus + golden 형 황금빛의　　　　　wire 명 전선

0550

soft
[sɔːft]

형 부드러운, 연약한, 온화한[따스한], 연한

soft는 원래 '부드럽다', '편안하다' 또는 '온순하다'를 뜻하는 단어에서 유래했습니다. soft는 다양한 맥락에서 활용되는데, 주로 물체의 '질감'을 설명할 때 자주 쓰입니다. 예를 들어, soft fabric이라고 하면 '부드러운 옷감'을 지칭합니다. 또한 soft voice는 '부드럽고 조용한 목소리'를 뜻하고, soft light는 '따뜻하거나 흐릿한 빛'을 나타냅니다.

1 Sally touched the rabbit's soft fur.
    Sally는 토끼의 부드러운 털을 만졌다.

2 The soft wind whispered through the trees.
    부드러운 바람이 나무 사이로 속삭였다.

Plus + touch 동 만지다   whisper 동 속삭이다

0551

truth
[truːθ]

명 진실, 진리, 사실

truth는 실제와 사실에 대한 정확한 개념이나 상태를 표현하며 사건이나 아이디어, 또는 설명 등이 사실에 기반하는 경우에 쓰입니다. truth는 또한 특정 진리나 원칙, 신념을 나타내고 이때는 종종 대문자 T로 시작하는 Truth로 쓰입니다. 참고로 truth는 종종 fact와 유사한 뜻을 나타내는데, fact가 더 객관적이고 검증 가능한 정보를 지칭한다면 truth는 때로는 주관적 신념이나 해석을 포함할 수 있습니다.

1 The mirror shows the truth.
    그 거울은 진실을 보여준다.

2 The truth finally came out.
    마침내 진실이 밝혀졌다.

Plus + mirror 명 거울   come out 알려지다, 드러나다

0552

bean
[biːn]

명 콩, (콩 같은) 열매

bean은 '콩'과 '(콩 같은) 열매'를 지칭합니다. 예를 들어, coffee bean은 커피의 열매(커피 원두)를 의미하며 jelly bean은 '콩 모양의 달콤한 젤리 사탕'을 지칭합니다. bean을 활용한 표현 중에 spill the beans는 '비밀을 털어놓다' 또는 '무언가를 공개하다'를 뜻합니다. 유명한 동화 〈잭과 콩나무Jack and the Beanstalk〉에서 beanstalk은 '콩줄기'를 말한답니다.

1 The old man gave Jack a special bean.
    노인은 Jack에게 특별한 콩을 주었다.

2 Paul grinds the coffee beans every day.
    Paul은 매일 커피 원두를 간다.

Plus + special 형 특별한   grind 동 (곡식 등을 잘게) 갈다

0553

bright

[braɪt]

- 형 밝은, 빛나는, 선명한, 영리한[똑똑한]
- 부 밝게

bright는 주로 빛이 강하거나 선명한 것을 설명하며 '밝은, 빛나는, 선명한'을 의미합니다. 예를 들어, bright light는 '밝은 빛'을 뜻하고, bright colors는 '선명하고 진한 색상'을 의미합니다. 또한, bright는 어떤 사람이 똑똑하고 지적이며 빠르게 학습하는 것을 나타내기도 합니다. 그래서 bright student라고 하면 '뛰어난 학생'을 의미합니다.

1 The sun is bright today.
오늘 태양이 밝다.

2 Tom is bright and learns fast.
Tom은 똑똑하고 빨리 배운다.

Plus + learn 동 배우다   fast 부 빨리, 빠르게

0554

knock

[nɑːk]

- 동 두드리다, 치다, ~을 쳐서 …이 되게 하다, 깎아내리다[흠잡다]
- 명 두드리기[노크], 구타, 혹평[비난]

knock은 특정 물체를 빠르고 반복적으로 치는 행동을 나타냅니다. knock on the door는 문을 두드리는 행동을 뜻하죠. 또한 충격이나 사고, 충돌 등의 상황에서 쓰이는데, 주로 물리적 충격을 받은 상황을 나타냅니다. 일상적인 대화에서 knock은 특정 사물이나 사람을 조롱 또는 비판하는 맥락에서도 쓰입니다. Don't knock it until you try it.이라고 하면 '어떤 것을 직접 경험해보기 전까지 비판하지 말라.'는 뜻이지요.

1 Mr. Kim knocked on the wooden table.
Kim 선생님은 나무로 된 탁자를 두드렸다.

2 I heard a knock on the door.
나는 문을 두드리는 소리를 들었다.

Plus + wooden 형 나무로 된

0555

ship

[ʃɪp]

- 명 배[선박]
- 동 배에 싣다, 승선하다

ship은 주로 '큰 배'를 의미합니다. 또는 cargo ship(화물선)이나 cruise ship(유람선)과 같이 다양한 유형의 '배'를 묘사하기도 해요. 또한 맥락에 따라 물건을 배에 실어 운송하는 과정을 의미합니다. 예를 들어, The packages was shipped to Japan.이라고 하면 '그 물건들은 배로 일본에 수송되었다.'라는 뜻이 됩니다. 참고로 ship과 관련된 단어로 shipping이 있는데, 물류 및 운송과 관련된 활동을 설명하며 온라인 쇼핑에서 주로 쓰입니다.

1 A big ship sailed across the sea.
큰 배가 바다를 가로질러 항해했다.

2 We will ship the products tomorrow.
우리는 제품을 내일 선적할 것이다.

Plus + sail 동 항해하다   product 명 상품, 제품

Level 19

0556

power

[ˈpaʊə(r)]

명 힘, 권력, 능력, 동력, 거듭제곱

동 동력을 공급하다

power는 '능력'이나 '힘'을 뜻하며 물리적인 힘이나 기계나 엔진의 출력, 전기 에너지 등 다양한 상황에서 쓰입니다. 참고로 energy가 일을 할 수 있는 잠재적 인 힘이라면 power는 어떤 결과를 얻게 되는 힘을 말합니다. 또한 사회적, 정치 적 문맥에서 개인이나 조직이 가지는 '영향력'이나 '권한'을 의미하기도 합니다. 수학에서는 '거듭제곱'을 의미하기도 합니다. 또한 power는 어떤 기계나 장치 를 작동시키는 '동력을 공급한다'라는 뜻을 나타내기도 합니다.

1 **Knowledge is power.**
   지식은 힘이다.

2 **The king had much power.**
   왕은 많은 권력을 가졌다.

Plus + knowledge 명 지식

0557

dangerous

[ˈdeɪndʒərəs]

형 위험한, 위태로운

여기서 dangerous는 '위험한'을 뜻하여 어떤 것이 안전하지 않거나 해로운 것 을 나타냅니다. 일반적으로 사고나 손상의 가능성이 있는 상황이나 물건, 동물, 또는 사람을 설명하지요. 예를 들어, That dog is dangerous.라고 하면 그 개가 사람에게 공격적일 수 있음을 나타냅니다. 마이클 잭슨의 유명한 〈Dangerous〉 라는 노래는 사랑이 가져다주는 위험과 설레임을 나타내지요.

1 **The bridge was old and dangerous.**
   그 다리는 낡고 위험했다.

2 **Climbing can be dangerous.**
   등산은 위험할 수 있다.

Plus + bridge 명 다리   climbing 명 등산

0558

gather

[ˈɡæðə(r)]

동 모이다[모으다],
   채집[수확]하다,
   (정보 등을) 수집하다,
   알다[이해하다]

'함께'를 뜻하는 together와 같은 뿌리에서 나온 gather는 '모으다, 함께하다' 를 뜻하는 단어에서 유래했습니다. gather는 물리적인 대상뿐만 아니라, 정보 나 데이터와 같은 추상적인 것을 모으는 행위를 모두 나타낼 수 있어요. 예를 들 어, gather information은 '정보를 수집하다'라는 의미입니다. 참고로 취미로 무언가 수집하는 것을 나타낼 때는 collect를 씁니다.

1 **People gathered to watch fireworks.**
   사람들이 불꽃놀이를 보려고 모였다.

2 **The children gather seashells by the shore.**
   아이들이 해변가에서 조개껍데기를 모은다.

Plus + seashell 명 조개껍데기   shore 명 해변[해안]

0559

dinner

[ˈdɪnə(r)]

명 **(점심이나 저녁으로 하루 중에 가장 주요한) 식사, 만찬**

dinner는 하루 중 가장 큰 식사를 나타내는데, 문맥에 따라 그 의미가 달라질 수 있습니다. 미국에서는 dinner가 '저녁 식사'를, lunch가 '점심 식사'를 가리키는 경우가 일반적입니다. 그러나 영국에서는 dinner가 때때로 '점심 식사'를 의미할 수도 있습니다. 또한 dinner는 종종 공식적인 행사나 파티의 음식을 나타내기도 합니다. 예를 들면 dinner party나 wedding dinner 등처럼 말이죠.

1 Sally enjoyed a nice dinner with Harry.

Sally는 Harry와 함께 즐거운 저녁 식사를 했다.

2 I invited James to dinner.

나는 James를 저녁 식사에 초대했다.

Plus + invite 동 초대하다

0560

hardly

[ˈhɑːrdli]

부 **거의 ~아니다, 조금도[전혀] ~않다, 아마도 ~않다**

hardly는 '거의 ~하지 않다'를 뜻하며 어떤 행동이나 상태가 거의 발생하지 않음을 나타냅니다. 주로 부정적인 맥락에서 쓰이며, 종종 can, could, will 등의 조동사와 함께 쓰이기도 합니다. 참고로 이미 부정의 의미가 있으므로 문장에서 두 번의 부정을 만들지 않도록 해야 합니다. 예를 들어 '나는 앞이 거의 안 보인다.'를 문법적으로 바르게 표현하려면 I can hardly see.가 되어야 합니다.

1 I can hardly believe it.

나는 그것을 거의 믿을 수 없다.

2 It hardly rains in the desert.

사막에서는 거의 비가 오지 않는다.

Plus + believe 동 믿다　　　　　desert 명 사막

0561

dirt

[dɜːrt]

명 **먼지[티끌], 흙, 불결, 무가치한 것**

dirt는 '흙' 또는 '더러운 것, 먼지' 등을 의미합니다. 또는 물건이나 사람의 몸에 묻은 '먼지'나 '오물' 등을 가리킵니다. 또한 비격식적인 맥락에서는 속되거나 저속한 정보나 소문을 의미하기도 해요. 참고로 비슷한 형태의 단어인 dust가 있습니다. dust가 주로 공기 중에 떠다니는 미세한 입자인 '먼지'를 의미하는 반면, dirt는 주로 '흙, 땅'을 의미하여 어떤 물체나 표면에 묻은 더러운 것을 나타냅니다.

1 You have dirt on your shoes.

네 신발에 흙이 묻었어.

2 Wipe the dirt off the table.

테이블 위의 더러운 것을 닦아라.

Plus + wipe 동 닦다

0562

shirt

[ʃɜːrt]

명 (남자용) 셔츠, 내의[속옷]

shirt는 일반적으로 와이셔츠와 같은 '(남자용) 셔츠'나 '내의'를 뜻합니다. 우리가 잘 알고 있는 티셔츠(T-shirt), 드레스 셔츠(dress shirt), 폴로 셔츠(polo shirt), 스웨트 셔츠(sweatshirt) 등 다양한 형태와 스타일의 상의를 모두 나타낼 수 있어요. wear a short-sleeved shirt는 '반소매 셔츠를 입다'를 뜻하고, His shirt wasn't dry yet.이라고 하면 '그의 셔츠는 아직 마르지 않았다.'라는 의미가 됩니다.

1 I wore my favorite blue shirt to school.

나는 가장 좋아하는 파란색 셔츠를 입고 학교에 갔다.

2 He wore a red shirt today.

그는 오늘 빨간 셔츠를 입었다.

 Plus + wear 동 입다 (wore - worn)   favorite 형 가장 좋아하는

0563

couple

[ˈkʌpl]

명 두 개[사람], 남녀[부부]

동 연결[결합]하다, 교미하다

couple은 '두 개, 두 사람'을 뜻하거나 '몇 개' 혹은 '소수'를 의미합니다. 보통 전치사 of와 함께 a couple of의 형태로 쓰입니다. 예를 들어, a couple of minutes는 '몇 분 (동안)'을 의미하지요. 또한 couple은 단독으로 쓰일 경우 '연인'이나 '부부'를 지칭하기도 해요. 참고로 a couple of 뒤에는 복수형 명사나 동사가 와야 하지만 a couple이 연인이나 부부를 의미하는 경우에는 단수형이 와야 한다는 점 알아두세요.

1 I saw a couple of birds in the garden.

나는 정원에서 새 두 마리를 보았다.

2 Tom and Jane are a lovely couple.

Tom과 Jane은 사랑스러운 부부이다.

Plus + lovely 형 사랑스러운

0564

huge

[hjuːdʒ]

형 거대한, 막대한, 크게 유명한[성공한]

huge는 '매우 큰, 거대한'이라는 의미로 크기나 무게, 범위, 정도 등이 보통 수준을 훨씬 초과하는 것을 나타냅니다. 가령 a huge mountain이라고 하면 '거대한 산'이라는 의미로, 일반적인 산보다 훨씬 크다는 것을 강조합니다. 추상적인 맥락에서는 a huge success처럼 성공의 정도가 매우 큰 것을 나타내기도 해요.

1 The huge giant lived alone in a castle.

거대한 거인은 성에서 혼자 살았다.

2 We had a huge laugh.

우리는 크게 웃었다.

Plus + giant 명 거인   alone 부 혼자
laugh 동 웃다

0565

guy

[gaɪ]

명 남자, 녀석

guy는 '남성' 일반을 지칭하거나 특정 '남성'을 가리킬 때 쓰입니다. 주로 비공식적이고 일상적인 상황에서 자주 쓰입니다. 참고로 어떤 그룹의 '사람들'을 가리킬 때는 성별에 상관없이 복수형 guys로 표현하기도 합니다. 그래서 Hey guys! 라고 하면 '여러분, 안녕하세요!'라는 뜻이 되지요. 따라서 guy는 공식적인 글이나 말에서는 사용을 피해야 하고 상대방이 '남성'이 아니라면 쓰지 않는 편이 좋을 수 있어요.

1 Nick is a nice guy.

Nick은 괜찮은 녀석이야.

2 Hey guys, let's grab some food!

여러분, 간단히 뭐 좀 먹죠!

Plus + grab 동 재빨리 먹다

0566

tomorrow

[təˈmɑːroʊ; təˈmɔːroʊ]

명 내일

부 내일[(가까운) 장래에]

tomorrow의 원래 '다음 날 아침'을 의미했는데 시간이 지나면서 지금의 '내일'이라는 뜻으로 자리잡게 되었습니다. 그래서 tomorrow는 주로 미래에 대한 일반적인 표현으로 쓰이기도 해요. 또한 영화나 노래, 문학 작품의 제목에서도 tomorrow는 자주 쓰입니다. 이런 경우에는 '미래', '희망'의 상징적인 의미를 나타낸다고 볼 수 있어요. 예를 들어, 뮤지컬 〈애니Annie〉의 대표곡 중 하나인 〈Tomorrow〉는 희망과 미래에 관한 노래입니다.

1 Tomorrow will be a better day.

내일은 더 좋은 날이 될 것이다.

2 I will plant flowers in the garden tomorrow.

나는 내일 정원에 꽃을 심을 것이다.

Plus + better 형 더 좋은   plant 동 (식물을) 심다

0567

fear

[fɪr]

명 공포, 두려움, 불안

동 무서[두려]워하다, 걱정하다

fear는 '공포'나 '두려움'을 의미하며, 불안하거나 위험에 처한 것을 경계하는 감정 상태를 표현하며 맥락에 따라 '무서워하다'나 '걱정하다'를 뜻하기도 합니다. fear와 관련된 표현에는 fearless(두려움이 없는), fearful(무서운, 걱정하는), fearing(두려워하는) 등이 있습니다. FOMO라는 표현은 Fear Of Missing Out의 줄임말로, 특정 사건이나 경험 등을 놓칠 것을 걱정하는 감정을 나타냅니다.

1 I have a fear of heights.

나는 고소공포증이 있다.

2 Parents fear for their children's safety.

부모들은 자식들의 안전을 걱정한다.

Plus + height 명 높은 곳   fear for ~을 걱정[염려]하다
safety 명 안전

0568

rain

[reɪn]

명 비[빗물]

동 비가 오다, (비처럼) 쏟아지다

rain은 기본적으로 '비, 빗물'을 뜻하고 맥락에 따라서는 '비가 오다, (비처럼) 쏟아지다'를 뜻합니다. 그리고 이러한 의미에서 파생된 단어로 rainy와 rainfall이 있습니다. rainy는 '비 오는, 비가 많은'을 뜻하고, rainfall은 일정 기간 동안 내린 비의 총량을 말해요. 그래서 rainy season은 '장마철'을 의미하지요. 참고로 비의 유형 중 drizzle은 '이슬비'를, shower는 '소나기'를 뜻합니다.

1 They are exercising in the rain.

그들은 빗속에서 운동을 하고 있다.

2 The rain poured all night long.

비가 밤새도록 쏟아졌다.

Plus + pour **동** (비가) 마구 쏟아지다   all night long 밤새도록

0569

sea

[siː]

명 바다, 해(海)

형 바다의

sea는 대양보다 작지만 호수보다 큰 '바다'를 뜻하며 Mediterranean Sea(지중해)처럼 특정한 바다 지역을 나타내기도 합니다. 또한 sea는 비유적으로 '무한한'이나 '많은 양'을 표현하기도 합니다. 예를 들어, sea of people은 '사람들로 가득 찬 곳'을 의미하지요. sea를 활용한 표현으로는 seashore(해변), seafood(해산물), seasick(바다 멀미) 등이 있으니 함께 외워두셔도 좋겠군요.

1 The Little Mermaid lived happily in the blue sea.

인어공주는 푸른 바다에서 행복하게 살았다.

2 The view of the sea is breathtaking.

바다의 경치는 숨이 멎을 정도로 아름답다.

Plus + mermaid **명** 인어   breathtaking **형** (너무 아름답거나 놀라워서) 숨이 멎는 듯한

0570

porch

[pɔːrtʃ]

명 (건물 입구에 지붕이 있는) 현관, 베란다, 차를 댈 수 있게 만든 곳

porch는 '아치'나 '문'을 뜻하던 단어들에서 유래했습니다. 그래서 오늘날은 주로 집의 앞이나 옆에 위치한 개방된 공간 또는 베란다를 지칭합니다. 이런 공간들은 일반적으로 지붕으로 덮여 있어 햇볕이나 비로부터 보호받을 수 있습니다. 또한 집 주변의 풍경을 감상하거나, 책 읽기, 휴식을 취하는 등 다양한 활동을 위한 공간으로 쓰이기도 하지요.

1 Birds sing on our porch every morning.

새들이 매일 아침 우리 집 현관에서 노래한다.

2 The porch has a beautiful view.

베란다에서 보이는 경관이 아름답다.

Plus + view **명** 경관, 전망

우리말에 맞게 빈칸에 알맞은 단어를 쓰세요. (정답은 본문을 확인하세요.)

1 _____ has oceans and continents. 지구에는 바다와 대륙이 있다.

2 Pay _____ to the teacher. 선생님께 주의를 기울여라.

3 A little boy found a magical lamp two days _____. 한 어린 소년이 이틀 전에 마법의 램프를 발견했다.

4 The wise old owl had a great _____ of hearing. 지혜로운 늙은 부엉이는 청각이 뛰어났다.

5 Tim had a sore _____ and could not talk. Tim은 목이 아파 말을 할 수 없었다.

6 Birds flew _____ warm. 새들은 따뜻한 어딘가로 날아갔다.

7 Joanne makes a _____ by writing. Joanne은 글쓰기로 생계를 이어가고 있다.

8 Please turn to _____ 10. 10 페이지로 넘겨 주십시오.

9 Anna had _____, golden hair. Anna는 짧은 금빛 머리카락을 가졌다.

10 Sally touched the rabbit's _____ fur. Sally는 토끼의 부드러운 털을 만졌다.

11 The mirror shows the _____. 그 거울은 진실을 보여준다.

12 The old man gave Jack a special _____. 노인은 Jack에게 특별한 콩을 주었다.

13 The sun is _____ today. 오늘 태양이 밝다.

14 Mr. Kim _____ on the wooden table. Kim 선생님은 나무로 된 탁자를 두드렸다.

15 A big _____ sailed across the sea. 큰 배가 바다를 가로질러 항해했다.

16 Knowledge is _____. 지식은 힘이다.

17 The bridge was old and _____. 그 다리는 낡고 위험했다.

18 People _____ to watch fireworks. 사람들이 불꽃놀이를 보려고 모였다.

19 Sally enjoyed a nice _____ with Harry. Sally는 Harry와 함께 즐거운 저녁 식사를 했다.

20 I can _____ believe it. 나는 그것을 거의 믿을 수 없다.

21 You have _____ on your shoes. 네 신발에 흙이 묻었어.

22 I wore my favorite blue _____ to school. 나는 가장 좋아하는 파란색 셔츠를 입고 학교에 갔다.

23 I saw a _____ of birds in the garden. 나는 정원에서 새 두 마리를 보았다.

24 The _____ giant lived alone in a castle. 거대한 거인은 성에서 혼자 살았다.

25 Nick is a nice _____. Nick은 괜찮은 녀석이야.

26 _____ will be a better day. 내일은 더 좋은 날이 될 것이다.

27 I have a _____ of heights. 나는 고소공포증이 있다.

28 The _____ poured all night long. 비가 밤새도록 쏟아졌다.

29 The view of the _____ is breathtaking. 바다의 경치는 숨이 멎을 정도로 아름답다.

30 Birds sing on our _____ every morning. 새들이 매일 아침 우리 집 현관에서 노래한다.

Level 20

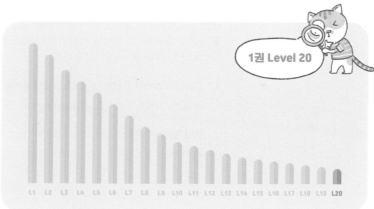

1권 Level 20

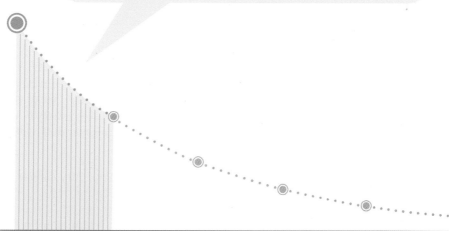

LEVEL 1~20   LEVEL 21~40   LEVEL 41~60   LEVEL 61~80   LEVEL 81~100

0571

fever

[ˈfiːvə(r)]

- 명 (병으로 인한) 열, 열병, 흥분[열광], 열기
- 동 열병에 걸리다[걸리게 하다], 열광시키다

fever의 뿌리는 '(병으로 인한) 높은 체온, 발열' 등을 의미하던 단어였습니다. 그래서 지금도 어떤 질병 등으로 인해 몸의 체온이 올라간 상태를 나타냅니다. fever는 비유적인 표현으로 '열정'이나 강렬한 '열망'을 의미하기도 합니다. 예를 들면, dance fever나 football fever처럼 춤이나 축구에 대한 열정적인 관심과 흥분을 나타낼 수 있어요.

1 Bill had a fever and couldn't go to kindergarten.
Bill은 열이 나서 유치원에 갈 수 없었다.

2 I fevered last night but feel better now.
나는 어젯밤에 열이 났지만 지금은 좀 나아졌다.

Plus+ kindergarten 명 유치원

0572

lake

[leɪk]

- 명 호수

lake의 유래는 재미있습니다. 원래는 '큰 규모의 고여있는 물, 웅덩이'를 뜻하는 단어에서 파생되었습니다. 그래서 lake는 크기와 상관없이 주변이 땅으로 둘러싸인 내륙에 위치한 '물이 고인 곳'을 일컫습니다. 또한, 각종 특별한 호수의 이름을 지을 때 사용되기도 합니다. 예를 들면 Lake Superior(슈피리어 호수), Lake Ontario(온타리오 호수) 등처럼 말이죠.

1 Susan went fishing with her family at the lake.
Susan은 가족들과 호수로 낚시를 갔다.

2 We spent the afternoon boating on the quiet lake.
우리는 오후에 한적한 호수에서 보트를 타며 시간을 보냈다.

Plus+ go fishing 낚시를 가다   spend 동 (시간을) 보내다

0573

daughter

[ˈdɔːtə(r)]

- 명 딸
- 형 딸과 같은 관계에 있는

daughter는 '딸'이나 '딸과 같은 관계에 있는'을 뜻합니다. daughter를 활용한 표현 중 daughter-in-law는 '며느리'를 의미하며, granddaughter는 '손녀'를 말합니다. 관용구 like mother, like daughter는 엄마와 딸이 서로 닮았다를 의미합니다. 또한 비유적으로 어떤 것이 다른 것으로부터 비롯되거나 파생된 것도 나타낼 수 있습니다. 예를 들어, daughter cell은 '어떤 세포가 분열하여 만들어진 세포'를 지칭합니다.

1 The youngest daughter looks very similar to me.
막내딸은 나와 매우 닮았다.

2 My daughter wished upon a star every night.
나의 딸은 매일 밤 별에게 소원을 빌었다.

Plus+ similar to ~와 비슷한

0574

mine

[maɪn]

명 광산, 지뢰

대 나의 것

동 채굴하다, 지뢰를 매설하다

mine은 다양한 의미가 있는 단어입니다. 첫 번째로 '나의 것'이라는 의미로 소유를 나타냅니다. 예를 들어, This book is mine.은 '이 책은 나의 것이다.'라는 뜻입니다. 두 번째로, 광물을 채굴하는 장소인 '광산'이나 '지뢰'를 의미합니다. 맥락에 따라서는 '광물을 채굴하다'를 뜻하기도 하지요. 문장 내에서 mine의 위치나 어떤 단어와 함께 쓰이는지 주의 깊게 살펴보면, 정확한 의미를 더 쉽게 파악할 수 있습니다.

1 The two dwarfs worked in a deep mine.

두 명의 난쟁이들은 깊은 광산에서 일했다.

2 "This teddy bear is mine," said the little girl.

'이 곰인형은 내 것이야.'라고 작은 소녀가 말했다.

Plus + dwarf 명 (신화 속의) 난쟁이   deep 형 깊은

0575

color

['kʌlə(r)]

명 색(깔), 색채, 특색

동 채색[염색]하다, (당황하여) 붉어지다

color는 '색상'이나 '색'을 나타내며 감각적으로 빛의 특정한 파장이나 색조, 채도, 명도를 통틀어 일컫기도 합니다. 또는 상황에 따라 어떤 대상에 색을 입히거나 얼굴이 붉어지는 것을 나타내기도 합니다. 참고로 영국 영어에서는 colour로 표기되는데 color와 의미상 차이는 없습니다. color는 사람의 피부색을 표현할 수도 있는데, 이는 때로는 민감한 표현으로 간주될 수 있으므로 주의해야 합니다.

1 The sunflower is a bright yellow color.

해바라기는 밝은 노란색이다.

2 Jane carefully colored the flowers in the book.

Jane은 책 속의 꽃을 조심스럽게 색칠했다.

Plus + sunflower 명 해바라기   carefully 부 조심스럽게

0576

con

[kɑːn]

명 속임수[사기], 반대투표(자)

동 사기를 치다

부 반대하여

형 반대의

전 ~에 반대하여

con은 원래 '맞은편에, 반대편에'를 뜻하는 단어에서 유래했습니다. 그래서 오늘날에는 기본적으로 무언가에 '반대하는' 의미를 나타냅니다. 가장 흔히 쓰이는 형태는 '찬반양론, 장단점'을 뜻하는 pros and cons입니다. pros가 '긍정적인 측면'을 나타내고, cons는 '부정적인 측면', 즉 '단점'이나 '반대의 의견'을 나타내지요. 또한 con은 '사기를 치다'를 뜻하기도 합니다. 특히 사기꾼이 피해자와 신뢰를 쌓은 뒤 그 신뢰를 악용하는 경우를 설명합니다.

1 Fifty members voted pro, but thirty voted con.

50명의 회원이 찬성했지만, 30명이 반대했다.

2 He conned me out of $500.

그는 나를 속여 500달러를 가로챘다.

Plus + con out of 속여서 ~을 가로채다

promise

[ˈprɑːmɪs]

통 약속[서약]하다, 보증하다

명 약속, 계약, 조짐[징후]

promise는 처음에는 '약속된 사람'을 뜻하다가 점차 시간이 지나면서 '약속'을 뜻하게 되었습니다. 그리고 맥락에 따라 미래에 특정 행동을 하겠다고 확신을 주는 것을 가리킵니다. promise를 활용한 표현으로는 make a promise(약속을 하다), break a promise(약속을 깨다) 등이 있어요.

1 **Jamie promised to help me.**
Jamie가 나를 도와주겠다고 약속했다.

2 **I won't break my promise.**
나는 약속을 깨지 않을 거야.

Plus + break 통 (약속 등을) 어기다

---

party

[ˈpɑːrti]

명 파티[모임], 정당,
(계약 등의) 당사자, 단체

통 파티를 하다

party는 크게 세 가지 의미를 나타냅니다. 첫 번째로, 사람들이 모여서 즐기는 행사나 모임인 '파티'를 의미합니다. 예를 들어, birthday party는 '생일 파티'를, dance party'는 '댄스 파티'를 뜻하지요. 두 번째로는 정치적 집단이나 '정당'을 지칭합니다. 가령 ruling party는 '여당'을, opposition party는 '야당'을 의미하지요. 마지막으로, 법률적인 맥락에서 계약이나 소송의 '당사자'를 지칭하기도 합니다.

1 **We had a great time at Tom's birthday party.**
우리는 Tom의 생일 파티에서 즐거운 시간을 보냈다.

2 **The parties agreed to the terms.**
당사자들은 그 조건에 동의했다.

Plus + agree 통 동의하다   terms 명 (합의·계약 등의) 조건

---

hope

[houp]

통 희망하다, 바라다

명 희망, 기대

hope는 '희망하다, 바라다' 또는 '희망, 기대'를 뜻하며 좋은 일이 생기기를 바라거나 기대하는 마음을 나타냅니다. 예를 들어, hope for good grade는 '좋은 성적을 기대하다'를 의미하고, a hope for the future는 '미래에 대한 희망'을 뜻합니다. 참고로 hope는 일어나지 않았지만 일어나길 바라는 상황이나 결과를 나타내기 때문에 실제로 기대한 일이 일어났을지에 대한 여부는 확실하지 않습니다.

1 **We hoped for good weather on Saturday.**
우리는 토요일 날씨가 좋기를 바랐다.

2 **Anna has hope for the future.**
Anna는 장래에 대한 희망을 품고 있다.

Plus + future 명 장래, 미래

0580

snow

[snoʊ]

명 눈

동 눈이 내리다, 눈처럼 떨어지다

snow는 겨울에 하늘에서 내리는 '눈'을 의미하며, 눈이 내리는 상황을 나타내기도 합니다. snow는 또한 비유적으로 표현되기도 합니다. 예를 들어, pure as snow는 '매우 순수하다'를 의미합니다. 또한 snow white는 '고요하고 맑은 흰색'을 설명할 때 사용됩니다. 동화 〈백설공주〉의 이름도 바로 Snow White 랍니다.

1 The snow is falling gently.

눈이 부드럽게 내리고 있다.

2 It snowed a lot last night.

어젯밤에 많은 눈이 내렸다.

Plus + fall 동 내리다   gently 부 부드럽게, 약하게

0581

game

[geɪm]

명 경기[시합], 게임[놀이]

형 투지만만한, (~할) 용의가 있는

game은 '놀이, 오락'이나 '즐거움'을 뜻하는 단어에서 파생되었습니다. 그래서 오늘날 game은 soccer game(축구 경기)나 board game(보드 게임)처럼 '놀이'나 '스포츠, 경쟁 활동'을 지칭합니다. 또한 중요한 경기나 대회를 the big game이라고 표현하기도 합니다. 이 외에 be game for라고 하면 '~을 하고 싶어하다'나 '~에 참여하다'를 의미하며, 어떤 활동에 대한 열정이나 의향을 나타냅니다.

1 Jimmy watched a basketball game on TV.

Jimmy는 TV에서 농구 경기를 보았다.

2 Sue developed a new computer game.

Sue는 새로운 컴퓨터 게임을 개발했다.

Plus + watch 동 보다   develop 동 개발하다

0582

dream

[driːm]

명 꿈, 포부[희망]

동 꿈을 꾸다, 상상하다

dream은 일상 대화부터 문학, 노래 가사 등 다양한 문맥에서 쓰여 꿈을 꾸는 행위나 '희망, 소망' 또는 '이상'을 표현합니다. dream의 유명한 예로 마틴 루터 킹 주니어의 유명한 연설에 나온 I have a dream.(나에게는 꿈이 있다.)라는 구절이 있지요. 뮤지컬 〈레미제라블Les Misérables〉에도 〈I dreamed a dream〉이라는 노래가 나옵니다. 여기서 dreamed는 '꿈을 꾸다'라는 동사이고 dream은 '꿈'이라는 명사로 쓰인 것입니다.

1 Tom dreamed of having a family in the future.

Tom은 미래에 가정을 꾸리는 것을 꿈꿨다.

2 I had a strange dream last night.

나는 지난밤에 이상한 꿈을 꾸었다.

Plus + have a family 가정을 꾸리다   strange 형 이상한

0583

cloud
[klaʊd]

명 구름, 구름 모양의 것,
(비유적) 어두운

동 구름이 끼다, (걱정 등으로)
우울하게 만들다,
(판단력 등을) 흐리게 하다

cloud는 원래는 '돌 덩어리'나 '언덕'이라는 의미로 쓰이다가 시간이 지나면서 '구름'이라는 의미로 변화했고, '구름이 끼다', '흐리게 하다' 또는 '혼란스럽게 하다'라는 의미로도 쓰이게 되었습니다. cloud를 활용한 유명한 속담이 있습니다. 바로 Every cloud has a silver lining.으로 어떤 어려운 상황이나 불행한 일도 긍정적인 면이 있다는 것을 의미합니다.

1 The sun is hiding behind the clouds.
태양이 구름 뒤에 숨어 있다.

2 Current success can cloud your judgment.
현재의 성공이 당신의 판단을 흐릴 수 있다.

Plus + current 형 현재의   judgment 명 판단(력)

0584

garden
['gɑːrdn]

명 정원[뜰], 공원[유원지]
형 정원의
동 정원을 가꾸다

garden은 주로 집 근처에 위치한 작은 땅이나 식물을 심는 공간을 가리킵니다. 또는 정원을 가꾸는 행위를 나타내기도 해요. garden은 다양한 형태의 정원을 설명할 수 있습니다. 예를 들어 vegetable garden은 '채소를 심는 정원'을, flower garden은 '꽃이 있는 정원'을 의미합니다. botanical garden은 '다양한 식물이 전시되는 과학 연구소나 전시장' 등을 뜻하기도 합니다.

1 We have a beautiful garden in our backyard.
우리 집 뒷마당에는 아름다운 정원이 있다.

2 They garden together every weekend.
그들은 주말마다 함께 정원을 가꾼다.

Plus + backyard 명 뒷마당   weekend 명 주말

0585

business
['bɪznəs]

명 사업, 일

business는 초기에 '무언가에 열중하거나 바쁜 상태'를 뜻했습니다. 그러다 조금씩 의미가 변하여 현재는 주로 '상업 활동'이나 '사업'을 의미하거나 특정 분야나 '업종'을 지칭하게 되었습니다. 참고로 business는 문맥에 따라 그 의미가 달라질 수 있기 때문에 해석에 유의해야 합니다. 예를 들어, mind your own business라고 하면 사업이나 상업 활동을 의미하는 것이 아닌, '남의 일에 관여하지 마라'를 뜻합니다.

1 Helen is in the fashion business.
Helen은 패션 사업을 하고 있다.

2 This is my issue, so mind your own business.
이건 내 문제니까, 네 일이나 신경 써.

Plus + issue 명 문제   mind 동 신경 쓰다

0586

appear

[əˈpɪr]

동 나타나다, ~인 듯하다,
출연하다

appear는 마치 마법처럼 갑자기 무언가 나타나는 상황에서 자주 쓰입니다. 예를 들어, 마술사가 모자 속에서 토끼를 꺼낼 때 A rabbit appears!이라고 말할 수 있어요. appear는 또한 '~처럼 보이다'를 의미하는데, He appears to be tired.는 '그는 피곤해 보인다.'라는 의미입니다.

1 A rainbow appeared in the sky.
하늘에 무지개가 나타났다.

2 The apples appear very delicious.
사과가 매우 맛있어 보인다.

Plus + delicious 형 맛있는

0587

hat

[hæt]

명 (테가 있는) 모자

hat은 일반적으로 '모자'의 종류를 넓게 포괄하는 단어입니다. 공식적인 행사부터 일상생활에서 쓰는 다양한 형태와 스타일의 '모자'를 나타냅니다. 여기에는 썬햇(sun hat), 페도라(fedora), 비니(beanie), 베레모(beret) 등이 포함됩니다. 참고로 비슷한 의미의 단어인 cap은 '특정 형태의 모자'를 가리키는데, 일반적으로 챙이 앞쪽에 달려 있으며 뒷부분이 열려 있는 모자를 의미합니다. 대표적인 예로는 baseball cap(야구 모자)이 있습니다.

1 My grandfather always wears his favorite fishing hat.
할아버지는 항상 가장 좋아하는 낚시 모자를 쓰신다.

2 The hat keeps my ears warm from the cold.
모자가 추위로부터 귀를 따뜻하게 보호해준다.

Plus + keep 동 ~를 (…로부터) 보호하다

0588

wrap

[ræp]

동 싸다[포장하다], 둘러싸다,
두르다[감다]

명 덮개[외피], 포장지

wrap은 기본적으로 '감다', '싸다, 포장하다' 등을 뜻합니다. 예를 들어, I will wrap the gift.에서 wrap은 선물을 '포장한다'라는 의미를 나타냅니다. 또한 맥락에 따라서 '포장지'나 '덮개' 등을 의미하기도 합니다. 우리가 흔히 식품 보존을 위해 쓰는 비닐 랩을 plastic wrap이라고 부르지요. 참고로 wrap은 다양한 재료를 토르티야나 플랫브레드 등으로 싸서 만든 음식을 의미하기도 합니다.

1 Jane wrapped the baby in a blanket.
Jane은 아기를 담요로 감쌌다.

2 Cover the leftover food with some wrap.
남은 음식을 랩으로 덮어라.

Plus + blanket 명 담요   leftover 형 남은, 나머지의

0589

twin

[twɪn]

- 명 쌍둥이 (중의 한 명),
  닮은 사람[것]의 한 쪽

- 형 쌍둥이의, 짝을 이루고 있는

- 동 (두 사물을 긴밀히)
  결부시키다,
  (두 지역이) 자매 관계를 맺다

twin은 동시에 태어난 두 사람 중 한 명을 가리키며, 이들은 보통 외모나 특성이 매우 유사합니다. 그래서 '쌍둥이의'나 '두 개의(짝을 이루고 있는)' 등을 의미하기도 합니다. 예를 들어, twin towers는 '쌍둥이 탑'을 의미하며 twin beds라고 하면 '두 개의 싱글 침대'를 뜻합니다.

1 Jake and Alex are twins.

Jake와 Alex는 쌍둥이이다.

2 The twin towers were iconic structures.

쌍둥이 타워는 상징적인 건축물이었다.

Plus + iconic 형 ~의 상징이 되는   structure 명 건축물

0590

island

['aɪlənd]

- 명 섬, 섬 같은 곳

- 동 고립시키다

island는 물로 둘러싸인 작은 육지, 즉 '섬'을 뜻합니다. 그리고 '섬'의 동떨어져 있는 이미지에서 '고립시키다'라는 의미가 나오기도 했어요. island를 활용한 예로 세계적인 명작인 《보물섬 Treasure Island》이 있죠. 또는 No man is an island.(아무도 혼자인 사람은 없다.)라는 유명한 표현도 있어요. 개인은 고립되어 살 수 없고 다른 이와의 연결이 필요하다는 뜻입니다. 참고로 island에서 's'는 발음하지 않는다는 점을 함께 기억해 두세요.

1 The island had a single, tall tree.

그 섬에는 키가 큰 나무 한 그루가 있었다.

2 The river islanded a piece of land.

강이 땅의 일부를 섬처럼 만들었다.

Plus + single 형 단 하나의   land 명 땅

0591

tie

[taɪ]

- 동 묶다, (묶어서) 달다,
  얽매다[구속하다],
  동점을 이루다

- 명 넥타이, 유대[관계], 속박,
  동점

tie는 주로 '묶다', '엮다'를 의미합니다. 예를 들면 신발 끈을 묶거나, 물건을 고정하기 위해 끈으로 묶는 행위들을 나타내지요. 또한 목에 묶는 '넥타이'를 의미하거나 경기나 대회의 결과가 '동점'인 상황을 나타내기도 합니다. 그래서 두 팀이나 선수가 점수가 같아 승부를 가리지 못한 상태를 tie라고 표현합니다. 또한, '사람들 사이의 관계나 연결'을 나타내기도 하는데, family ties라고 하면 '가족 간의 유대'를 의미합니다.

1 Ben can tie a tie by himself now.

Ben은 이제 혼자 넥타이를 맬 수 있다.

2 They have strong family ties.

그들은 가족 간의 유대가 강하다.

Plus + by oneself 혼자, 도움을 받지 않고

0592

pain
[peɪn]

명 고통, 아픔

동 고통을 주다, 괴롭히다

pain은 원래 '벌, 처벌'을 뜻하는 단어에서 유래했습니다. 주로 처벌을 받을만큼 고통스러운 상황을 강조하는 단어였습니다. 그래서 오늘날은 물리적이나 정서적인 '고통, 아픔'을 뜻합니다. 예를 들어, feel a sharp pain in shoulder라고 하면 '어깨에 날카로운 통증을 느끼다'를 의미하지요. 또한 누군가를 '고통스럽게 만들다'라는 의미를 나타낼 수도 있습니다.

1 Jackson felt pain in his knee.
Jackson은 무릎에 통증을 느꼈다.

2 The rumor pained the boy.
그 소문은 소년을 괴롭혔다.

Plus + knee 명 무릎　　　　　　　　rumor 명 소문

0593

check
[tʃek]

동 살피다[점검하다], 확인하다, 억누르다[참다]

명 조사[수사], 확인[점검], 억제[저지]

check는 우리 일상생활에서 자주 쓰이며 문맥에 따라 다양한 의미를 나타냅니다. 먼저 무언가를 '확인하고 점검하는' 의미로 흔히 쓰입니다. 집을 나서기 전에 전등이나 가스불 등을 잘 껐는지 살피는 것이나 여행을 가기 전에 checklist를 만들어 놓고, 준비물을 하나씩 확인하는 것을 떠올려 보세요. 또한 check는 특정 사항을 제어하거나 억제하는 상황을 나타내기도 합니다.

1 I forgot to check my email.
나는 이메일 확인하는 것을 깜빡했다.

2 The police made a wellness check on the old woman.
경찰은 할머니의 건강 상태를 확인했다.

Plus + forget 동 (할 일 등을) 잊고 안 하다

0594

often
[ˈɔːfn; ˈɔːftən; ˈɑːfn]

부 흔히, 종종, 보통, 자주

often은 어떤 행위나 사건이 빈번하게 발생함을 나타냅니다. 단, 항상 또는 계속적으로 일어나는 것이 아니라, 그저 비교적 '자주' 발생한다는 점을 강조합니다. 그래서 주로 문장에서 '빈도'를 나타내는 역할을 합니다. 예를 들어, I often read books.라는 문장에서 often은 책을 읽는 행위가 자주 이루어진다는 것을 표현합니다.

1 Diana often went to the park to exercise.
Diana는 종종 운동하러 공원에 갔다.

2 We often meet for coffee on Sundays.
우리는 일요일에 커피를 마시러 자주 만난다.

Plus + exercise 동 운동하다　　　　　　meet 동 만나다

0595

saint

[seɪnt]

- 명 성인(聖人), 성인 같은 사람
- 동 성인으로 숭배하다, 성인처럼 생활하다

saint는 원래 '신성한'을 뜻하는 단어에서 파생되었습니다. 그래서 오늘날에는 이와 관련된 두 가지 의미를 나타냅니다. 첫째, '성인(聖人)'을 지칭합니다. 예를 들어, Saint Peter(성 베드로)는 신약 성서에 나오는 인물로, 예수의 제자 중 한 명입니다. 둘째, 일반적으로 '선하고 믿음직스러운 사람'을 칭찬하는 말로 쓰입니다. 또한 saint는 종종 이름이나 장소의 명칭에도 사용됩니다. 예를 들면 Saint Louis(세인트 루이스)나 Saint Paul(세인트 폴) 등이 있습니다.

1 Saints are kind and do good things.

성인은 친절하고 선한 일을 한다.

2 He's not a saint but tries to do the right thing.

그는 성인은 아니지만, 옳은 일을 하려고 한다.

Plus + try to V ~하려고 노력하다　　　　　　　　right 형 옳은

0596

path

[pæθ]

- 명 (작은) 길, 통로, (인생의) 행로

path는 주로 두 가지 뜻을 나타냅니다. 우선 사람이 걷기 위한 '좁고 특별히 정비된 길'이나 '통로'를 의미합니다. 또한 물리적인 '길'의 의미 외에도, 비유적으로 '과정'이나 '방향' 등을 표현하기도 합니다. 특히 주로 삶의 여정이나 인생의 방향 등을 설명하지요. 힘들고 어려운 여정을 통해 주인공이 성장하는 과정을 그리는 《The Narrow Path》라는 소설도 있습니다.

1 The garden has a beautiful flower path.

정원에는 아름다운 꽃길이 있다.

2 Everyone has their own path in life.

모든 사람은 인생에서 각자의 길이 있다.

Plus + own 형 자기 자신의

0597

shadow

[ˈʃædoʊ]

- 명 그림자, (물건의) 투영, 어둠[컴컴함], 실체가 없는 것
- 형 그림자의, 실체가 없는
- 동 그늘지게 하다, 어둡게 하다, 그림자처럼 따라다니다

동화 《피터팬Peter Pan》에는 피터팬의 그림자가 독단적으로 행동하는 장면이 많이 나옵니다. 바로 '그림자'를 의미하는 단어가 shadow입니다. 그리고 맥락에 따라 의미가 확장하여 물체가 빛을 차단하여 만든 '어두운 영역'을 의미하거나 '실체가 없는 것', '미지의 것' 등을 상징하기도 합니다. shadow는 또한 어떤 사람이나 대상을 그림자처럼 밀착하여 따라가는 것을 의미할 수 있어요.

1 The tree casts a shadow.

나무가 그림자를 드리운다.

2 The detective shadowed the suspect.

탐정이 용의자를 따라갔다.

Plus + cast 동 (그림자를) 드리우다　　　　　　detective 명 탐정
suspect 명 용의자

single

[ˈsɪŋɡl]

- 형 단 하나의, 독신의, 1인용의
- 명 독신자, 단식 시합
- 동 선발하다

single은 다양한 뜻을 갖고 있는 단어입니다. 기본적으로 '하나의'를 뜻하며 결혼하지 않은 상태, 즉 '미혼'을 나타냅니다. 그리고 음악 산업에서 single은 앨범 형태로 발매된 '하나의 곡'을 가리킵니다. 또한 '선발하다' 등을 뜻하기도 하는데, 이를 활용한 표현으로 single out for(~을 …이유로 특별히 선택하다)가 있습니다.

1 Bell bought a single ticket.
Bell은 편도 승차권을 샀다.

2 We will single out the scholars based on their grades.
우리는 성적을 기반으로 장학생을 선발할 것이다.

Plus + a single ticket 편도 승차권   scholar 명 장학생

---

angry

[ˈæŋɡri]

- 형 화난, 성난

한때 인기를 끌었던 게임인 '앵그리 버드(Angry Birds)'를 기억하시나요? 여기서 angry는 분노나 불만처럼 '화가 나는' 감정을 나타냅니다. 참고로 angry와 비슷한 류의 단어로 bad-tempered와 furious가 있습니다. bad-tempered가 화를 잘 내는 성향을 나타낸다면 furious는 '격노한'이라는 의미로 몹시 화가 난 상태를 의미합니다.

1 Mary got angry, and her face turned red.
Mary는 화가 나서 얼굴이 빨개졌다.

2 The angry witch cast a spell on the forest.
화가 난 마녀가 숲에 주문을 걸었다.

Plus + witch 명 마녀   cast a spell 주문을 걸다

---

police

[pəˈliːs]

- 명 경찰
- 동 단속하다, 치안을 유지하다

police는 원래 정치와 관련된 말이었습니다. 그러다 의미가 축소되고 변하면서 현재는 '경찰', '단속하다, 치안을 유지하다' 등을 뜻하게 되었죠. 참고로 police는 복수 명사이므로 복수 동사 형태를 취해야 하고 일반적으로 the를 붙여 the police의 형태로 쓰입니다. 그래서 한 사람의 경찰관은 a police officer 등으로 표현합니다.

1 The police helps keep our community safe.
경찰은 우리 지역 사회를 안전하게 유지하는 데 도움을 준다.

2 They worked together to police the city.
그들은 도시 치안을 위해 함께 일했다.

Plus + community 명 지역 사회

우리말에 맞게 빈칸에 알맞은 단어를 쓰세요.　　　　　　(정답은 본문을 확인하세요.)

1　Bill had a _____ and couldn't go to kindergarten.　　Bill은 열이 나서 유치원에 갈 수 없었다.

2　Susan went fishing with her family at the _____.　　Susan은 가족들과 호수로 낚시를 갔다.

3　My _____ wished upon a star every night.　　나의 딸은 매일 밤 별에게 소원을 빌었다.

4　The two dwarfs worked in a deep _____.　　두 명의 난쟁이들은 깊은 광산에서 일했다.

5　The sunflower is a bright yellow _____.　　해바라기는 밝은 노란색이다.

6　He _____ me out of $500.　　그는 나를 속여 500달러를 가로챘다.

7　Jamie _____ to help me.　　Jamie가 나를 도와주겠다고 약속했다.

8　The _____ agreed to the terms.　　당사자들은 그 조건에 동의했다.

9　Anna has _____ for the future.　　Anna는 장래에 대한 희망을 품고 있다.

10　The _____ is falling gently.　　눈이 부드럽게 내리고 있다.

11　Jimmy watched a basketball _____ on TV.　　Jimmy는 TV에서 농구 경기를 보았다.

12　I had a strange _____ last night.　　나는 지난밤에 이상한 꿈을 꾸었다.

13　The sun is hiding behind the _____.　　태양이 구름 뒤에 숨어 있다.

14　We have a beautiful _____ in our backyard.　　우리 집 뒷마당에는 아름다운 정원이 있다.

15　Helen is in the fashion _____.　　Helen은 패션 사업을 하고 있다.

16　The apples _____ very delicious.　　사과가 매우 맛있어 보인다.

17　The _____ keeps my ears warm from the cold.　　모자가 추위로부터 귀를 따뜻하게 보호해준다.

18　Cover the leftover food with some _____.　　남은 음식을 랩으로 덮어라.

19　Jake and Alex are _____.　　Jake와 Alex는 쌍둥이다.

20　The _____ had a single, tall tree.　　그 섬에는 키가 큰 나무 한 그루가 있었다.

21　Ben can _____ a tie by himself now.　　Ben은 이제 혼자 넥타이를 맬 수 있다.

22　The rumor _____ the boy.　　그 소문은 소년을 괴롭혔다.

23　I forgot to _____ my email.　　나는 이메일 확인하는 것을 깜빡했다.

24　We _____ meet for coffee on Sundays.　　우리는 일요일에 커피를 마시러 자주 만난다.

25　_____ are kind and do good things.　　성인은 친절하고 선한 일을 한다.

26　The garden has a beautiful flower _____.　　정원에는 아름다운 꽃길이 있다.

27　The tree casts a _____.　　나무가 그림자를 드리운다.

28　Bell bought a _____ ticket.　　Bell은 편도 승차권을 샀다.

29　Mary got _____, and her face turned red.　　Mary는 화가 나서 얼굴이 빨개졌다.

30　The _____ helps keep our community safe.　　경찰은 우리 지역 사회를 안전하게 유지하는 데 도움을 준다.

Index

sit	59	stick	186	thing	40	up	25
skin	209	still	43	think	29	use	77
sky	96	stone	120	this	25		
sleep	145	stop	66	though	70		
slide	227	story	89	throat	233	**V**	
slip	205	strange	222	through	46	very	67
small	84	street	124	throw	125	village	193
smell	198	strong	190	tie	250	voice	55
smile	89	stuff	208	tiger	193		
snap	227	stupid	217	time	34		
snow	247	such	153	tiny	181	**W**	
so	29	suddenly	150	to	16	wait	76
soft	235	summer	227	today	163	wake	178
soldier	212	sun	151	together	102	walk	59
some	43	suppose	140	tomorrow	240	wall	103
something	49	sure	92	top	149	want	35
sometimes	138			touch	174	war	157
somewhere	233			toward	93	watch	70
son	189	**T**		town	114	water	68
soon	113	table	109	tree	96	wave	196
sorry	191	take	33	trouble	176	way	37
sort	210	talk	65	true	157	we	22
sound	116	teach	200	truth	235	wear	129
speak	97	tear	221	try	48	week	138
spend	185	tell	33	turn	45	well	58
stair	228	than	47	twin	250	what	23
stand	54	thank	204			when	28
star	101	that	21			where	42
start	60	then	29	**U**		which	60
stay	112	there	30	under	82	while	88
steal	209	these	91	understand	154	whisper	117
step	124	they	22	until	71		

영어독립
VOCA 3000 ❶